When it is Darkest

Why People Die by Suicide and What We Can Do to Prevent It

我不是想死，我是想結束痛苦

人為什麼會自殺？

從動機到行為的研究探索，溫柔而理性地全面了解自殺

Rory O'Connor

羅里・奧康納——著

林巧棠——譯

目次

PART 3

如何確保有自殺傾向者的安全

PART 4

支持有自殺傾向的易感之人和自殺者遺族

編按

鑒於去污名為自殺防治與研究工作的要項之一，全書譯文將以「嘗試自殺」或「企圖自殺」取代一般大眾和媒體慣用的「自殺未遂」，以「自傷」取代「自殘」，減少負面意涵。

推薦序——面對自殺：共創關懷文化

張書森

被本書標題所吸引的朋友們，我期待您能深吸一口氣，在確認自身處於安適狀態的前提下，隨時可以暫停閱讀，喝口水、散個步、或與人閒聊兩句，再繼續您與作者（甚至自己）對話的旅程。

本書的主題是自殺，一個經常受到矚目，但並不容易開啟討論的話題。

我相信，讀完這本書後，您會對這個主題有更深入、全面、同理性，與平衡的了解，也更能體會這個議題的複雜性，避免簡化地將特定「原因」套用在不同的自殺者身上。

正如作者在描述因自殺而喪失親友之人的話所說：「每個人都是獨一無二的，因此每個人對於悲傷的經歷也是獨一無二的」。這也適用於那些因自殺想法而困擾的人、他們身邊的陪伴者，以及每位對這個議題感興趣的讀者，每個人都有獨特的看法與經驗。

本書的譯名「我不是想死，我是想結束痛苦」，指出許多有自殺想法的人，他們輕生的動機是試圖終結極大的心理痛苦。然而，我想指出，這並非否認當事人的自殺想法，或暗示當事人「並非真的想死」，因為在危機與絕望的時刻，許多當事人認為自殺是唯一的出路。或許，更好的說法是：「不僅是想死，而是絕望中試圖終結痛苦」。

我也想提醒讀者們留意本書的原書名：《在最黑暗的時刻：人為什麼自殺，以及我們可以做什麼來預防》。這本書不僅幫助讀者理解、同理自殺，也指出如何採取具體行動來支持與協助身處自殺危機的人，以及自殺倖存者（指因自殺而失去親友、同仁或個案的大眾與專業者）。作者建議避免一些「善意」的行動，例如試圖提醒自殺會給親人帶來傷痛，因為當事人可能已經對親人的影響感到極度自責，這反而可能增強其自殺的念頭。相較下，積極傾聽、適當回應、轉介專業協助，以及關注安全，可能是更好的應對方式。

作者羅里・奧康納教授是當代國際自殺研究學界裡，最適合擔任自殺防治知識推廣角色的人物之一。他是英國蘇格蘭格拉斯哥大學的心理學家，在自殺與自殺預防研究上已持續耕耘二十五年，作為國際間最知名的自殺研究學者之一，他目前還擔任「國際自殺防治協會」的主席。該協會是世界衛生組織的合作單位，主要推動自殺防治工作與研究，並每年籌劃「世界自殺防治日」（九月十日）。

二〇一三年，我在《刺胳針》期刊與牛津大學自殺研究中心共同主辦的研討會上，首次聽到奧康納教授的演講。他以「自殺的心理學」為題，講述過程中不斷來回走動、風格活潑，他鮮明的北愛爾蘭口音也令人印象深刻。之後，他與澳洲墨爾本大學的珍・皮爾基斯教授共同主編《國際自殺預防手冊》第二版，我也與英國布里斯托大學的大衛．岡諾教授參與撰寫《經濟危機、失業與自殺》一章，說明各國在經濟危機後自殺風險增加的研究發現，及建議採行的應對策略。

本書的特別之處在於奧康納教授揭露了自己接受心理治療，及經歷摯友與指導教授自殺身亡的經驗，從第一人稱角度直視心理健康與自殺的艱難議題。他的真誠分享，提醒我們自殺議題看似遙遠，但可能隨時降臨在不遠處，或潛藏於我們的幽微意識裡。這不僅強調每個人都可能是真實或潛在的當事人、倖存者，也可能成為那個及時伸出援手，或得到真誠支持的人。

奧康納教授從自身經驗出發，利用他精心發展的「整合動機—意志自殺行為模型（integrated motivational-volitional model of suicidal behavior，即書中所稱的ＩＭＶ模型）」為基礎，解析自殺的心理、迷思與誤解，以及流行病學。他還指出了具有實證支持或深具潛力的介入策略，包括如何接觸與支持身處自殺危機的人，及協助受影響的親友同儕。作者穿插實例，使研究數據更具人性，讓抽象概念更具即視感。這本書精采揉合了作者的親身經歷、情感與洞見，更奠基於廣泛、堅實的科學研究，包括他自己多年的成果，以及全球自殺研究者共同累積的學術發現。

對於臺灣讀者而言，或許稍有遺憾之處，是本書介紹的大多是基於歐美的研究，雖然大多數發現具有跨文化的普遍性，例如自殺現象是心理、生理與社會複雜因素交織的結果，但仍有若干明顯的社會經濟文化因素、主要自殺方法及防治經驗上的跨國差異。

我們的研究呈現臺灣過去一百年中，自殺率有大幅度的變化，近年來不同性別、年齡族群也呈現不同自殺率趨勢。許多臺灣學者繼續致力於探索自殺的相關因素，並發展策略，應對自殺防治的挑戰。

本書對於臺灣自殺防治工作的啟發，除了應該持續從群體視角／公共衛生觀點了解與防治自殺，也需要發展針對不同群體的支持資源，包括針對自殺危機者的安全計畫、優化危機後的介入，以及支持家人與遺族／倖存者的多元方案。這些方案的發展必須基於嚴謹的科學方法，並切合當事人的需要，引進並重視有親身經歷人士（people with lived experience）的觀點。

同樣重要的是，我們應逐步建立重視、同理，與坦誠開放討論心理健康議題的文化，消除迷思、誤解與負面刻板印象，並建立每個人都有權求助並獲得支持的社會常模（norm）。如同奧康納教授在本書中所展示的，面對自殺與心理健康議題，我們可以對自己與周遭的人更了解、更同理、更善良，更願意主動關懷，也更願意坦然求助與互助。

二〇二四年五月二十六日

本文作者為國立臺灣大學公共衛生學院健康行為與社區科學研究所教授／所長

前言
Introduction

「你不會自殺吧？」

這是我二十五年前開始攻讀博士研究自殺時，母親對我說的第一件事。她擔心我研究這個領域情緒會受衝擊，所以經常查看我的狀況，確保我照顧好自己的心理健康。

「當然不會。」我回答。

「你確定嗎？」她頓了頓，想更進一步確認。說實話，我不知道該怎麼回答。

我之前沒有真正仔細思考過這件事。那時我二十一歲，感覺自己堅不可摧，從來沒有花太多時間照顧自己的心理健康。而且，那個階段我還未有過與自殺直接相關的經歷。我一直對精神健康好奇，不過選擇研究自殺並不在原本的計畫之中，是偶然的機緣。我原先是貝爾法斯特女王大學的心理系學生，一直在研究憂鬱症，並打算在念博士時繼續。

然而，一九九四年夏天，畢業不久後的一天，我的一位教授諾埃爾出其不意打電話給我，問我有沒有興趣攻讀自殺研究的博士學位。我欣然接受了這個機會。我認真考慮這件事，對我而言，這很明顯就是下一步。自殺是憂鬱症最令人震驚的結果，儘管英國早期九〇年代年輕男性的自殺率持續增加，但北愛爾蘭地區的相關研究卻始終有限。我答應的那天，完全沒辦法預想攻讀這個博士學位會是什麼樣子，但我毫不猶豫地抓住機會，全力以赴。從那時開始，自殺研究成為我的畢生熱情。但當時我並不知道，多年後，諾埃爾會被自己的心魔打敗，親手結束自己。我經常想起他主動對我伸出援手的時候，那就像是我人生中的「滑動門時刻」*；雖然我永遠無法確知，但我覺得如果沒有他，我就不會成為一位自殺研究者，我的人生將會走上一條截然不同的道路。對此，我永遠感激不盡。直到今日，我每天早上醒來都懷著和二十多歲時一樣的動力和熱情（且有增無減），希望能改變世界。或許在諾埃爾最需要幫助的時刻，我應該主動關心，真希望我曾為他做更多。我一生都將為此遺憾。自殺事件發生之後，周遭的人會產生罪惡感和懊悔，這些都是常見的情緒。

回答母親的問題之時，我並沒有預料到攻讀這個學位帶來的情緒衝擊，包含了要訪談企圖自殺的人、以及直接地了解自殺者的私密細節。我不知道為什麼我沒料到，這如此容易想見。這些當然令人精疲力盡。直到今日，我依然清晰地記得讀博士期間的第一個訪談對象：葛瑞格，一名四十多歲的男性，因為企圖自殺入院。他在幾小時之前服下大量藥物，送醫幸運獲救。但我在病房初次見到他時，他看起來非常憤怒。雖然我已經沙盤推演過要說什麼，但走向他的病床時，我仍然怕得全身僵硬。我開始出汗，希望自己不會說錯話。

「你好，我是一位正在進行研究的心理學家，想詢問你幾個問題，關於昨天晚上發生的事。不知道方便嗎？」我問道。原以為他會拒絕，但令我驚訝地——如同我後來的發現，他和多數我接觸到的企圖自殺者一樣，同意了。

我們談論了他的生活、他的心理健康、他最近破裂的愛情長跑、多年以前的往事、以及昨晚他企圖自殺的經過。他渴望有人傾聽。儘管他比我年長，他和我並無不同——和我們任何一個人也並無不同。他陷入困境，努力度過每一天。而且，我誤判了他的狀態。他不是在生氣，而是沮喪——他被困住了，爬不出來，感覺自己成了所愛之人的負擔。當我問他事後的感覺，以及一切是否有任何改變，他含淚告訴我：「沒有，什麼事都沒變。我不在乎。我感覺和昨天晚上一樣。我感覺和昨天一樣沮喪無用。」他是對的，一切都沒有變——他的關係仍然破裂，他童年時經歷過創傷，當時渴望獲得的支持，如今依然得不到。他被診斷出調適障礙症（adjustment disorder），很快就可以出院。醫院除了寄封信給他的家庭醫生†之外，並未提供任何支持。我覺得非常無助。這是我第一次經歷情緒衝擊，看見有人陷在悲鬱之中，如此迫切，我卻無法幫助他。他出院要面臨的問題，比幾小時前近乎昏迷被救護車送進來時還多。現在他必須面對家人。

* Sliding Doors moment，指看似無關緊要卻改變未來軌跡的片刻。

† General practitioner，又譯全科醫生或普通科醫生，在台灣醫療體系通常放在家庭醫學科，一般鄰里的小診所也接近此功能。

「他們覺得我讓全家丟臉，認為我他媽的非常自私，怎麼可以這樣對他們？」他一度這樣說。我無言以對。訪談結束時他向我道謝，我心想為什麼？他彷彿讀懂我的心思似地補充：「謝謝你的傾聽。」

那天以及日後在貝爾法斯特市醫院急診觀察病房的日子，我學到許多寶貴經驗。我學到傾聽的重要性，和沉默的力量。我了解到我自身恐懼帶來的強大力量，也了解渴望自殺的痛苦。我了解到在他人痛苦時陪伴的價值，以及慣常伴隨著自殺的羞恥感。我當時就知道，那個夏天我做了正確的決定。我下定決心要盡己所能處理自殺議題，無論力量有多微小。

母親的話仍然留在我心裡。現在，我的妻子、家人、朋友、同事也紛紛加入自我照顧的行列中。從那時開始，我不時會和自己進行「我會自殺嗎」的對話，通常在我翻來覆去輾轉難眠，或者在深夜工作過後，或有心事的時候。這樣的自我對話會忽然悄悄接近。頻率在我四十多歲時變得更加頻繁，隨著生活的起伏時強時弱，來來去去。即使在我沒自問的日子裡，我亦沒有一天不想到自殺，及其原因和後果。我生活在這個議題之中，一呼一吸都離不開它，甚至確確實實夢見自殺。

過去我沒有過深切想要自殺的念頭，但九〇年代中後期開始，我的工作生涯就致力研究此議題；我試圖深入了解有自殺傾向者的心理，並努力理解其複雜的成因組合。現在我是格拉斯哥大學的健康心理學教授，負責指導該校的「自殺行為研究實驗室」，我們的研究小組致力於了解和預防自殺。在校外，我也與許多國內和國際組織合作自殺防治，並經常到全美各地為一般民眾做相關的演講。毫無疑問，這是我工作中最有意義的面向，能親眼見證到我們的研究如何幫助他人理解自己或所愛之人的痛苦。科學家將研究成果廣傳出去非常重要，尤其是當主題攸關生死。在我的工作過程中，我有幸與自殺者遺族交談，也和那些努力活下去的人、從自殺危機中康復的人談話。當人們分享自己私密的生活故事，他們給予我和研究團隊的信任使我謙遜。

最近我和家人去克里特島度假，一個深夜裡，「我會不會自殺」的自問時刻又出現了。我可能必須補充，那與假期本身無關，假期幸福美好——三十度的炎熱天氣、蔚藍海水、豐盛食物飲料，同行的美妙家人。我寫下這段文字的同時身處COVID-19疫情之中，那次假期感覺像是久遠的記憶。我認為，當時那股感受結合了濕熱、無法從工作中鬆綁（我每年只有暑假時才關閉電子郵件通知），以及天主教徒的罪惡感，當我沒在工作時就會出現。那天晚上，以及往前幾個星期，這本該死的書（是的，就是這本），從清晨到深夜都不曾離開我的腦海。幾年來，我一直想寫一本面向社會大眾的自殺書籍，這樣才能觸及不閱讀科學論文的人——包括因為自殺失去摯愛的人、曾有自殺傾向的人、與深陷危機者一起工作的人，以及試圖理解這種複雜現象的大眾。此外，我希望這本書能夠個人化，傳達一些自身的經歷，但做為一個低調的人，我也擔心會透露太多私事。我猜想，我被自我揭露的焦慮給癱瘓了。身為一個將成年後都在盡力展現自己能幹和自信的人，我一直自問，究竟為什麼要冒這個險，在書中暴露任何的脆弱、不安、神經質？多次嘗試，我還是無法確立下筆的方向。

度假那一晚，約莫凌晨四點，我突破了瓶頸。當時我無法入睡，只是專注於空調的嗡嗡聲，試圖讓頭腦平靜下來。一如往常，「我會自殺嗎」的對話又在我腦中一句句浮現，只是這一次很具侵入性。「我會自殺嗎？」、「我有辦法自殺嗎？」、「我怕死嗎？」但當晚不同之處，我初次停下來與這些想法同在，試著理解它們的意義，問自己：「它們代表什麼意思？」、「為什麼這些想法一直重複？」、「我是怎麼了？」過去，這些念頭一進入我的意識中，我總是立刻屏除。它們令我不安，困惑又擔憂。我沉思，究竟是我沉浸在自殺研究中觸發了這些念頭，還是因為隨著一年年過去，開始有認識的人死於自殺，讓我不禁拿自己比較。我繼續推論：「確實，正因這些，我過度擔心自己的脆弱和自殺的可能性，不奇怪吧？」此外，我二十三歲時父親突然心臟病發過世（享年五十一），那時起我便偏執地關注著自己的死亡。我在想，我是否在無意識中計畫著自己的死亡，不是心臟病發，而是自殺。此外我也思考，這些想法近來變頻繁，或許也與我個人近年對生活的不滿、焦慮不安、對大環境的無奈有關。事實上，四十多歲時困擾著我的這三重因素，也使我在五年前開始了個人的心理諮商。

出乎意料地，那晚對自己自殺念頭的深入思考，引發了我思維的巨變。直面它們，讓我能夠承認並接受，擁有自殺念頭沒有關係。這樣的進步，也讓我回想起幾年前我剛開始接受諮商時發生的事情。我四十二歲那年（也是成年之後）第一次尋求幫助，因為我不知如何應對。我極度不快樂，也許有點憂鬱，但我想不通原因。幸好，每週接受心理動力學諮商（psychodynamic psychotherapy），對我產生莫大幫助，至今依然。起初，這件事令我苦惱，尷尬不安。我感到極度赤裸、脆弱。因此，諮商的事我沒有讓太多人知道，只告訴親近的人。自從二〇一六年五月第一次接受諮商以來，我已有長足的進展。我更理解自己是誰，能接受自己的缺點，而且肯定比以前快樂，快樂許多。諮商也對我的職涯有幫助，使我更深刻理解到絕望的黑暗、生存的虛無，以及即使被眾人圍繞也難以忍受的孤獨感。

諮商對我和我的心理健康來說，毫無疑問是個轉捩點。我成年後的大部分生活都在追求事業上的成功，大大忽略了情緒和心理健康的需求。我曾是積極外向的人，一直保持樂觀，但大部分時間我還是會神經質地咬指甲。我必須以每小時一百萬英里的速度完成所有事情，總是馬不停蹄，一件事完成就立刻去處理下一件事，沒有抽出時間空間滋養自己的心理健康。這對我而言極為諷刺，因為這正是我研究工作的核心。

記得開始諮商的初期，一次療程中心理師問我，如此馬不停蹄，是否代表我在逃離某些事情。我們也探索到我是否害怕放慢步調，放慢了也許就不得不面對自己的不滿和空虛。還是，必須面對父親的死亡？最近幾年，我都在試圖釐清。起初我認為，我馬不停蹄地努力做好每件事，是因為擔心自己英年早逝，一切努力都被這個執念驅使。但近來我相信，我害怕放慢腳步是因為我不想面對自己情感上的需求。這一點，反映在我開始諮商後不久所寫的日記中：

我「對外」的自信心和自尊心其實很脆弱。最近的諮商中我談到，有時候當我鑽牛角尖，我會試著想像自己待在一個盒子裡——出於某種原因，這給我一些撫慰，假裝自己備受保護。我希望自己在心理上不要這麼敏感，只要繼續前進，這些鑽牛角尖的想法就能被我阻擋在外，我就能放鬆下來。

我在這裡公開自己的掙扎，原因之一是尋求幫助對我是重要的轉變，希望我的經驗能夠鼓勵其他人跟進，尤其是不願說出自己想法和感受的人。雖然我仍然習慣和自己、和我的心理健康交戰，但我找到了一種對我來說有效的方法，更健康，而且容易操作。同時，心理敏感度的概念，是我後來探索導致自殺的因素時，回過頭討論的主題。

回顧在克里特島的夜晚，我有了重大的突破：我的內心彷彿有什麼被打開了，一個頓悟時刻。那些念頭不再困擾我，反而感到某種奇妙的安慰，如釋重負。然後，隨著太陽升起，我的思緒重新回到這本書。歷經一大段停滯期，我現在終於看到了一條前進的道路。我能夠具體化一個既個人化又注重理解自殺複雜性的結構，並傳達最新的研究證據，證明哪些措施可以減輕風險。我不知道是什麼觸發了那天晚上的轉變，也許是度假給了我時間空間，讓我能夠思考自己的脆弱，而不受工作的永無止盡的干擾。或許是我歷經幾年諮商，獲得了足夠的安全空間。無論那是什麼，在我斷斷續續睡了幾個小時之後的翌日早晨，我寫下了此書的前數百字。

當晚——更確切地說是清晨——我終於入睡之前，我的思緒飄向了我第一次接觸到自殺的日子。那天我收到了克萊兒去世的消息，她是我非常親近的朋友。

我當時在辦公室裡，手機來電：「她走了，克萊兒走了。」戴夫說。

「什麼意思？我不懂。」

這通電話完全出乎意料，戴夫和克萊兒當時住在巴黎，那是中午時分。如果要通電話，我們通常會提前約好。他為什麼突然來電？我幾星期前曾和他們兩人說上話，最近也一直和克萊兒通電子郵件。我很期待他們哪天回蘇格蘭來。克萊兒在蘇格蘭的一所大學擔任講師，但過去一年他們都住在巴黎，因為戴夫拿到了研究獎學金。克萊兒申請了學術休假年，一起去巴黎長居。她、他們兩人，都熱愛巴黎。

我記得自己站起身來，困惑地在我狹窄的房間裡快速來回踱步。我好像再問了一次「克萊兒走了」是什麼意思？

「克萊兒死了。」戴夫回答。我仍然不懂，無法理解。我沒想過有天戴夫會告訴我克萊兒去世了，一秒都沒有。

接下來大部分的對話回想起來已是一團迷霧。我大受震撼，沒辦法消化這個消息，沒辦法理解戴夫的意思。「克萊兒走了」不是指她離開去了哪裡？「克萊兒死了」是什麼意思？淚眼朦朧中戴夫告訴我，克萊兒自殺了。我心碎了。戴夫說話的時候，我內在的聲音一遍又一遍重複：「克萊兒死了，克萊兒死了」，一次比一次大聲。

那是二〇〇八年九月，克萊兒四十歲，我三十五歲。多年前我們在貝爾法斯特認識，當時我們都是博士生，此後一直是好友。隔天，我飛往巴黎陪伴戴夫，仍然沒辦法相信克萊兒已經不在身邊。無論我們去了哪裡，我始終期待能見到她。這一切都毫無道理。克萊兒去世幾個月內經常出現在我夢裡，總是告訴我她沒事，不用擔心。

我對克萊兒的死依然感到哀慟，這改變了我的為人。除了個人層面失去一個這麼棒的朋友，這件事也讓我開始質疑自己的職業生涯。我的第一反應，我辜負了克萊兒、戴夫和她的家人，我徹徹底底的失敗了。起初，我不知道自己是否能夠繼續研究自殺——真的很難，因為一切作為都會讓我想起克萊兒。但我很高興當時堅持下來。正是這種失敗感驅使我在學術上不斷前進，更努力理解成因，發展新方法保障脆弱之人的安全。我每週的諮商中都會提到克萊兒，對於她的死，我現在哭得少了，偶爾還是會。她的影響充斥在我的生活中，遍布各處。這件事每天提醒我自己的脆弱，也提醒著我們所有人的脆弱。

我們每個人都有關於自殺的經歷，直接或間接。這是一個每年影響全球數百萬人的公眾健康危機。我們每個人都會認識一位自殺身亡的人，或一位受自殺影響的人，甚至兩者都有。悲傷的是，大多數情況下我們不願談論它，也害怕詢問一個人是否有自殺傾向。這件事必須改變。我們要推廣相關的討論，這至關重要，為的是讓更多人不再感到孤單，能獲得他們所需的幫助和支持。

自殺（Suicide）是少數仍僅存的禁忌話題，在英語文化裡被稱呼為「大寫S」，因為有些人仍然不願意說出那兩個字。這讓我想起二、三十年前的人對癌症（Cancer）的禁忌態度，把癌症稱呼為「大寫C」。悲傷的是，自殺和談論自殺被污名、迷思、誤解所困擾。在本書中，我的目標是深入了解這個人類悲劇結局的核心，挑戰迷思和誤解。我的重點也在說明我們所有人的脆弱，然而，關鍵是要顯示出這些脆弱如何成為使我們更堅強的催化劑。我將會解釋研究證據，以及我們如何用不同的方法試圖理解自殺。但更重要的，我想為有自殺傾向或因親友自殺悲痛的人，提供發聲的機會。我刻意避免採用教科書式的筆法，因為這個議題可能對任何人造成影響，我希望盡可能讓廣大的一般讀者讀到內容。市面上還有其他書籍從各個面向切入，為理解和預防自殺提供精確細節，然而本書不提供所有風險因素或預防策略的清單，此非本書的目的。

確切地說，我試圖做些不同的事，將個人經驗與研究專業結合——透過講述他人和我個人的故事，傳達在這最具破壞性的現象的研究中我了解到的感受。這是我研究自殺的旅程，包括它如何觸動我的生命。我分享曾有自殺傾向之人和自殺者遺族的故事。每個案例都變更了當事人的個人細節、遭遇，保護其匿名性，並將各種不同的遭遇結合成一個整體的描述。不過主旨保持不變，忠實呈現當時的遭遇。我在研究方面，至今已經從無數的人身上獲益，對此我滿心感激。

我將介紹一些常見的自殺原因及連帶因素。我將嘗試理解自殺想法，以及為什麼對於一些人來說那導向了自殺的嘗試，其他人則以死亡告終。這些內容和一些媒體報導相反，自殺並非單一因素引起，它是一個複雜的生物、心理、臨床、社會、文化決定因素集合而成的最終產物，這些因素匯聚成一場「完美風暴」。對大多數人來說，自殺不是想要結束生命，而是希望無法承受的痛苦得以終止。在整本書中，我將透過解釋一些關鍵決定因素，解開這種痛苦的由來。

如果你曾經受到自殺影響，尤其是曾經失去摯愛，閱讀本書可能會引發難受或痛苦的情緒。自我保健非常重要，請好好照顧自己。書的結尾附上了幾個相關組織的資訊，如果你需要支持，可能有幫助。

最後，如果你曾經有過自殺的念頭、因之失去過親友，或是正在支持一位有自殺或自傷行為的人，我由衷盼望本書能以某種微小的方式，幫助你理解自己的痛苦，或那些為生存奮鬥之人、在該戰役中已經敗北之人的痛苦。

PART 1

總論自殺
Suicide: An Overview

世界上每四十秒就有一人自殺身亡。[1]每場自殺都是難以承受的個人悲劇，影響甚鉅，遠超越直系親屬範圍。許多孩子失去父母，無數伴侶被拋下，朋友和同事心碎不已；學校、工作場所、社區每天都因失去成員而深受打擊。長期以來，研究指出每當有一人因自殺死亡，可能會有六個人直接受到影響。然而，這個數字已被證明低估了實際人數。二〇一八年，臨床心理學家朱莉・瑟雷爾帶領一項美國研究，在社交媒體上引發了標籤為「#notsix」的話題。該研究顯示，每一個自殺而死的人，平均有一百三十五個相識者。[2]雖然這個數字包括了關係更遠的泛泛之交，而且其中許多人可能不會直接經歷喪失親友之痛、不會失去摯友摯愛，但它仍然突顯了廣泛影響。每一起自殺事件的衝擊，就類似一顆社交炸彈爆炸，破壞的範圍無法預測。

我第一次接觸自殺是在九〇年代初，當時我是大一新生，一位同學的表哥自殺去世。他在一個月前慶祝了二十一歲生日，過世當晚一直在外面與人交際，看起來心情很好。但他回家後就自殺了，在那之前他才剛向一群朋友道晚安。我記得他的死亡使我困惑不已，因為太出乎意料，但當時我沒有想太多。不幸的，當時北愛爾蘭的年輕男子自殺案例逐漸增加，他的死並不罕見。[3]雖然那個時期我並未直接經歷喪親之痛，但還是間接受影響，多少感受到我朋友經歷的痛苦。這只是發生在一個國家的一個家庭裡的一起死亡事件。世界衛生組織告訴我們，全球每年至少有八十萬人死於自殺。[4]這意味著，近來每年有高達一億零八百萬人受到影響，超過英國人口的一．五倍，或是美國人口的三分之一。

那些被留下來的人，心裡充斥著「要是……」和「只要……」的想法，對於為什麼所愛的人會自殺這個問題，他們不知所措。然而，在解釋為何有這麼多人以自殺方式離世之前，我將簡要說明誰有自殺的風險，以及何時會產生。我也將會概述，當我們試圖理解這個令人困惑的現象，所面臨的一些挑戰。在第二章中，我們將聽取直接受自殺影響之人的心聲，這將能直接讓我們理解自殺帶來的痛楚。最後，在第三章中，我將會描述關於自殺的常見迷思，解釋它們如何形成，以及為了確保去除迷思，我們需要進一步做些什麼。

CHAPTER

1

誰會自殺、何時、如何

The How, Who and When of Suicide

讓我們先從兩件事談起：定義自殺一詞，以及確認一個人是否為自殺所面臨的困難。在世界上幾乎所有的國家，都使用「自殺」一詞來描述自我傷害致死的行為；這是一個直接了當，沒有爭議的用語。然而，我們如何確定一個人是有意結束自己的生命，而不是意外死亡？如果能找到遺書，內容表明逝者打算自盡，這樣就簡單多了。然而，留下遺書的自殺者其實少於三分之一，所以在大多數情況下，我們沒有任何直接的證據。[1]我也知道在一些情況下，即使死者留下遺書，法醫仍判定不是自殺，因為他們認為死者寫完遺書後可能改變心意。我們也不確定為什麼有些人會留下遺書，有些不會。這可能僅只是意味著，在生活中善於溝通的人，更有可能給摯愛之人留下最後的書面訊息。[2]

有鑑於自殺未必會留下遺書，我們還有什麼方法能確定一起死亡案件是自殺呢？我們可以考慮逝者的心理健康史，他們是否曾經歷過急性或慢性壓力的人生事件，或者他們是否曾談論過自殺，尤其是去世前的一段時間。這些是憑直覺的建議，不過這些問題的解答並不容易詮釋。擁有心理問題的病史，或最近曾經歷劇烈壓力，並不是評估自殺風險的特別有效指標。談論自殺的人當中，大多數不會真的自殺。我們稍後將會看到，雖然自殺者通常有精神困擾，但這樣的人絕大多數永遠不會自殺。[3]然而，這就是全球各地的法醫（以及進行相同工作的人）採信的因素。當他們必須判定一起死亡是否為自殺，他們會試圖拼湊當事人的生活。他們會收集關於死亡案件的訊息與條件，然後判斷手中是否握有足夠的證據，再做出裁定。這是項困難的任務。

在法律、個人、文化層面上，將死亡事件歸類為自殺，也存在著一系列的挑戰。有的家屬或許不相信死因為自殺，或不希望逝者被分類為自殺。特別是在某些國家，自殺仍然是非法、被高度污名化的，或在某些情況下會影響人壽保險的給付。死亡分類的性質也取決於案件發生的地點，因為每個國家都有不同的確認程序，而且這些程序受到無數文化因素的影響。即使在英國的四個組成國中*也存在明顯的差異。例如，直到二〇一九年為止，英格蘭和威爾斯的法醫在將死亡案件記錄為自殺之前，必須確信當事人有故意自殺的意圖，並且「無合理懷疑」。這和刑事法庭中要求的（高度）舉證責任相同。除了眾人廣泛關注的舉證責任過高，導致英格蘭和威爾斯的自殺案件低報之外，這種仿刑事的制度還增加了自殺的污名。因此，當倫敦高等法院裁定自殺的裁決應該走民事裁決處理，法醫被指示要依據「蓋然性權衡判斷」（又稱相對可能性之衡量）——亦即依循民法的較低舉證責任，而不是刑法中的無合理懷疑原則——我感到非常滿意。

往北不到四百英里處，根據蘇格蘭的法律，「蓋然性權衡判斷」被皇家檢察處及地方檢察官服務處用來判定可能的自殺案件已數十年之久。順帶一提，當我二十五年前在北愛爾蘭分析法醫的調查文件，好協助負責死亡登記的職員時，我驚訝的是其中一位法醫慣常會在調查文件背面用鉛筆寫下他是否認為是自殺。這種非正式的筆記，是為了幫助職員確認。除了對家屬的衝擊之外，各國之間對死亡程序的分類不統一，使得不同國家之間的自殺率難以比較。在許多國家，自殺統計數據會與「死因無法確定」或「意外死亡」一同報告——因為後者有許多情況可能是自殺——以此做為解決方案。納入可能的自殺案例，能幫助我們更真實地描繪出其規模。

這些挑戰也讓定義「不致死的自傷行為」難上加難，例如過量用藥和割腕。[4]主要的困難在於，如何準確地歸因於這些行為的動機。大部分的意見分歧，在於自傷行為屬於自殺或不是（前者為企圖自殺，後者為非自殺意圖的自傷）；甚或，是否真有可能確實區分這兩種行為。大體而言，英國和美國採取的方法不同。在英國，如果有人前往醫院就診，治療嚴重的割腕，我們幾乎可以確定他們的臨床診斷裡將會出現自傷的記錄。「自傷」是這個情況下

＊譯註：大不列顛暨北愛爾蘭聯合王國，由英格蘭、威爾斯、蘇格蘭、北愛爾蘭組成。

最適合的專用術語，因為無論當事人的動機為何，它涵蓋了所有有意圖的自我傷害或蓄意中毒。確實，當人出現任何自我傷害行為之後，醫院建議的臨床照護是基於英國國家健康與照顧卓越研究院對自傷管理的指導方針。[5]「自傷」是一個總稱，因為判定割腕事件或服藥過量案例是否為自殺很困難，而這個用詞一定程度上克服了判定的困難。這點至關重要，因為我們知道，在當事人被問及自傷的意圖時，他們的回答會隨著時間改變，也經常表達多個動機，而且答案可能會因為發問者的身分、是否會影響到他們的臨床照護，而有所不同。[6]有時他們態度模稜兩可，或者只說不知道。

安德魯的故事說明了這種模稜兩可的情形。一天晚上，一位民眾通知慈善機構有一名男子在河裡。接著，年近四十歲的安德魯就被機構志工從河中撈了上來，後來緊急救援小組趕到，將他送至附近的醫院。經過一晚的醫療觀察，他在照會的精神醫學團隊評估他之前，就自行出院了。我後來問他為什麼沒有等，我以為他會說因為他沒事，他前一晚喝多了，不會再這麼做了。但他的回答讓我驚訝。他說，他真的不知道自己為什麼這麼做，等他們幹嘛？在此你可以看出他的邏輯：如果他自己都不知道，「他們」當然也不會知道。是的，他心力交瘁，但他並不像過去服藥過量時那樣陷入谷底。他只是累了，那天「心情低落」，但他並不認為自己有自殺傾向。確切地說，他覺得他應該試試看，看會發生什麼事。如果他活下來，就活下來，如果沒活下來，那就沒有。他極度實事求是。從這段簡短的交談中，很難確定安德魯的自傷事件是否含有自殺意圖。然而明顯的是，無論動機為何，他的行為都可能結束他的生命。

來看看我們的美國同事吧。他們對於何種行為會構成自殺，採取了相當不同的立場。他們不傾向使用「自傷」這個詞，而更喜歡用二分法來描述自我致傷行為。也就是說，當事人不是屬於企圖自殺（具自殺意圖），就是屬於非自殺意圖的自傷（動機與結束生命無關）。基於上述原因，這件事已成為大西洋兩岸的爭議點。然而，美國的方法有個優點，就是能滿足堅決主張他們割腕絕對不是出於自殺意圖的人。確實有些人覺得，將自己「非自殺意圖的自傷」和「企圖自殺」混為一談很冒犯。對他們來說，他們割腕是一種應付痛苦的方式。也許這麼說違反直覺，但這是一種存活下去的方式，完全、絕對不是企圖自殺。但是那些隱藏自殺意圖、不確定動機、態度模稜兩可的人呢？由於這個爭論可能不會在短期內解決，所以就寫作本書的目的，當本書談及自傷時，指的是任何自傷行為（不論動機）。所以當本書提到自殺行為、企圖自殺、非自殺意圖的自傷行為時，意味著我對於該行為的動機較為確定。

○誰有自殺風險？

自殺是全球前二十大死因之一，也是十五至二十九歲人口的第二大死因。[7]自殺占了全世界死亡人數的一．五％。以世界各地區分類，在東歐、中歐、澳大拉西亞*、部分亞太地區以及北美地區，自殺是十大主要死因之一。[8]全球自殺案例中有超過四分之三（七九％）發生在低收入和中等收入國家，其中六〇％的自殺案例發生在亞洲地區。[9]自相矛盾地，相對於高收入國家，低收入和中等收入國家的自殺率較低，但由於人口總量較多，它們占全世界自殺死亡人數的比例較大。儘管全球絕大多數的自殺事件發生在低收入和中等收入國家，但令人傷心的現實是，大部分已發表的研究證據皆來自高收入國家。在自殺預防研究領域中，研究者經常盲目地將西方高收入國家對自殺的理解，套用到低收入和中等收入國家的背景脈絡中。這做法明顯不適宜。如果我們真的要將自殺視為全球公共衛生必須優先處理的議題，我們需要付出更多努力矯正這種不平衡。我們必須發展更多能敏銳對待不同背景脈絡和文化的自殺預防研究計畫。此外，我們需要定期將在自殺中喪失親友之人，以及有自殺念頭和自殺行為史的人，納入自殺預防研究以及實務工作之內。

世界上幾乎每個國家，男性自殺的人數都比女性多。在西方國家中，男性自殺的可能性是女性的三倍之高。[10]例如，在英國，有四分之三的自殺者是男性，近期美國的統計數據也顯示，男性的自殺率為女性的三．七倍。[11]大致上來說，在歐美國家男性：女性的自殺率比往往最大，在東南亞和西太平洋地區則最低。關於為什麼男性自殺的數量超過女性的問題，不存在單純單一的解釋。然而，原因包含了使用更致死的自殺方法、求助率的差異、文化規範、社會的男子氣概期待、男性與酒精的關聯，以及失去親密關係對男性的衝擊。[12]

關於各國的自殺率，根據世界衛生組織最新數據，蓋亞那、立陶宛、俄羅斯、哈薩克所報告的自殺率，在全球居高不下。相比之下，像牙買加、安提瓜、敘利亞、馬爾地夫這樣的國家，通報的自殺率一直以來都是最低。[13]同樣，各大洲內部也存在著巨大的差異。我們用歐洲來舉例——在（不令人稱羨的）自殺率榜單上，立陶宛（每十萬人有二五．七起）和俄羅斯（每十萬人有二六．五起）名列前茅，而希臘（每十萬人有三．八起）和義大利（每十萬人有五．五起）則是歐洲自殺率最低的國家。當我們進行國與國之間的比較，需要特別謹慎，因為每個國家對自殺死亡的記錄方式都不同。而且在是否歸類為自殺這一點上，還存在許多文化、宗教、政治的壓力。此外，仍有許多國家就連世界衛生組織也很難獲得最新且可靠的數據。

從全球角度來看，自殺率在年長者中最高，特別是七旬及以上的人口。儘管比率較高，但自殺並非這個年齡層的主要死因，因為多數人將會死於如癌症、心血管疾病、失智症等其他原因。[14]相反的，雖然年輕人的自殺率數字上較中老年人低，但自殺卻是年輕人的主要死因之一。在美國，自殺是十至三十四歲人口中的第二大死因。[15]把範圍拉大到全球，自殺也是十五至二十九歲年輕人的第二大死因，僅次於道路交通事故。在英國，自殺是三十五至四

＊譯註：Australasia，泛指澳洲、紐西蘭和鄰近的太平洋島嶼。

十九歲男性的頭號死因，也是二十至三十四歲男性和女性的頭號死因。[16]近年來，年輕人的自殺率逐漸上升，尤其是女性。上升的原因之一，是因為有更多年輕女性轉而使用更致死的自殺方法。與全球趨勢相反，英國最新的數據顯示自殺率在四十五至四十九歲的年齡層最高，甚至高於年長者。然而在中國，各年齡層的自殺率皆已下降，而印度的自殺率則呈現出年輕人減少、年長者增加的情況。[17]

儘管我已經強調了一些國與國之間的數據比較，但自殺率和企圖自殺率並不是靜態的，且會受到社會和經濟變化的影響。實際上，過去幾年來，英國、美國、巴西、澳大利亞的最新數據都顯示這些國家的自殺率在上升，而其他國家如斯里蘭卡、匈牙利、印度的自殺率則有明顯的下降。從全球的角度來看，自一九九〇年以來，儘管自殺死亡的絕對人數已經增加（在二〇一六年之前的二十七年研究期間增加了約七％——這是迄今最新可得數據），但自殺率（即每單位人口中自殺死亡人數比率）已經下降了約三分之一。這種比率下降的現象，男性較女性更低，主要是由於中國的數據有所降低，而印度也有程度較小的下降。[18]

要精確估計企圖自殺的人數很困難。然而，世界衛生組織表示，每當出現一個自殺死亡案例，就有約二十人企圖自殺。[19]這意味著全球每年有一千六百萬起企圖自殺案件。在許多國家中，嘗試自殺的行為在十八至三十四歲這個年齡層最為普遍。女性的嘗試往往比男性頻繁。[20]在青春期之前，企圖自殺和自殺死亡很罕見。[21]在最近一項針對青少年的研究中（研究對象來自五十九個低收入和中等收入國家），在過去的十二個月中，有一六．九%的人回報有自殺意念，一七%的人回報嘗試過自殺。[22]相比之下，在另一項五萬二千多人的跨國研究中（研究對象包含高、低、中等收入國家），總的來說，報告顯示有二%的人在過去的十二個月中有自殺意念，而在同一時期內，有〇．五%的人實際嘗試了。[23]然而，在「世界心理健康調查」（World Mental Health Survey，迄今為止對成年人自殺想法和行為最全面的研究）之中，九．二%的成年人一生中出現過（至少一次）自殺意念，報告指出其中有二．七%的成年人曾經嘗試自殺。[24]簡而言之，儘管國際上的自殺率差異很大，但顯而易見的，當我們從青少年期成長到成年期，自殺和企圖自殺影響了你我在內的數百萬人。

•健康不平等

儘管我們不清楚各國國內和國際自殺率差異如此之大的所有原因，但毫無疑問，健康不平等（health inequalities）是解釋的核心。健康不平等是指社會群體之間健康結果存在系統性差異，其中弱勢群體的壽命較短，且更容易受疾病影響。本質上，健康不平等的程度愈大，自殺風險也愈大。健康不平等深深根植於社會中，而數十年來的社會和醫療政策加劇了這些不良後果。這些不平等可能也與種族、性取向或性別認同有關，這意味著任何加劇污名、羞恥、挫敗、困境的政策，都可能對心理健康產生不良影響。例如，雖然我們知道同性戀者、雙性戀者或跨性別者的自殺風險要高於異性戀者或順性別者，理解這些明顯的不平等及其解決之道，需要關注更多需求。[25]

將不平等問題納入考量，涵蓋了密切檢視社會經濟不平等和自殺之間的關係。社會經濟不平等可以以許多不同的方式衡量，但常使用的指標包括社會階級、職業、教育程度、收入以及是否擁有房產等。史蒂夫・普拉特是我的好友，也是愛丁堡大學的健康政策研究員，他把職業生涯的大部分時間都貢獻在了解這種關係的本質。在他為《國際自殺防治手冊》撰寫的一個章節中，他檢視了全球的文獻並得出結論：在廣泛的各種指標中，都出現證據表明社經地位和自殺風險之間存在反比關係。[26]此外，他使用蘇格蘭的數據，說明這種不平等的程度。生活在最貧困地區的社經最底層人民的自殺風險，大約是生活在最富裕地區社經最頂層人士的十倍。各國政府忽視這些不平等情況已經很長一段時間。然而，如果我們要認真防止自殺，就需要減少社經優勢者和弱勢者之間的健康不平等差距。如果我們能這麼做，我們將能在某程度上處理近年來英國、美國、巴西、澳大利亞等國的自殺率大幅上升問題。

新冠疫情更是讓此一不平等問題堅實地進入了國際研究和公共衛生政策的版圖。二〇二〇年春季，我和一群專家（其中包括經歷心理問題的人）發表了一篇立場書，呼籲將心理健康研究視為應對 COVID-19 的重要部分。[27]大約在同一個時間，布里斯托大學的大衛・岡諾召集了「國際 COVID-19 自殺預防研究合作團隊」。這次合作的目標是為了聚集自殺防治領域的研究者和其他相關人士，以避免重蹈覆轍，並最大化全球自殺防治研究活動的影響力。在疫情早期，我們共同關注的是各國政府對疾病傳播控制的反應，例如封城措施及其連帶的人民失業經濟損失——這可能形成自殺風險因素齊備的一場完美風暴。[28]

即使到現在，我們仍然不清楚新冠疫情大流行對全球自殺率的長期影響，而這些影響在不同洲陸、國家、社區、個人之間都可能不同。如果我們回顧嚴重急性呼吸道症候群（SARS）的爆發（二〇〇三年在亞洲部分地區傳播的另一種冠狀病毒），我們會發現在那次疫情之中，在年輕人自殺率未增的狀況下，隨著疫情和焦慮、抑鬱、創傷後壓力的程度增加，老年人的自殺率上升了。然而，與SARS疫情相比，COVID-19的傳播規模更廣。[29]

我們也從過去的經驗了解到，自殺死亡人數在經濟危機時期可能會增加。以二〇〇八至二〇一〇年間及其後，席捲了歐洲和北美地區的經濟大衰退為例，全球許多國家失業率居高不下，財務困難相當普遍，對於本已岌岌可危的國家更是。經濟衰退後數年發布的保守估計顯示，在歐盟、加拿大、美國，自二〇〇七年金融危機爆發以來，自殺人數比預期增加了一萬人以上。[30]這明確顯示，經濟衰退能致死。因此，新冠疫情持續對經濟造成的不良影響，仍然真正值得擔憂。除此之外，新冠疫情瓦解了精神健康服務系統，學校關閉、社交孤立對人們造成衝擊、家庭暴力增加，以及人們要適應新的工作和社交方式——這些都是我們精神健康的潛在風險。

我們也從有關自殺念頭的資料中得知，比起其他因素，新冠疫情對一些群體心理健康的影響大於其他群體。[31]例如，我一直在領導英國「COVID-19心理健康與福祉研究」，這是一項擴及全英國的研究計畫，自二〇二〇年春季開始追蹤英國成年人的心理健康。在這個研究中，我們首次發表了一份論文，分析了整個英國人口在居家隔離措施實施頭六週的數據。當時英國全體人民被指示要居家防疫，保護國家醫療服務體系，拯救生命。[32]在這六週內，我們詢問受訪者的心理狀況三次。研究結果令人不安。隨著封城措施持續進行，我們在調查中發現有自殺念頭的人數比例在這六週不斷增加，到第三次調查之前已經接近百分之十。這些研究結果令人驚訝，因為在同一時間之內，焦慮症狀的程度下降，而抑鬱症狀的程度則保持不變。依我之見，封鎖期間內自殺念頭的增加，反映的是疫情所引起的經濟與社會的不確定性。

研究發現，在我們的樣本之中，不同群體之間呈現出的成果更令人不安。年輕人、先前已有心理問題的人，以及社會弱勢受到的影響更嚴重，他們表示自殺念頭的程度高於其他群體。年長者承受了病毒對身體帶來的衝擊，而年輕人的未來也受到損害。談論新冠疫情帶來的後果時，作家達米安．巴爾於二〇二〇年四月在推特上發了一條推文：「我們並非都在同一條船上。我們都在同一場風暴中。有些人待在超級遊艇上，有些人則只有一支槳。」達米安．巴爾的推文看來是真的。我們並非同舟共濟。

上述自殺想法的數據，是英國疫情早期的情況，我們還需要數年的時間才能完全了解疫情對自殺和自殺行為的影響。不過我更擔心的是，隨著全世界逐漸從新冠疫情影響中恢復，它帶來的後果還會長久伴隨人們。[33]因此，我們需要確定勞動力安全網已經到位，以緩衝人們受到的疫情經濟風暴。我們需要做得更多，幫助受影響最大的人，包括女性、先前已有精神健康問題的人、年輕人、社會弱勢群體。儘管如此，我有信心如果我們繼續在國內外共同行動，我們將能夠減輕新冠疫情的長期影響。

○用語的重要性

人們用很多不同的詞語來描述自傷、企圖自殺或自殺身亡的人。然而，我們需要小心使用這些語言，因為它們可能會引起困擾或冒犯，加重自殺者遺族和企圖自殺之人所面臨的污名。讓我們思考一下英文的一個自殺用詞——committed suicide，（直譯為）犯下自殺的罪*。這個說法的使用範圍很廣，在我們國家自殺討論之中不可或缺，我們在酒吧、俱樂部、新聞、網路、電影、電視上都可以見到聽到這個說法。然而對於一些人來說，這個說法很冒犯，使用的人不夠敏感，令人痛苦，因為它使人回想起那個自殺被視為犯罪行為的年代。而

* 編按：「自『殺』」一詞在中文亦有負面意涵，另有「自盡」、「輕生」、「尋短」等其他說法。然考量此為學界、政府官方、大眾的共通用詞，仍於全文採用。

在一些國家裡，這還是不久之前的事。在英國，《自殺法》於一九六一年通過，將自殺除罪化，而愛爾蘭直到一九九三年才通過類似的《刑法（自殺）法案》。不過更讓人擔憂的是，在全球許多國家之中，包括孟加拉、馬來西亞、沙烏地阿拉伯，自殺仍然被視為刑事犯罪。為了反映日益廣泛的討論和意識，國際媒體報導指南明確建議不要使用該說法，這點我將會在本書後面再次提到。但是，對於該說法使用的辯論，已經超越了傳統媒體報導：事實上，以流行文化的最新例子來說，已經有很多人呼籲林－曼努爾·米蘭達修改他轟動一時的百老匯音樂劇《漢密爾頓》中，〈亞歷山大·漢密爾頓〉這首歌的歌詞。人們呼籲他將其中一句「表弟犯下自殺之罪」改為「表弟死於自盡」。其他人則主張，儘管呼籲者立意良善，但對於動詞「commit」使用的辯論過於簡化，並未充分考慮到前後脈絡。[34]

談及自傷和企圖自殺時，太多人經常會使用貶低性的言語，像是「（他這麼做）只是為了引起注意和操縱他人」。我們需要消除這種現象，我在第三章中將會討論到更多和「尋求關注」相關的問題。在我看來，這很簡單。如果他們對自己施加肉體上的疼痛是為了獲得舒緩的感受，想像一下他們的心理有多痛苦。那是在尋求誰的關注嗎？當然不是，這種行為反映的是對關注的需求，但當事人這麼做，絕對不「僅僅」是為了尋求關注。然而，如果你問的是當事人是不是想讓別人注意他們的痛苦，答案是肯定的。也可能他們不知道如何以別種方式表達。對此，我們應該想著如何關懷和支持對方，而不是輕蔑和憤慨以對。同樣地，使用「操縱」一詞來描述他們的行為也令人無法接受，這忽略了任何行為的動機都很複雜，何況我們每個人每天其實都在操縱身邊的人。[35]我們所說出的話、做出的行為，都是為了達到特定的目的，這也是某種操縱。所以不要在意這種人的冒犯，因為將自傷者貼上這種標籤毫無道理。

言語問題雖然複雜，但幸好最近的線上研究闡明了這一點。這項研究由布里斯托大學的普里安卡．帕德瑪納森領導，與撒瑪利亞會和諾丁罕大學的同事一同進行。[36]他們詢問受試者（包括直接受到自殺影響的人）對自殺行為各種不同描述的態度，並評估他們對每種的接受程度。這項研究的發現很有趣，有些成果卻相當令人驚訝。首先（雖然這結果並不出乎意料），大多數人將「結束自己的生命／自盡」（ended their life）、「自戕身亡」（died by suicide）、「奪走自己的生命」（took their own life）這些描述，評估為「最可接受」。當被問及原因時，一些人表示因為這反映了當事人「選擇結束自己的生命」這個事實，藉此承認已故者的能動性，也就是他們做了一個結束生命的決定。但他們也認為，這樣的描述「不會太嚴厲」。而且，就如同一位受試者所說，這樣的描述可以「保有她的人性」。相反地，像是「尋短」（英國俚語 topped themselves）、「自殺成功」（successful suicide）、「自殺已遂」（completed suicide）等說法，受試者多數評估為「不可接受」，因此最好避免。例如，大多數發表意見的人都不喜歡「自殺成功」的說法，因為這讓自殺顯得正面、麻木不仁，而且可能導致沮喪。

此外，特別令人感興趣且驚訝的是人們在評估「犯下自殺的罪」（committed suicide）這個詞語時，意見出現分歧。有些人認為這是「最可接受」的，有些人則認為「完全不可接受」。評估為「可接受」的人當中，一些人認為這樣能準確地描述這項行為，或者因為這是慣常用法。一些人不認同，認為這暗示自殺是一種犯罪。在讓受試者評估的所有說法之中，這個接受度上差異最大。人們對這個說法顯然有強烈情緒。一位失去兒子的家長對自殺研究人員認為此說法有譴責意味感到憤怒。他們的觀點與其他倡議反對此說法的人截然不同（在此我要公開聲明：多年來我個人始終對「犯下自殺的罪」這個說法表達不滿）。這位喪子的家長認為這種政治正確已經過頭，他認為無人有權在他們描述兒子的死亡時糾正他們的說法。當然，他們的觀點完全合理，並且也顯示語彙問題並不是黑白分明，喪親之人當然有權使用能讓他們感覺舒適的任何一種說法。然而，考慮到有些人可能會感到不安，我個人現在完全避免使用這個說法。確實，我經常遇到喪失親人的父母、配偶以及其他家庭成員，他們都認為這個說法不尊重、令人痛苦、帶有污名。最近有一位丈夫自殺的女人告訴我，當她在新聞上或是從身邊的人聽到這個說法時，她會感到震驚，並且實際出現生理反應。她需要深吸幾口氣，不過她也承認：「我真的不知道為什麼，它聽起來就是刺耳，很冷漠。」因此，這是本書中唯一出現該說法的部分。不用說，無論你的立場如何，這個議題都該以敏感和慈悲的態度處理。

CHAPTER

2

想自殺的痛苦是何感覺
What Suicidal Pain Feels Like

在談論自殺和企圖自殺的風險因素之前，了解一點想自殺的痛苦感受很有用處。在我的職業生涯中，悲痛的親屬常常會將他們所愛之人最後留下的信件、筆記或日記寄給我，這些文件通常是在臨終之前寫下的。這是巨大的榮譽，也是龐大的責任。家屬希望透過這些私密溝通的遺物，了解他們的兒子、女兒或伴侶自殺之前和臨終時刻的想法。在一些案例裡，亡者臨終前留下的文字清晰、詳細且明確；一些案例則否，他們只是大概描述了一些類似遺囑的指示。此外，單獨檢視每個案例時，要從自殺行為背後複雜的動機提煉出真相，可能相當困難。然而，大多數時候這些遺書都是強而有力的文件，傳達了自殺的痛苦和當事人決定結束生命前常有的失敗感。[1]以下是幾年前我收到的一則來自中年男子傑米的遺言。這段文字傳達了他的失敗感，和他的「全有全無」思維，這兩者常常是有自殺傾向狀態的特徵：

如果你正在閱讀這些文字，表示我已經受夠，而且已經死了。你能看得出來我的生活

> 有多鳥，最近沒有一天是順的，但又有誰真的在乎呢。我是個失敗者，什麼事都做不好。我沒用。被困住了。和〔女友的名字〕還在一起的時候，我真的很快樂，那是我生命中第一次有這樣的感覺。我竭盡所能對她好，但我爛死了，最後還是沒能保住這段感情。她想要什麼？我不知道該怎麼做。

我們很難不認同傑米寫的。我們都經歷過關係破裂的痛苦，我們時不時都會感覺自己沒用、失敗。很顯然，我們對於傑米的過去、他的背景、他的心理健康以及他生活中的其他諸事一無所知。因此，若想了解更多他遺書之外的事，我們的挑戰在於要理解他所經歷的痛苦如何變得如此之深、如此之多，才會導致他覺得自己的人生這麼不值得活。若想了解他，一個線索可能是他使用了「被困住了」這個詞。如同我在本書接下來的部分會討論到的，我相信「被無法忍受的痛苦困住」是理解自殺的關鍵，因為我認為這是通往自殺最終共同途徑的核心。

聚焦在傑米失敗的關係上也突顯了「自殺的日常性」——我有時會這麼形容。我不是要淡化驅使當事人自殺的原因，我的意思是，導致某人想要自殺的原因，往往與每日發生的事情有關：每日的失敗、每日的危機、每日的失去。有太多時候人們會以為自殺只會發生在不尋常的情況下，是他人回應發生在他們身上之事的方法，而那些事並不會發生在自己身上。

事實並非如此。對一些人來說，自殺可能與霸凌、離婚或失業有關。對其他人來說，涉及的是哀傷、破產、恥辱、歧視、失去福利或罹患疾病。這些都和我們如何應對壓力事件、環境，以及我們出生時拿到的牌有關。但重要的是要記住，自殺永遠不是無法避免的。直到最後一刻，自殺都可以預防。

我還是遇過非常多情況，亦即當我和某個人談論自殺的時候（尤其是沒有直接受到自殺影響的人），很明顯地，他們相信自殺者和他們不一樣。就好像他們相信會自殺的人是某種特定的人，而他們不在其中——他們相信自己在某種程度上對自殺免疫。但並非如此。當然，我理解這種「他者化」，這種與自殺保持距離的感覺；也許這能幫助他們感覺自己受到保護。但事實上這純屬不實之詞，而且只會為自殺的污名添柴加火，我們必須質疑這樣的想法。自殺可能影響任何一個人，自殺沒有疫苗可打。有些人比起一般人更容易面臨自殺風險，但自殺影響女性和男性，影響年輕人和年長者、黑人和白人、已婚人士和單身人士。[2]

自我從事自殺研究工作的初期，我就一直對遺書感興趣。儘管遺書能提供的資訊有限，它們依然提供了獨特的洞見，能讓我們理解想自殺的強烈痛苦。我二十出頭、剛開始攻讀博士學位時，還沒有直接接觸過自殺的經驗，遺書確實幫助我理解想自殺的心情，以及別無選擇的感受。這些文件都極度私人。我讀過的第一批自殺遺書是一名十六歲男孩寫的，他在住家附近自殺了。他的自殺看似衝動，他喝了酒，而且當天早先和母親發生過爭執，因為學校打電話給他母親，說他和班上一名同學打架。這不是第一次了。母親和他對質，兩人大吵一架，他怒氣沖沖離家。他當天晚上沒有回來，母親出門去找人，卻一無所獲。悲劇發生，幾個小時後，警方找到他時已經氣絕。

透過法醫的死因報告，我瞭解到他短暫的一生、創傷的童年、在藥物和酒精中的掙扎，這感覺就好像我認識他。我整個夏天都在貝爾法斯特度過，檢視可能是自殺死亡的調查文件，試圖找出模式。他的報告是我檢視的第一批有自殺風險的案例。我記得當時看到他的報告時，想到他和我的么弟差不多年紀，一陣悲傷湧上，我心想，人生多麼不公平。他和我弟弟截然不同，他經歷過地獄般的磨難。我當時坐在貝爾法斯特宏偉的法院大樓，坐在角落辦公室的桌前，翻閱他母親、家庭醫生、社工的陳述。我記得很清楚──我當時已經快要讀完他報告裡的文件，看見他的照片和遺書被用迴紋針夾在一起時，我異常驚訝。這個迴紋針觸動了我什麼，使我傷心。這太不近人情了。他留下來的遺書很簡短，毫不修飾。他用顫抖的筆跡和簡單的文字描述著，他認為她（他的母親）將永遠生他的氣。這種只見到目前狀況的狹窄視野、無法預見未來可能改變的思維，在遺書和自殺相關訊息中很常見。就這樣了。他的整個存在被簡化為一句話。當天晚上回到家，我哭了出來。

那份遺書是我念博士時大量遺書研究的一部分[3]，是一項相對較小的研究，我透過分析檢閱文件時發現的遺書，重現自殺者的心理概況，這包含將遺書依照不同的主題編碼。如果能獲得更細緻詳盡的個人資料，我們就更能辨別出有自殺風險的人。儘管這些分析已經是二十多年前的，但這些關鍵發現至今仍然對於理解自殺十分重要。在超過九〇％的遺書中，往生者都提到他們難以忍受的精神痛苦，以及他們渴望一勞永逸的迫切解方。研究資料中有一份遺書是戴夫寫的，文中傳達了這種情感強度和緊迫感：

> 我就是沒辦法繼續下去了，我受夠了。
> 生活太苦了，你沒有我比較好。
> 我的頭快要爆炸了。我需要做個了結。
> 我受過太多苦了。我真的很抱歉。我做不到。
> 我愛你，這不是你的問題。

戴夫走的時候二十出頭。和絕大多數自殺者一樣，他在死亡前一年並未接觸過心理健康服務。[4]事實上，他從未與相關單位聯繫過。雖然他在死前喝了一些酒，但是不多。他只長期交往過一位女友，但是前幾個月這段關係變得很緊張。他最近也失去了和他關係親密的祖母——祖母因中風過世了。在他去世前幾個星期，他的父母將他的低落情緒歸因於親人逝世，還有即將面臨大學考試的焦慮。雖然他告訴父母他睡不好，他們卻沒有察覺到他有什麼感情關係上的問題。

關於戴夫留下的遺言有一點很重要，他沒有談到他渴望結束自己的生命。就如同我之前提到的，自殺通常不是因為渴望死亡，而是想要結束無法忍受的精神痛苦。戴夫在心理上已經精疲力盡，失去祖母、感情煩惱、考試壓力，都可能因為他的失眠而更加嚴重。良好品質的睡眠對於健康生活至關重要。[5]睡不好會使思緒更加混亂、難以面對生活中的障礙、看不見自己還有其他選擇、難以正確地看待事物和管理情緒。

我們絕不能忽視睡眠對健康的重要性。正如戴夫的故事強調的，睡眠障礙是自殺念頭和行為的公認風險因素。例如，在由瑪麗·海辛和波魯蓋·西維特森主導

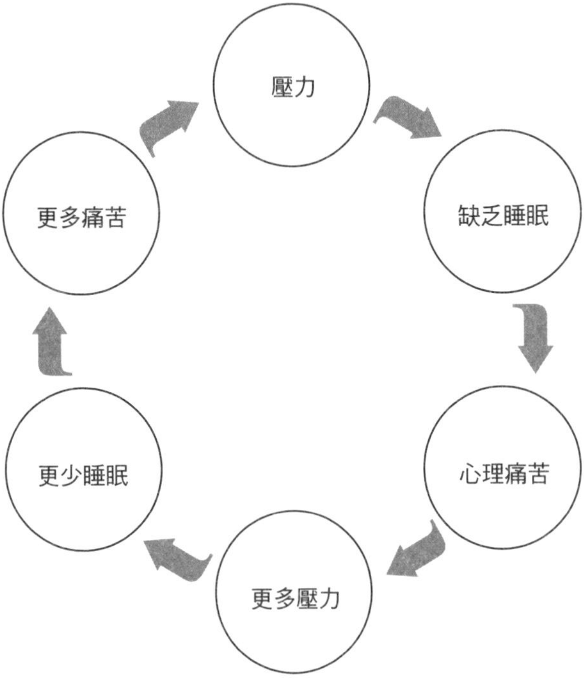

的一项研究中，我們調查了挪威的一萬名青少年，發現睡眠與自傷之間存在明確的關係。[6]我們發現了一種劑量－反應關係（dose-response relationship），也就是睡眠問題愈多，自傷的頻率就愈高。近年來，學界已經發表了眾多學術論文，研究睡眠困擾與各種自殺行為之間的關係。[7]這些論文的結論都一致：睡眠困擾與自殺、自傷風險有關。研究論文也建議，睡眠困擾可能會增加自殺風險，因為它會導致精神疾病和衝動情緒，並影響決策能力和情緒調節。

要陷入有害、惡性循環的負面思考很容易，而這些思考是由壓力和精神痛苦所驅使。

對於一些人來說，這些循環的強度升級再升級，直到自殺好似成為一個選擇，

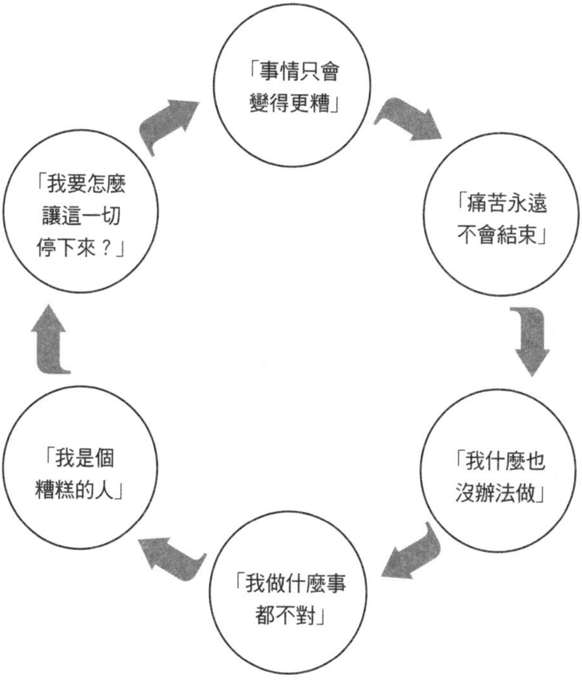

而且是唯一的選擇，是停止這些使人身心虛弱的思緒的最終解決方案。現代自殺研究的創始人之一艾德溫．史奈德曼談到，自殺是一個（通常只是）暫時問題的永久解決方案。[8]他非常正確，而戴夫的故事似乎就是典型的案例。當戴夫說：「我的頭快要爆炸了」的時候，他清楚地表達了他痛苦的壓倒性本質。「我需要結束這種痛苦。我已經受太多苦了。」所以，如果我們試圖理解是什麼因素驅使人自殺，我們應該思考他們的痛苦——這種痛苦對許多人來說，可能隱而未顯。

當人們感到痛苦看不見盡頭、感到受困、無法逃脫時，他們會嘗試結束自己的生命。[9]如同身體的疼痛，心理的痛苦也有忍受的極限，當我們達到極限時，一些東西就必然要捨棄。悲傷的是，對許多人來說，他們捨棄的是生命。戴夫留下的文字「沒有我，你會更好」是發自內心。許多有自殺傾向的人認為自己是他人的負擔，並且認為如果他們自殺的話，他們所愛的人將會過得更好。因此，與其將自殺視為一種自私的行為，很矛盾地，在那些被痛苦消磨之人的內心，事情剛好相反。他們覺得自己在幫所愛的人一個忙。

我最近在倫敦演講完之後，一位失去了女兒的母親，將女兒珍的遺書寄給我，希望對我的研究有幫助。珍去世時三十四歲，我要再說一次，讀遺書不容易。就像戴夫和傑米的信一樣，在珍的遺書摘錄中，她表達了自己的痛苦，但這一次她的精神痛苦還伴隨著身體的痛苦。她寫道：

我已經受夠這一切痛苦，再也撐不下去了。最近我生活中唯一快樂的事情，就是牽著班尼（小狗）散步，而現在我的身體痛到連這都做不到。我真的無能為力。我只是需要擺脫這種痛苦，我想不出任何其他出路。我的生活就是如此毫無意義和空虛。

當珍說「我已經受夠這一切痛苦」，隨後補充「我只是需要擺脫這些痛苦」時，她被痛苦的本質壓垮顯而易見。我們一項由卡特琳娜．卡瓦利杜帶領的研究，得出的結果與珍的體驗相符。我們發現身體加上心理的疼痛與自殺念頭有關。[10]珍那份感受，也在她提到自己對疼痛無能為力時表露無遺。同樣地，她也傳達出她無法想像沒有痛苦的未來。她的隧道視野和將自殺看作是「我想不出任何其他出路」的認知，就像是有自殺傾向者的心智「名片」。瀰漫在這三段文字中的共同主題是「被困住」。傑米、戴夫、珍都被痛苦困住了，他們的死亡被渴望逃離痛苦的想法驅使著，而這份渴望耗盡了他們所有的精力。我希望各位讀者能看見一個反覆出現的主題：自殺和「被困住的感覺」密不可分。我會在第六章更詳細地談論被困住的感覺。

我也被珍的最後一句話衝擊。對我來說，這是在召喚我們所有人集結在一起。同在一個社會，我們都有一份責任和義務，必須盡我們所能地讓身邊的人不再感到如此空虛和了無意義，不要感到與他人失去連結，導致他們認為自殺是唯一的解脫之道。

○社交連結的重要性

在歷史上，人類學家和社會學家將自殺統計數字描述為社會「生病」（sickness）的指標。[11]雖然我不會使用「生病」這個詞語，但我認為這些社會科學家如此描述，確實掌握了某些重點。自殺是對社會的可怕控訴。我們生活在一個有這麼多人（例如傑米、戴夫、珍）找不到其他選項而選擇結束自己生命的世界，這令人無法接受。而且他們的提前離世往往是因為不認為自己受重視，或不覺得自己有價值。我撰寫這一節的日子，正是二〇二〇年世界自殺防治日，這是全球每年為了提高人們對自殺及其防治意識，一起努力達致的高峰。在國際自殺防治協會的主辦之下，每年的九月十日被定為世界自殺防治日，這個日子定期提醒我們面臨的挑戰規模有多巨大。儘管我是世界自殺防治日的堅定倡議者，但我們必須記住，這只是一年之中的一天。而很顯然，防治自殺需要一天二十四小時、每週七天、每一天、每一年毫不間斷的努力。

二〇二〇年世界預防自殺日的主題是「攜手預防自殺」，我們一起回顧了「受重視」和「有價值」的概念。當天活動的一部分，是發布國際自殺防治協會製作的一部短片，名為《更近一步》。[12]影像喚起的感受令人回味，傳達了人與人之間連結的重要性。短片要傳達的訊息很簡單：鼓勵我們所有人走近一步，建立連結，並且讓人們了解到透過與另一個人連結，或重新建立連結，就可以幫助我們拯救生命。

短片的開場提醒了我們每個人都可以在預防自殺方面有所參與。這部短片透過一個簡單的動作（微笑）的力量，闡明了這一點。在一片昏暗的布景之下，旁白以富有同情心的聲音，緩慢嚴肅地說道：

> 一個簡單的微笑對你我可能意義不大……但對於一個正在思考自殺的人來說……微笑可以是通往活著的第一步。

這種情感非常準確，一個微笑可以極為強而有力，傳達出一種共同的人性。微笑是種肯認，肯認我們的確存在，肯認有人重視我們，肯認我們值得一個微笑。你可能很難想像，微笑或其他一些仁慈、同情、溫暖或善良的小舉動這麼強而有力，但事實的確如此。尤其當有人感到不堪重負、覺得自己毫無價值、是周圍之人的負擔的時候，這些舉動可以救命，真的。當然，自殺預防所需的不僅僅是一個微笑，但我在這裡想傳達的訊息是，社交連結是拯救生命的一顆基石。

幾年前，一位叫萊恩的朋友陷入了困境——他多年來一直斷斷續續地產生自殺念頭。然而，因為他遇到了一些個人的危機，這些念頭再次爆發，一發不可收拾。一天下午，一切對他來說都變得難以負荷，他就是「啪」一聲斷掉了。他陷入絕望的深淵，被無法忍受的自我憎恨的想法壓垮，他「半下決心」要結束一切。所以萊恩離開了他的公寓，以擺脫腦中的人際連結，心裡琢磨著接下來該怎麼做，是否應該結束一切。儘管起初有點猶豫，但他還是說服自己不會再回來了。但他整個人一片混亂，心裡正在經歷著生死之擇，搖擺不定。他在當地公園四處遊走，漫無目的。他陷入沉思，思索著最壞的情況。幾週之前，他整個人被危機吞沒，疲憊不堪，他對活著的糟糕和窒悶異常地執著。突然之間，他在轉角差點撞上一個認識的人。這個人只是點頭之交，嚴格來說他們從來沒有真正聊過天，但他們每天上下班途中常穿過同一個公園。他們走近彼此時，她漾起微笑，但更近時微笑消失了，取而代之的是擔憂的神情。

「嗨，你還好嗎？」她在他們錯身時開口問道。

這發生得如此意外，萊恩不知道該說什麼，所以他急忙咕噥：「呃，我沒事，謝謝。」然後就匆匆忙忙離開。雖然他們只是簡短交談，但萊恩依然清楚地記得那次巧遇。她的微笑，臉上的關心，表情中的溫暖——都在幾句話和動作表達了出來。這讓他停下來思考：「天啊，她似乎真的很擔心我。」這件事恰好就發生在他極脆弱的一刻，而這也讓他暫時停止思考自殺。這件事讓他沉思，回到家，他傳訊息給一位密友，訴說自己的心內很痛苦掙扎，朋友鼓勵他去看家庭醫生。如同我在本書第三部將討論到的，任何令自殺念頭中斷的事物都可以給人重新考慮生死抉擇的機會。

對於萊恩來說，這次巧遇是在整片陰影中的一道光亮。這幫助他認識到，人生可能終究值得一活。他的存在是重要的。微笑是如此簡單的舉動，不但所需的肌肉比皺眉少，試著記住，微笑也許可以拯救生命。

CHAPTER

3

迷思與誤解

Myths and Misunderstandings

二十年前，自殺在媒體報導上只是駭人驚聞的標題，不僅媒體很少談論，就連人們在家裡、社區或工作場所，也很少公開討論。當人們談到這件事的時候，總是輕聲低語。我們可以說，自殺這個議題因為缺乏重要的公開或私下討論，才導致其污名化，關於自殺的各種迷思也因此被強化。確實，依我之見，像是「問一個人有關自殺的事，會在他腦中種下自殺的念頭」這些迷思一直廣為流傳，不受控制。直到最近，這些迷思才在主流媒體和各界受到一定程度的挑戰。

就挑戰這些迷思而言，過去幾年我們獲得了相當大的進展，但我仍持續驚訝於這些迷思頑強的生命力。舉個例子來說，我在九〇年代晚期於北愛爾蘭的貝爾法斯特首次公開演講自殺主題。那次我列出了十四個常見的自殺迷思，都是我從自殺相關的經典文本中一點一點辛苦收集來的。在演講結束後的問答環節中，我們依序討論了每個迷思，仔細檢視誰抱有哪些迷思，以及他們為何這樣相信。很快，結果明確顯示大部分聽眾都承認自己相信大部分的自殺迷思。當我問他們是從哪裡知道的，答案往往是「聽來的」。像是和朋友或家人聊天時，或是從電視報章雜誌看到的（當時還沒有人提到網路，因為當時網路還在發展初期）。

現在，讓我們把時間快轉到二〇一九年。我在英國演講了幾次，內容與在貝爾法斯特那幾年所做的類似，而且聽眾和之前一樣是一般大眾。我已多年不在演講中討論自殺迷思了，但這次把「自殺迷思」的投影片重新放回講稿中，想看看在這方

關於自殺的迷思

1. 會開口談論自殺的人沒有自殺風險。
2. 所有有自殺傾向的人都很憂鬱或患有精神疾病。
3. 自殺的發生總是毫無徵兆。
4. 詢問某人有關自殺的事就是在他腦中「種下」自殺的念頭。
5. 想自殺的人很明顯就是想死。
6. 當某人有自殺傾向時，他就會一輩子有自殺傾向。
7. 自殺是遺傳性的。
8. 自殺行為的動機是尋求關注。
9. 自殺是單一因素引起的。
10. 自殺沒辦法預防。
11. 只有某個特定社會階級的人會死於自殺。
12. 情緒狀態的改善意味著降低自殺風險。
13. 自殺念頭很少產生。
14. 試圖以低致死性方式自殺的人，不是認真想殺死自己。

面是否有任何進展。我對文本沒有做任何大幅度的修改，並且使用了與之前相同的方式：我和聽眾一一討論這些迷思，探問他們認為哪些是真的，以及為什麼會這樣認為。儘管直接拿兩個年代比較有點不公平，但從討論中可明顯看出，從九〇年代以來，關於自殺的公眾討論雖然有了巨大的進步，但絕大多數的迷思依然存在。人們對自殺的看法世代相傳，我們在這方面還有很長一段路要走。

以下是我列出的迷思，無特定順序。我們何不逐一審視，問問自己認為這些是不是真的？我敢保證至少有些你會認為是在陳述事實。接下來我將一一介紹，並解釋為什麼它們是迷思，以及說明何以有些很明顯，有些則很隱諱。

• 迷思一：會開口談論自殺的人沒有自殺風險

第一個迷思是根植於一個觀點：如果有人有意結束自己的生命，他們最不會做的一件事，就是告訴別人。這是錯誤的觀念，忽略了構成自殺動機的複雜性，更不用說自殺念頭和自殺衝動的本質是矛盾的，會有消長變化。[1]他們在談及自殺的同時，也可能正在藉此尋求幫助。悲傷的是，我已經不記得別人問過我多少次了，他們都確信這個迷思是真的。

多年來，我聽過太多令人心碎的故事，這些母親、父親、伴侶或友人認為他們的摯愛已經安全了，因為他公開談及自己的自殺衝動，這項「事實」讓他們感到安心。這個錯誤迷思使他們打消擔憂，令人悲痛的是，在許多的案例之中，這些人的摯愛結束了自己的生命。

這個迷思很普遍，因為我在家庭醫生和心理健康專業人士那裡也聽過類似的敘述，他們也抱有這樣的觀點，也曾遇過自己的病人或個案自殺身亡。關於這個現象的估計數據各不相同，但事實上，至少有四成的自殺者在行動之前曾與某人提過自殺的想法。[2]有時可能只是隨口一提，有時則談得更深入。有時我們的摯愛對於活著感到厭倦，有些時候他們直言不諱地表達對結束生命的渴望。針對這種情況，我給的建議很簡單，無論溝通的性質如何，都要鄭重對待每一個渴望自殺的言論。要直接且富有同情心地詢問，然後去探究驅使對方產生自殺念頭的原因，再和對方一起努力保護他的安全。如果你覺得自己沒辦法處理，絕對要聯繫醫療專業人士或緊急服務機構。在本書的第三部和第四部中，我提供了一些實用的指導方針，內容是關於如何詢問自殺相關的問題，以及如何保護想自殺之人的安全。

• 迷思二：所有有自殺傾向的人都很憂鬱或患有精神疾病

儘管研究文獻中經常描述，自殺者中有九〇%的人很憂鬱或患有精神疾病，但漸漸開始有人意識到這個統計數字可能被高估了。[3]的確，還有些人甚至對自殺研究中這所謂既定真理的合理性提出了質疑。[4]然而，儘管專家學者在二者的關聯程度上意見不一，大多數人確實同意自殺通常發生在精神疾病的脈絡之下。與自殺最常相關的精神疾病是重度憂鬱症、思覺失調症、躁鬱症、物質濫用疾患。[5]然而，精神疾病既不是自殺的先決條件，也不是自殺的充分理由，我們需要看得更深遠，才能完全理解自殺。即使精神疾病是完美風暴的一部分，但單獨而言，精神疾病並不能解釋為何某個特定的人會選擇自殺。[6]此外，從國際的角度觀察（例如亞洲地區），自殺與精神疾病的關聯遠比西方國家匯報的要弱。據估計，在印度和中國的自殺者之中，僅有三五－四〇%在死亡前被診斷出患有憂鬱症。[7]因此，鑒於全球六〇%以上的自殺事件都發生在亞洲，而七九%發生在低收入或中等收入國家，要說所有有自殺傾向者都很憂鬱或罹患精神疾病，明顯錯誤。[8]而即使在西方國家，也不能說所有死於自殺的人都患有精神疾病，即便許多案例確實如此。值得注意的是，自殺經常發生在社會弱勢的背景下，自殺者通常是先經歷了突如其來的失去、充滿壓力的人生事件，或者，可能是一時衝動的行為。在這些情況下，或許沒有證據能證明自殺者患有精神疾病。

• 迷思三：自殺的發生總是毫無徵兆

我覺得第三個迷思很棘手，因為雖然自殺有一些警訊（例如把事情安排妥當），但在我們每天忙碌的生活之中，這些警訊往往難以察覺。而且，當我們失去所愛之後，回過頭看，這些警訊往往極度顯而易見。再加上，我們周遭同時也有很多人正在安排自己的各項事務，但完全與自殺無關，容易混淆。此外，對於少數人而言，他們似乎沒有傳達任何自殺的警訊。

如果你正在照顧一個每天都會固定產生自殺念頭的人，要辨認出警訊更加困難。在這種情況下，確定哪些人有自殺風險不是那麼重要，而是要準確找出摯愛之人何時會特別脆弱。我們正試圖辨認出史耐德曼所描述的「死亡日」——也就是人要自殺的那一天。[9]然而，不幸的現實，無論是否有警訊，我們在預測自殺這方面並不比偶然高明多少。[10]儘管如此，這仍然屬於迷思的部分，因為雖然警訊難以察覺，但依然存在（請見第二〇四頁）。

• 迷思四：詢問一人有關自殺的事就是在他腦中「種下」自殺的念頭

這個迷思是我職業生涯中最常被問到的一個。因此，讓我們把這件事徹底講個清楚：「沒有」證據表明詢問一人是否想自殺，會在他們腦中種下這個念頭。此外，這麼問甚至可能具有相反的「保護」效果。幾年前，倫敦國王學院的研究人員回顧了所有相關研究（這些研究旨在仔細檢視，詢問自殺的問題是否會引起成年人、青少年、一般人和臨床患者考慮自殺）。[11]研究結果明確：詢問自殺的問題不會增加考慮自殺的想法。實際上，它還可能和減少考慮自殺和改善心理健康。簡而言之，如果你很擔心某個人，請直接詢問對方是否考慮過自殺。這麼做可以幫忙他們獲得所需的幫助，甚至可能拯救他們的生命。談論自殺也許能給對方機會考慮他們的選項，並重新思考他們想結束生命的決定。當然，如前所述，詢問這個問題很困難，而且令人驚慌，因此我已在第十二章根據最佳的實行方式提供了一些小建議。

•迷思五：想自殺的人明顯就是想死

不對，不是這樣的。當我開始從事研究，駁斥這個迷思是我學到的自殺心理的頭幾件事。那時我念博士班一年級，狼吞虎咽地讀完了我能找到的史奈德曼寫的所有東西。他是美國自殺學會的創辦人之一，也是通曉自殺心理的先驅。我記得，在他的開創性著作《自殺定義》（出版於一九八五年）中，我初次讀到他筆下關於自殺的「十個共通性」，學習到自殺的迷思。[12]史奈德曼提出的第六個自殺共同點（或說共同特徵）在此特別相關，它指出「自殺的共同認知狀態是矛盾心理（ambivalence）」。換句話說，矛盾心理是有自殺傾向者思考的一個關鍵方式。這非常真實。他們經常在想要活著和想要死去之間循環往復。對一些人來說，這種心情的循環幾乎是瞬息萬變，在幾分鐘之內從渴望活著，變成渴望死亡，再回到渴望活著。對於其他人來說，這種循環可能需要數小時或數天之久。在研究中，曾經企圖自殺的人經常表示這種猶豫的心理，或者表示自己渴望活下去也渴望死亡。而對於一些人來說，一旦他們開始嘗試自殺，生命的本能就會立刻發揮作用。凱文．海因斯是少數從舊金山的金門大橋跳下後還能生還的人之一。他經常談到自己跳下橋後立即後悔不已的心情。[13]他描述那次企圖自殺的經驗，生動地說道，在他的雙手離開欄杆的千分之一秒間，他就立刻意識到這是他一生中犯下的最大錯誤。儘管他受傷慘重，依然活了下來，如今他是美國一位主要的心理健康倡議者。

不過，對於像阿米爾這樣的人，情況就不一樣了。我幾年前認識他時他六十多歲，已多次企圖自殺。他發現自己很難把活著的渴望和想死的感受分開，因為他經常同時感受到這兩種想法。他也認為以他的情況而言，他自殺的企圖更多是出於精疲力盡、不堪負荷。他只是希望他腦海中的「聲音」能停下來，而且他認為那些永無止盡的、感覺自己毫無用處的想法，餵養了他對活著的矛盾心態。此外，他先前企圖自殺的時候，想死的感覺和舉棋不定的感覺也次次不同。

他第一次嘗試自殺是二十五歲左右。那個晚上他喝得爛醉，對於活著抱著矛盾的心情，這又和他一段長期關係忽然結束有關——那是他的「人生摯愛」，結束得突如其來。女友離開時他痛苦不堪，無法跳脫正在經歷的情感痛苦。他被他「再也找不到愛情了」的信念驅使。所以在他看來，他不如去死，因為除非有人可以和他分享人生，否則就不值得活。他記得企圖自殺的隔天早晨，他在醫院裡醒來時頭腦昏昏沉沉，卻堅決表示他沒有想過要死，只是意外服用了過量的藥物。但他現在卻承認自己當時說謊，他當時正是想要就此死去。隨著年歲，當他想自殺的時候，最主要的想法與生死沒什麼關係，比較接近希望痛苦停止。他如今仍然抱持著矛盾的心態，不過現在集中在自己身上，偏執地想著自己是否值得活下去。當然，我們永遠無法確定那些已經結束生命之人是否不再矛盾了，是否已經對活著感到筋疲力盡，到了一心求死的地步。

• 迷思六：當一人有自殺傾向時，他就會一輩子有自殺傾向

對大多數人而言，自殺風險通常是短期的，而且與特定的情況有關，通常是人際交往的危機。雖然有些人可能會再次產生自殺的念頭，但絕大多數人都會完全康復，再也不會企圖自殺，更不會死於自殺。這使我想起道爾。他五十五歲左右，在三個月內多次企圖自殺，後來參加了我們的一項臨床研究。他和他的家人很擔心事情永遠不會改變，他將會長期處在想自殺的狀態，這可以理解。幸好，當我們再次與他聯繫，進行後續會談的時候，他復原的情況頗為良好。他已經開始服藥治療他的抑鬱症狀，而且也在看心理師。心理師會協助他逐步解決與自尊和無價值感相關的內心鬥爭。正如他對我們說的：「當我回想起幾個月前的那些日子，我會陷入深深的絕望，那時候我就是看不到任何出路，也看不到自殺念頭的盡頭。」不過現在他的睡眠情況好多了，也感覺能掌握自己的生活，已經好幾個月沒有想自殺的感覺了。

如果你愛的人正處於自殺危機之中，而且你很害怕情況永遠不會好起來，這是一則有力的訊息，值得牢牢記住。他們可以好起來，而且很多人做到了。但重要的是要伸出援手，這樣你愛的人才能獲得他們所需的幫助。

•迷思七：自殺是遺傳性的

較為模稜兩可的自殺迷思很多，我們又遇到了一個。在某種程度上，這顯然是迷思。首先，自殺是一種行為，而行為無法遺傳。然而，由於一個人對自殺的脆弱性，有部分是遺傳的。因此自殺的「風險」有部分可經由遺傳得到。的確，一些雙胞胎和收養研究中的估計指出，自殺的遺傳率商數（heritability quotient）在三〇％至五〇％之間，但考慮到精神疾病之後，這個商數會稍微降低。[14]遺傳率商數指的是可以從遺傳因素解釋的某一特定特徵（在這種情況下指的是自殺）的變異性百分比。我認為，當我們要描述自殺與遺傳率之間的關係時，更準確的說法應該是說，一個人對自殺的脆弱性有部分是會遺傳的，不是自殺本身會遺傳。

•迷思八：自殺行為的動機是尋求關注

儘管近年來在自殺的去污名化這方面已經有相當的進展，但每當聽到人們談論這個迷思，還是覺得沮喪。人們太常用貶義的詞彙來描述自殺行為和自傷，而且會在「尋求關注」一詞前面加上「僅僅」和「只是」。例如：「她又割腕了（而女性更常被這種方式污名化），她只是在尋求關注。如果她認真想死，就會直接去做。」當然，想自殺的人正在試圖引起旁人注意到他們的痛苦，他們或許是將自我傷害的行為視為處理痛苦的唯一方法。但這不是對此不屑一顧的人所說的「尋求關注」。這是一種痛苦的指標，而且通常不是尋求關注的指標。對我來說，要理解這種行為非常簡單。想像那個人所經歷的痛苦或悲慘吧。痛苦是那麼深，深到他們會以讓自己承受疼痛的方式來處理或舒緩。無論動機為何，每一個自傷的行為都需要被認真對待，並且值得有同理心、有人性的回應。

大約十年前，我和長期合作伙伴兼友人蘇珊・拉斯穆森和凱思・霍頓進行了「生活方式與福祉研究」。這是針對蘇格蘭和北愛爾蘭青少年進行的一項大型調查。[15]我們以保密的方式詢問了超過五千五百名十五至十六歲的青少年，問他們是否曾經自傷。如果有，原因是什麼？研究結果令人擔憂，因為至少有一〇%的年輕人告訴我們，他們自傷過至少一次，而最常見的時間點發生在過去的十二個月之內。這項發現與國際上的其他研究一致。[16]當我們詢問這些青少年動機，他們的回答都很有說服力，原因各式各樣，這說明了自傷行為的動機很複雜。以下四個與自傷有關的例子都長留在我的腦海中，而且和這個主題密切相關，因為它們強調，無論出於何種動機，自傷都是一種痛苦的表現。自傷者應該得到幫助與支持，而不是嘲笑與忽視。前面兩則引述是出自兩名十五歲青少年之口，他們表示自傷對許多人而言是一種處理情緒的方式：

「（自傷）讓我擺脫受苦與痛楚。」

「（自傷）將痛苦從我的心轉移到我的手臂上。」

接下來的兩則引述同樣極其強大：

「身體上的疼痛止住了情緒上的痛苦。」

「逃不掉。我只是不想再活下去了。」

第一次閱讀後面這兩則引文時，我深深被觸動了。這些青少年看不到處理痛苦情緒的其他選擇——我滿腦子都是這個念頭，無法擺脫。一想到這些年輕人必須藉著傷害自己來減輕心中的痛苦，就讓人心碎。他們的話令人痛徹心扉，我認為這些話強調了我們的身體健康和心理健康二者密不可分。沒有缺乏身體的心靈，也沒有缺乏心靈的身體。

• 迷思九：自殺為單一因素引起

毫無疑問，自殺「不是」由單一因素引起。更確切地說，自殺是由多種因素匯聚而成的完美風暴。正如我之前所說，這些因素可以是生物的、心理的、臨床的、社會的、文化的因素，其中許多可能隱而未顯。[17]從外部觀察時，自殺似乎是由單一事件或因素引起，但情況通常並非如此。以二〇二〇年二月英國電視主持人卡洛琳・弗拉克的自殺悲劇*為例，此事件在英國及其他地區引起了廣泛的報導。如果你聽信了大部分主流媒體的報導，你可能會相信他們對卡洛琳的報導是她在四十歲時英年早逝的唯一原因。或者，如果媒體沒有受到指責，那被攻擊的就是英格蘭及威爾斯皇家檢控署。事實是，沒有人能確切知道她在死前的幾個小時或幾分鐘腦中在想些什麼。但可以確定的是，她的英年早逝是一場悲劇，很可能是由許多不同因素造成，而外界人士並不知情。將自殺的原因簡化為單一因素對任何人都沒有幫助，尤其是對那些高自殺風險的人或因自殺悲劇失去親友的人。

・迷思十：自殺無法預防

這是一個複雜的迷思。在國家的層面上，自殺可以預防，但是要做到非常困難。[18]舉例來說，如果我們檢視各個國家隨時間推移的長期自殺率趨勢，其實全球的自殺率一直在下降。在統計術語中，我們傾向報告年齡標準化†的死亡率。根據一項最近的研究，華盛頓大學的穆赫辛・納哈維表示，一九九〇年至二〇一六年間，全球年齡標準化的自殺率下降了三

＊ 卡洛琳・弗拉克曾因與英國哈利王子傳出緋聞而被大肆報導。

† 年齡標準化（age-standardised），當比較不同年齡架構的人口，或年齡分布會隨時間改變的相同人口時，所使用的統計學加權方式，有特定計算公式。

分之一。[19]這是個天大的好消息。確實，要舉例的話蘇格蘭是一個很好的例子，因為這個國家的自殺率直到最近仍在逐漸下降。在二〇一八年之前的十年間，自殺率逐年下降，最終降幅達到了二〇%。[20]因此，從國家層面上來看，這意味著自殺可以預防。然而困難的是，目前我們還不清楚是什麼原因讓自殺率降低，而且在個人層面上，要預防自殺是出了名的困難。

我們無法確定國家自殺防治策略是否有效，以及其有效程度如何。但是在蘇格蘭的例子中，我們相信實施十年國家自殺預防行動計畫起了某種作用。然而在其他國家，如美國和澳大利亞，近年來自殺率持續上升。而在蘇格蘭，自殺率下降多年之後，二〇一八年開始卻逐漸增加。無論在國家層面上對自殺率減少（或不減少）的解釋是什麼，在個人層面上，要預防自殺則更挑戰我們的能力。正如先前說過的，我們在預測誰會死於自殺方面，並不比偶然準確。[21]儘管我們對風險和保護因素有了更深入的了解，但在個人層面上，自殺防治仍然是個挑戰。我們不僅要努力識別「誰」最有可能自殺，還需要知道他們會在「何地」和「何時」這麼做。

• 迷思十一：只有某個特定社會階級的人會死於自殺

自殺對所有社會階級的人皆一視同仁，無論一個人屬於何種社會階級，都有可能死於自殺。這個迷思之所以會形成，是因為社會弱勢自殺率相對高，而富人自殺率較低。我們經常會談到社會經濟梯度不平等的問題，而在自殺這方面，這種梯度的升降變化非常巨大。在英國，社經階級最低的人自殺率是社經階級最高的人的三倍。正如先前所說，自殺是不公平與不公正的典型範例，令人心碎。而這也說明了我們應採取公共衛生措施防治自殺的重要性。[22]

• 迷思十二：情緒狀態的改善意味著自殺風險降低

這個迷思帶有一點悲傷的色彩，因為我遇過太多因為自殺失去摯愛的人，但事發前幾天，他們所愛之人情緒狀態改善，導致他們誤信而心安。他們心懷內疚，後悔自己「放鬆了戒心」，未能提高警覺，辜負了亡者。當然，我能理解為什麼自殺者的家人或親近的朋友可能有這種感受，但重要的是我們必須記住，即便能擁有事後之明，也可能無法挽救摯愛的性命。

若有任何人說「情緒狀態的改善意味著自殺風險降低」，切勿聽信。這不僅僅是迷思，更可能是悲劇性的錯誤，因為二者之間真正的關係相反。情緒狀態的改善似乎與自殺風險「增加」有關，而不是減少。邏輯如下：當有人正處於憂鬱發作期（舉例來說）並且整個人都被痛苦淹沒的時候，他們往往沒有精力或動力去制定和實施自殺計畫。然而，如果他們決定選擇自殺做為結束痛苦的方式，情緒狀況可能會好轉，因為他們相信自己已經「找到了」解決問題的辦法——自殺就是能永遠結束他們痛苦的方法。連鎖反應的結果就是，隨著情緒狀態改善，他們的動機和精力恢復了，現在他們具備了情感上和認知上的能力去計畫和執行自殺行動。不過，如果你能合理地解釋對方情緒的改善，就可以安心了，沒必要過度警戒。例如，對方的情緒是因為他們已經解決了危機而得到改善，或者是因為藥物或心理治療對他們有幫助。在這種情況下，情緒的好轉合乎情理，眾所樂見，但這仍然不能保證他是安全的。

一般來說，如果一個脆弱之人的心情莫名其妙改善了，原因可能值得關注，建議進一步探詢或提供支持。多年來我與多位臨床醫生之間的對話，也證實了我們不該聽信這種迷思。精神科醫生和心理學家也悲傷地告知我，他們的一些病人在死亡前的幾天和幾週，似乎對治療更加投入，而且感到更滿足。

• 迷思十三：自殺念頭很罕見

很遺憾，這並不是真的。根據學術研究和人口，自殺念頭的盛行率差異很大。在《世界心理健康調查》中，全球有三至一六％的成年人表示曾經在他們生命中的某個階段經歷過自殺的念頭。[23]我不是指像「我精疲力盡，想就此睡去，再也不要醒來」這樣被動的自殺想法，而是指主動思考結束自己生命的念頭。例如，在我們進行另一項名為「蘇格蘭福祉研究」的一部分時，曾經對超過三千五百名年輕成年人（十八至三十四歲）的自殺思維進行評估。當時我們問道：「你是否曾經認真考慮過輕生，但實際上沒有去嘗試？」他們的回答凸顯了痛苦的規模：超過二〇%的人表示，他們在人生中的某個階段有過自殺念頭，而其中一〇%的人則是在過去十二個月內想過要自殺。[24]如果你想知道細節，範圍限縮在年輕人時，他們自殺念頭的比率更高，因為老年人的調查結果往往較少出現自殺念頭。

• 迷思十四：試圖以低致死方式自殺的人，不是認真想死

這個迷思在某種程度上與尋求關注那條有關。這個迷思的概念是，如果有人真的認真想結束自己的生命，他們會「好好做」，會選擇一種真正致死的方式，而非低致死方式。這暗示著低致死性的自傷行為應該被視為想尋求關注，不用理會。這是一個迷思——每一個自殺行為都應該被認真對待。我們不應該根據企圖自殺的致死性，推斷對方缺乏自殺意圖。有時候人們認為割腕比服藥過量更不致死。確實，我和許多人一樣，曾經認為服藥過量送醫的人，比割腕送醫的人更有可能在未來自殺身亡，直到牛津大學的霍頓和他的同事發表了一項研究，顯示出相反的結果。他們使用了英國多中心參與的自傷研究數據，發現在年齡十至十八歲的人之中，因割腕送醫的人接下來幾年內死於自殺的機率，比因服藥過量送醫的人更高。[25]簡而言之，我要傳達的是：每個自殺行為或自傷行為都應該被認真看待。

PART 2

自殺大多是為了結束痛苦，而不是想死
Suicide Is More About Ending the Pain Than Wanting To Die

想像自己身處極其想自殺者的處境很困難。即使我研究自殺這麼多年，有段時間仍然對自殺要付出的個人代價徹底感到困惑不解，我也擔心那些為活下去而戰的人。但是，即使在這些最艱難的時刻，我依然試著不要忽視這個事實：自殺由精神痛苦所驅使。不論其複雜的原因為何，自殺是關乎結束無法忍受的痛苦，即使是以一了百了的方式。

CHAPTER
4
理解自殺的含義
Making Sense of a Suicide

當家屬或悲痛欲絕的親友聯絡我的時候，通常是想知道原因。為什麼他們所愛的人會選擇自殺？為什麼他們沒有預料到這一切？或者，如果他們料到了，為什麼他們無法阻止自己失去摯愛？這些電子郵件、信件、電話，都和失去生命的故事有關，都和兄弟姐妹、母親、父親、朋友、兒子、女兒的痛苦有關。這些故事是如此私人又獨特，但往往又如此相似。有些人仍然震驚不已，為失去而極度崩潰，而另一些人則是憤怒或困惑不已。所有人都束手無策，試圖理解他們所遭遇的悲劇。他們通常是突然聯繫我的，可能是在網路上搜尋後找到我的名字，聽過我關於自殺的講課，或讀過我的學術論文。

我第一次收到這樣的信件時還不到三十歲，起初整個人被難倒了，不知道該如何回應。那是一封手寫信，寄到我所在的大學，信中詢問我是否可以打電話給他們。「他們」指的是父母——丹尼爾的父母。幾個星期前他們失去了兒子，但他們的兒子沒有憂鬱症病史。丹尼爾是他們唯一的孩子，他的死亡突如其來，並且「完全沒有預兆」。信上沒有電子郵件地址，只有一支電話號碼。他們偶然讀到我的一些文章，文字讓他們產生共鳴，所以主動聯絡我。

那是在二〇〇〇年，我應該是二十七歲，當時一直在和冒牌者症候群搏鬥。那時我才剛取得人生第一個講師的職位沒幾年，試圖在獨立研究領域站穩腳跟。正如任何一個新上任的大學講師都共感的，你經常會被扔到深水區去，拚命奮鬥，保持領先學生一步。當時，我確實感覺自己在自殺預防的研究領域之中沒有立足之地。顯然我還只是一個新手，那個階段只發表過博士論文。「對於自殺行為的理解，我真正知道多少？」、「我只花了一個多雨的週末時間研究自殺」、「他們找其他人談談會更好」……這種自我批評的想法一再在我腦海中重複。

因此不出所料，我對要不要回覆這封信猶豫不決。我確實不知所措，部分原因是因爲我對此感到不能勝任。我不知道自己該說什麼，尤其焦慮會說錯話，或加重他們的悲傷。而且，我不知道實際上該怎麼「打電話」。什麼時候打比較合適？如果他們接起電話，我應該說什麼？我該如何確認他們處在能放心講電話的狀態？我心裡演練了幾次通話情境，但就是不滿意。所以我把這封信擱置了幾天，試圖找出最好的答覆方式。我也不知道如何表達通話的界線，而不顯得麻木不仁。我不是諮商心理師，我是研究人員，而且與丹尼爾素未謀面，所以永遠沒辦法告訴他的父母為什麼他最終決定要結束自己的生命。如同任何一位與不相熟之人討論自殺議題的人——我擔心自己會失言讓情況變更糟。

即使如此，我已遇到夠多因自殺喪失親友的人，知道他們只要有機會談論他們所愛的人，即使只是稍稍一瞥自殺心理的黑暗之處，也會有所幫助。身為人類，我們很難忍受不確定性、未知或模糊不清的事物，我們終其一生都在努力減少它們。從早上起床的一刻，到夜裡睡前的一刻，我們都在努力減少這些不確定和未知。自殺的特徵就是不僅由無數未知組成，還包括許多不可知。難以忍受的是，關於自殺，唯一確定且已知的，是你所愛的人已經離去，不會再回來了。永不。絕不。其他一切都是不確定、令人困惑、複雜難解的。我們不可能知道別人在最後的幾分鐘，腦子裡在想些什麼。他們曾改變主意卻太遲了嗎？他們是不是認為沒有人關心他們？這些問題確實令人難受，但現實是，在做出決定的一刻就離世的人，他們當下的心態是無從得知的。

那個週末，我推斷我的電話可能會給這個家庭一個機會「檢驗」他們認為愛子去世的原因。或許這麼做能減輕一些他們的不確定感，提供一個安全的空間讓他們說說話。尋覓自殺的答案是最可怕的矛盾。結果如此明確，但自殺的原因、死前最後的幾分鐘或幾小時常常隱而未顯。但是對於喪失親友的人而言，情緒來襲，鋪天蓋地。二〇〇八年克萊兒去世的時候，那是我第一次親身面對因自殺失去友人的情況。我想起了那次早先的相遇，想起了追求解答一事變得如此難以抵擋、棘手、痛苦。你在這個世界上最想要的，莫過於再與你所愛的人相處，哪怕只有五分鐘，問問他們為什麼沒辦法繼續，為什麼無法面對活著這件事。你一再重複播放過去的對話折磨自己，糾結著可以做些什麼、或應該做些什麼讓事情好轉。你本可做些什麼，或該做些什麼讓他們活下去。數日間，我搜遍了克萊兒寄給我的每一封電子郵件還有我的回信，想看看我能怎麼做出不同的回應。

我不需要擔心這通電話，擔心說錯話或做錯事。接下來的一週，我打電話過去的時候寫信給我的那對父母都在家。他們絕望不已，心靈受創、心碎而麻木。丹尼爾去世之後，他們幾乎沒有踏出過家門，而是在家裡一再重播他的人生，每個重要的里程碑、每一次的成功與失敗。他沒有留下遺書，而且，雖然他沒有憂鬱症病史，但他是九〇年代初經濟衰退期的受害者，在一九九一年失去了他的「夢幻工作」。他的母親尤其認為，從那之後他就再也不一樣了。他離世時三十歲出頭，在那之前的三年裡，他又經歷另外兩次失業，也失去了長期的交往對象。他開始嚴重酗酒，根據他母親的說法，他變得愁雲慘霧。但是他從來沒提過任何有關絕望或想自殺的事，他對未來相當樂觀，所以他的父母沒有太過擔心。然後一天晚上，他的父母和朋友聚餐回家之後，他們發現了他，已經沒有氣息。他們的狀況和其他許許多多的家庭一樣，無法查明具體的最終觸發原因，或是什麼是「壓垮駱駝的最後一根稻草」。

他們曾經不知所措，不知為何如此，也不知當時為何會這樣。他去世之後幾個星期，他們兩夫妻自己透過意義建構*得出結論：他搬回家住時覺得丟臉，而且看不到其他重拾獨立性的方式。我和他們通話的時候主要是在傾聽，並盡力用概括的方式回答他們的問題。在英國，大部分自殺的人都患有可以混淆他們決策能力的心理問題。這類問題的合併症，像是酗酒問題，可能會加重現有的心理症狀，因為酒精是一種抑制劑。[1]丹尼爾的父母認為心理學家所稱的「認知窄化」(cognitive constriction)的概念有助於他們理解，為什麼他可能看不到其他選擇，且將自殺視為他唯一的選擇。認知窄化通常也被稱為隧道視野(tunnel vision)——這種思考方式，在有自殺傾向的人當中非常常見。[2]很多年前，史奈德曼就將認知窄化視為自殺心理的共同特徵之一，而處理這種窄化，也是認知行為治療(CBT)的重要部分。認知行為治療是一種廣泛應用於常見心理問題(包括焦慮、憂鬱症等)以及有自殺傾向之人的心理治療方法(參見第二一八頁)。

我第一次在心理學的脈絡之下聽到「隧道視野」這個詞時，回想起兒時一段令人害怕的記憶，那段往事有時會被我拿來解釋認知窄化的意思，因為故事裡頭確實有隧道。我在北愛爾蘭的德里長大，我們家附近有個地方就像是孩子的遊樂天堂。這片土地有足球場和圍欄，草木蔓生，有可以攀爬的壯觀大樹和一條小溪。沿著溪流走上一段不短的距離之後，有一條隧道。經過了這些年，我記憶中的細節變得相當模糊，但我還記得那是我大約十歲或十一歲時的冬天，我決定跑過隧道，但不小心跌進冰冷的水中，扭傷了腳踝。我渾身濕透，而且不知道同伴都跑去哪裡了。我獨自一人，大聲呼喊，卻都沒有人來。更糟糕的是當時天色已晚，

* 意義建構(meaning-making)，人們如何解釋、理解或合理化生活事件、關係、自我的過程。該術語廣泛用於建構主義心理諮商和心理治療方法中。

我看不到隧道的出口在哪裡。我非常震驚，在這個狀態下我無法好好思考，我的思緒愈來愈狹窄，完全只能專注在「我會被困在這個隧道裡」的念頭上面。即使我知道隧道有出口，但我以前從來沒有冒險走到那麼遠。此外，我腦海中也沒有浮現單純地轉身一拐一拐往回走的想法。我感到身體被困住，連思考也被困住了。我想不出逃出隧道的方法，思緒像是被蒙住了一般。當然，我暫時受困於潮濕黑暗隧道的經歷，不能與自殺所帶來的精神痛苦相比，但這故事仍然讓我們了解到心智能如何曲解事件和情境，使我們感覺受困，即使不是真的。我處在那個情境之下，儘管有找到解決方法的可能，我卻想不出任何出路。

我們要繼續沿用這個隱喻，因為自殺思維可能有幾個原因和隧道很類似。對於一些人來說，要看到隧道終點的光線是不可能的，而對另一些人來說，它就像一個心理陷阱，一個無法逃脫的認知監獄。然而，我的童年經驗是暫時的，而且我也能夠逃離那條物理上的隧道（同伴最後還是聽見了我求救的呼喊，他們找到一個大孩子幫助我脫困）。如果你正在試著逃離精神上的痛苦，但你的思維卻只是變得愈來愈狹窄、愈來愈受限，想像一下那種感覺。這就類似於置身在精神的隧道裡，你在心智裡找不到任何出口。這種思維方式非常耗神，而且會使我們難以看到其他的選擇、不同的未來，或是精神痛苦結束的時刻。

以四十二歲的彼得為例，他數年前參與了我們的一項研究。這項研究由臨床心理學家蘿拉・麥克德莫特帶領，研究對自殺過程的理解。[3]彼得有反覆出現的憂鬱症病史，曾和我們談到導致他企圖自殺的注意力窄化過程：

你失去了推理和合理化的能力，只能專注在這個絕望的情況以及它有多麼糟糕之上。那些時刻，你沒辦法合理地解釋事情，然後對自己說：「你知道嗎？或許明天你可以打電話給你的家庭醫生、精神科醫生或撒瑪利亞會。」

在那次訪談之中，彼得也談到了他的絕望和無力感：

多年來，隨著我的憂鬱症日益嚴重，它成為一種長期的經驗。我覺得當我感到想自殺的時候，念頭會變得更強烈。你會想著，「我又回到這裡了。過去我有過很多次這樣的感覺。我已經試過了，但都沒用。」所以我認為，當這種時候又來到，人會更加絕望，只想著這一次非要成功不可。這有點像是你一直在嘗試某件事，希望它能夠成功。你變得更加勢在必得。

有自殺傾向的人常常感到自己無法被其他人聽見，或其他人感覺不到他們的痛苦，他們也看不到別的出路。如同多年前我置身在真實的隧道裡一樣，不管喊得多麼大聲，似乎只能聽到自己的回音。

接下來是安妮。她是位三十二歲的女性，由蘿拉與她訪談，而這些訪談也是同一項研究的一部分。她曾多次企圖自殺，有重度憂鬱症和創傷後壓力症候群的病史。在這部分的訪談當中，她談到她是如何沒辦法繼續下去：

> 我只記得那感覺像是壓垮駱駝的最後一根稻草。我只是想：「我做不到。我沒辦法繼續適應這個世界。我無法再堅持下去，繼續活下去了。我再也撐不下去了。」我服下過量的藥物時，就是那樣想的。

彼得和安妮讓我們深入了解與自殺相關的思考模式。他們的想法突顯出為了活下去而努力奮鬥的本質，經常是不屈不撓的。我晚點會再回過頭來討論這種為了活下去的努力。

• 羞愧和憤怒

多年來，不是所有的通話或會面都如我與丹尼爾父母的通話順利。不久之前，我遇到了希爾帕，她是個母親，在六個月前失去了十七歲的女兒琪雅拉。她是我一位朋友的朋友，我事先瞭解了一些細節，主要是透過媒體對這場悲劇的報導。我們見了面，雖然我還不太理解我為什麼沒預料到，但在我們對話到一半的時候，我說的一些事情引爆了希爾帕，她變得非常生氣。她開始生氣不令我驚訝，但是憤恨和狂怒的強度，讓我大為震驚。我和她對話的細節，和我經常會遇到的其他對話沒有太大的不同：希爾帕對學校、對兒童青少年心理健康服務，還有對琪雅拉都很憤怒。我們談論了導致她女兒死亡的情況。琪雅拉曾有自傷和憂鬱症的病史，她在進入青春期之後曾經遭受霸凌，也有飲食失調的問題。根據她的母親所說，即使年紀那麼小，琪雅拉也已經受夠了。她接受的所有治療都無效，某種程度上來說她也解脫了，終於不再受苦了。但她心裡很矛盾，就和許多喪失親人的家屬一樣，她就是無法接受琪雅拉給這個家帶來的痛苦。她覺得琪雅拉結束自己生命的時候很自私，於此同時，她又感到內疚，胸口很難受，充滿罪惡感，因為她居然把自己的女兒想得這麼糟糕。

那天下午，我們漫談了青少年自傷的行為，包括了引發的眾多因素，以及自傷與自殺之間的關係，甚至討論了自殺是不是自私的行為。[4]我告訴她，我並不認為這樣做是自私的，而且我把談話焦點放在一個事實之上：當一個人想自殺，在該活還是該死的想法中掙扎的時候，他們通常沒辦法看到自己的死亡對他人造成的痛苦。我再次重申（雖然聽起來有些違反直覺），自殺者常常覺得他們這麼做是在減輕所愛之人的負擔。[5]當我說出「負擔」這個詞時，希爾帕的憤怒變得明顯。這股憤怒洩漏了她的真實情緒。那就是，雖然她以為自己已「逐漸接受」琪雅拉的死，以為自己理解驅使女兒走向自殺的精神痛苦，但她的憤怒其實集中在這場死亡給這個家帶來的痛苦上——家庭已經破碎，再也無法回到原來的樣子了。她一再說起琪雅拉很自私，她對女兒感到羞恥，同時也為自己這樣的想法感到羞愧。這就像是恥辱、憤怒、內疚的三重打擊，恥辱和憤怒既是對她自己，也對女兒。我要再次強調，在不談及琪雅拉生活具體細節的情況下，我試圖從心理學角度解釋想自殺的人如何看世界——特別是他們如何透過被持續的悲觀主義所籠罩、蒙蔽的視角來感知自己的未來。而琪雅拉在精神上可能已經心力交瘁到無法看見或理解她的死亡將帶來的痛苦。[6]

希爾帕離開的時候，我不知道該做何想法。這次對話友好結束，但我並沒有感覺到我和她有所連結。或者該說，我沒有感覺到她覺得我說的話有幫助。然而，那次見面之後幾個月，她重新聯絡我，表面上是為了道歉，因為上次她情緒崩潰了，但同時也是為了告訴我，她現在正在看心理師，這位心理師真的幫助她渡過了喪女的痛苦。而且也幫助她理解她與琪雅拉在人生中的關係、她與琪雅拉現在的關係、以及她們之間共同的回憶。她也說她的憤怒已經平息，雖然仍不時會湧上心頭，但她不再暴怒了。她還補充說道，雖然我們上回見面時她對於「用心理觀點來了解」這件事不太理解，但這幫助了她用不同的方式思考琪雅拉死前長期承受的心理煎熬。

就像多年來我遇過的許多因自殺喪親的人一樣，我自己在二〇〇八年和二〇一一年分別面對克萊兒和諾埃爾的自殺時，也和同樣的「為什麼」問題掙扎搏鬥過。儘管已過了十多年，我仍在努力尋找答案。不過我現在意識到有能力問這些問題的重要性——而且，如果可以，我非常願意幫助其他同樣失去親友的人們。然而，令人遺憾的是，我們之中沒有人能真正回答「為什麼」。因此，現在我試圖運用我在自殺研究和預防方面的二十五年工作經驗，理解每個個體及其獨特而有價值的生命。我要清楚表明（希望帶著惻隱），那就是我無法給予自殺者的家人朋友他們迫切需要的答案。我不能告訴他們為什麼他們的兒子、女兒、親戚或朋友選擇了自殺。但是，透過解釋我所學到的有關自殺的複雜知識，我希望能提供一些洞見，這或許能幫助他們理解自己的失去。在本書中，透過講述我與他人談論他們失去親人的經歷，我希望大家明白，只要我們在談論這個話題時帶著同理心和敏感度，就不太可能說錯話。我的建議是，如果有疑問，請伸出援手並建立連結。我們永遠不應該低估人與人之間連結的力量。

CHAPTER
5
自殺「不是」什麼
What Suicide is Not

大多數因自殺而喪失所愛的人，在悲劇來臨之前從未思考過自殺的原因。他們對自殺的所知也許只是從書上讀來的，或是從媒體聽來的。正如我在第三章中所提到的，世界上存在著大量關於自殺的迷思與錯誤訊息。因此，在我們進一步探討是什麼驅使人自殺之前，讓我們來思考一下自殺「不是」什麼。

・自殺不是自私

將自殺的特徵描述為自私，只會增加自殺帶來的污名。而當污名增加時，人們就會減少尋求幫助，無知成長茁壯，死亡數字飆升。丹尼爾和琪雅拉是我們在前一章遇到的人，他們並不自私，而是處在痛苦之中，而自殺是他們結束痛苦的方式。以各自的方式來說，他們的死都是絕望的行為。如果你從未身處那片黑暗之地，很難不把自殺視為自私的行為。但事實上，對於絕大多數自殺的人來說，他們把自殺視為一種無私的行為。因為他們認為自己正在為摯愛帶來痛苦，而自殺就是停止這種痛苦的方式。[1]

•自殺不是懦弱的逃避方式

這個說法在自殺相關論述中有悠久的歷史，但我要再次說明，它對很多人來說都沒有幫助、是污名化，而且侮辱人。當人們暗示自殺很懦弱的時候，我通常會請他們思考一下他們理解的懦弱是什麼，請他們思考一下可能會輕易從他們舌頭滑出的字詞。無論自殺的方式為何，要結束一個人的生命都很困難。你不僅要克服人最基本的自保本能，對許多人來說，結束生命的行為在身體上也很痛苦。這毋庸置疑不是懦弱的行為，這是出於絕望的行為，而且往往是無法忍受的精神痛苦的表現。

•自殺不是單一因素引起

和其他的任何死亡原因一樣，導致自殺的因素很多樣，各不相同。然而，媒體對於自殺的呈現往往過於簡化。例如，像是「網路霸凌害死了我兒子」這樣的報紙標題曾經非常普遍。不過幸好，隨著愈來愈多的媒體堅持報導準則，這種不負責任的報導已經減少了。[2]

就像抽菸是肺癌死亡的風險因素之一，我們也知道其他如基因、臨床、心理社會、文化等一系列因素也會發揮作用。在這方面，自殺與其他死因並無不同——沒有單一的風險因素；自殺有很多不同的途徑，涉及多個風險因素。[3]

•自殺不能用精神疾病解釋

我在一九九九年為英國心理學會健康心理學分會的通訊《健康心理學最新消息》寫了一批研究文章，其中一篇介绍了預防癌症和應對自殺之間的相似之處。[4]我除了强調自殺不是單一因素引起，更首次提出應將自殺視為一種健康領域的行為，如同吸菸是一種癌症風險因素一樣。這個觀點可能對你來說理所當然或顯而易見，但它與令我憂心的一點有關，即自殺往往被解釋成心理疾病的副產物。因此，它本身並不被視為獨立存在、一件事情、一種行為。我一直認為這無益於事，因為雖然自殺和心理疾病經常並存，但心理疾病的存在並不能解釋一個人為何會嘗試自殺或死於自殺。我已經數不清自己多少次問及「為什麼某某人要自殺？」，得到的答案是「因為他們有憂鬱症」。憂鬱症或許是許多人自殺的部分原因，而原因的全幅圖像複雜多變，但憂鬱症卻無法解釋為什麼有人會結束自己的生命。說真的，住院接受憂鬱症治療的人之中，少於五%的人最終會自殺，而憂鬱症是最常見的與自殺相關的心理疾病。[5]這種觀點也關乎「自殺是『發瘋』之人的異常行為」的污名化迷思。這便會推導到一個結論，如果這個行為屬於異常，而從事的人是發瘋了，表示這是無法解釋的，因此也無法預防。這真是胡言亂語。

做為一位健康心理學家，「將自殺視為一種行為」這個概念意義重大。因為它為理解和預防自殺開闢了一系列潛在的途徑。在上述的一九九九年論文中，我將自殺行為描述為「危及健康的最終行為」。我要結合實際情況來說明一下，我開始我的研究生涯時，自殺被明確定位在臨床心理學和精神病學的範圍。雖然這可以理解，但我也認為這是誤導。而且讓進一步了解和治療自殺念頭和行為的進展，因此受到了阻礙。我最擔憂的是，當時以精神疾病解釋自殺的說法占據了主導的地位，而且這些說法並未充分考慮到自殺的心理和社會決定因素。做為心理健康學科，無論是臨床心理學還是精神病學，二者都並未真正將自殺視為一種行為。然而，在我看來，這一點是極度顯而易見的。自那時起，我的口號一直都是「自殺首先是一種行為，再被某人執行。」如果我們將其視為一種行為，並直接將自殺想法和行為當作可介入干預的目標，我們就更有可能在預防自殺方面取得更大的成功。擁抱健康心理學及其所能提供的一切，與其他學科並肩作戰，使我們能夠更全面地預防自殺，做到更多事情。

做為一門科學學科，健康心理學（health psychology）在傳統上專注於身體健康、疾病、醫療保健和福祉，而排除了心理健康。這樣的排除總是讓我感到專斷無理，而且是源於八〇年代臨床心理學（心理學的一個分支學科，專注於心理健康）與較新的健康心理學（或稱醫學心理學）之間的地盤爭奪。碰巧的是，幾年前我接受了一個有關英國健康心理學發展的口述歷史採訪。[6]這是一次有趣的經驗，在訪談中我回想到九〇年代時的現實情況，我的自殺研究工作確實被視為健康心理學的邊緣領域。幸運的是，自那時起，這種情況已經有了相當大的改變。要說起來，近年來我很榮幸在英國和歐洲首屈一指的健康心理學研討會上發表過幾次主題演講。健康心理學在自殺防治方面的一個特點，是擁有一整套專門用於預測健康行為的理論模型。當我剛開始職業生涯的時候，所謂的「社會認知模型」(social cognition models)在健康心理學領域占據了主導的地位。人有一系列的信念和態度，涵蓋了被假設為掌控行為的內在(認知)和社會過程。社會認知模型便是嘗試從那一系列的信念和態度預測行為。多年來，這些模型已被廣泛應用於預測各種健康行為，取得了相當大的成功，包括吸菸、飲酒，遵守藥物治療和求助。[7]

不過，社會認知模型很少被應用在心理健康之上，而且從未被應用於預測自殺行為，直到二〇〇〇年代初。說真的，一九九九年的健康心理學會議(該會議也是我為《健康心理學最新消息》撰寫文章的緣由)，我向一位同事建議我們應該運用社會認知模型來理解自殺行為，但他立刻表現得不屑一顧。他的論點是，自殺是精神疾病造成的，患有精神疾病的人屬於異常。如果他們屬於異常，就不可能應用心理模型中所謂的「正常」行為來理解和預測自殺。我對這個立場感到驚訝，但這精簡地說明了自殺議題隱含著污名，以及對心理疾病的誤解。

根據這種觀點，如果你患有心理疾病，那麼出於某種不明原因，支配你行為的規則與支配一般人行為的規則不同。這種觀點沒有人性，且雖然根源自恐懼和無知，卻極具污名化，更不用說是錯誤的。這是另一個「他者化」的絕佳例子，這個觀點陷入了一個陷阱：將那些與心理問題苦苦搏鬥的人，和無此困擾的人，視為性質上截然不同的人，而非將心理健康視為一個逐漸演變的連續體。我們所有人都有心理健康要照顧，在心理健康—心理疾病的連續光譜上，各自處於不同的位置。我們之中較幸運的人所處的那一端不涵蓋精神上的痛苦。

• 自殺不是一種罪

身為一個在愛爾蘭長大的人，我意識到天主教在自殺方面的教義，對全國各地許多家庭造成了傷害。自殺者通常沒有獲得一般的尊嚴，不被安葬在教堂所謂的聖地之上，直到八〇年代才改變。教宗得頒布詔令才能在一九八三年反轉教會的官方立場，允許天主教家庭不論死因為何，都能將至親安葬。這項詔令頒布超過十年之後，如此的宗教教義對一些家庭的衝擊，對我來說變得相當明顯。九〇年代中期，快念完博士學位時，我第一次在電視上的地方新聞露面，是關於我的一項研究。在那之後，我忽然收到了一封信，從北愛爾蘭農村地區的一個家庭寄來。他們想要分享自己喪子的故事，關於他們兒子的自殺故事。他們的兒子在長時間與心理問題搏鬥之後去世了。他們祝福我的研究一切順利，還說如果幫得上忙，他們會很熱心提供幫助。這封信令人感動，字裡行間充滿了罪惡和羞愧，這些情感至今仍存在我心中。悲傷的是，這對父母所屬的時代不一定會給自殺者正式的教會葬禮，他們的信件很可能是那個時代的產物。無論如何，他們親筆寫下的文字令人心碎。他們除了感到辜負了兒子，覺得自己應該做得更多之外，他們還堅信自己讓教會和當地社區蒙羞。在他們眼中，兒子犯下了致命的罪過，不可原諒。然而，他們沒有責怪兒子，而是責怪自己。這真的讓我憤怒，不是對他們，是對教會。教會沒有在他們需要的時刻提供安慰，教義的傳承還害了他們，使他們孤立於自己的信仰和社群之外。值得慶幸，情況已經改變了。我親眼見過各地教會無數次令人難以置信的善舉，以及宗教對許多因自殺失去親友人的人來說有多麼重要。

此外，直到二〇一五年英格蘭教會總會更新了十六世紀《公禱書》之前，該書明確指出葬禮禮儀不應用於「任何對自己使用暴力」的人。在全世界的許多地方，自殺仍被視為一種罪行，甚至在一些地方被視為刑事犯罪。自殺在至少二十五個國家裡違法，而在其他十個國家中，根據伊斯蘭教法，企圖自殺該受懲罰。這種態度和法律已經過時了，而且錯誤，這導致了全球數百萬人遭受不必要的痛苦。我很自豪能成為國際自殺防治協會的主席，本組織在上述這些國家倡議自殺的除罪化。[8]但是，我們所有人都可以透過遊說仍將自殺視為犯罪的國家的政治和宗教領袖，來發揮我們的力量。

• 自殺發生不是遺族的錯

記住，你所愛的人的自殺不是你的錯。這很重要。悲傷的是，這種情況太常見了：被留下來的人、因自殺者遺族總是責怪自己，認為自己應該做更多的。如果他們與所愛之人的最後一次相處是爭吵或意見不合，內心的罪惡感和悔恨尤其令人痛苦。不幸的是，在自殺發生之前的幾小時、幾天或幾週，爭吵之類的人際關係危機很可能發生了。我回想起我第一篇發表的學術論文（裡面詳細探討了北愛爾蘭貝爾法斯特地區一百四十二起自殺事件的相關因素），我們發現婚姻或關係問題是我們的研究對象最常提出的壓力源。[9]但這並不意味著二者之間有因果關係，而且正如我一再強調的，自殺由多重因素造成。此外，沒有人會預料到一場爭執或意見不和就導致他們所愛的人喪失性命。無論情況如何，一個獨立個體永遠不應該為另一個人的行為負責。

貫穿每一個「不」的共同主題是，自殺是出於結束痛苦的渴望，而不是想死。自殺的原因很複雜，我們需要超越精神疾病的解釋，理解為什麼每年有八〇萬人死於自殺。在接下來的幾章中，我將引導各位了解我開發的自殺模型，希望這會幫助您理解精神痛苦如何增加自殺風險。

CHAPTER

6

邁向對自殺的整合性理解

Towards An Integrated Understanding of Suicide

二〇一〇年夏天那幾個月，我忙著完成和同事史蒂夫・普拉特和潔奇・戈登共同編輯的《國際自殺預防手冊》第二版。[1]因爲交定稿給出版社的期限即將到來，我壓力很大。這本手冊的構想，源自於我們三人在二〇〇八年組織的一場關於自殺和自殺行為的歐洲會議。我很高興能和史蒂夫合作，因為九〇年代我在皇后大學時，他關於失業和自殺的開創性研究啟發過我。[2]與潔奇合作也很愉快，她為這本書帶來了政府政策面的專業知識。我們邀請了那次會議的所有主題演講者，以及其他來自世界各地的專家，撰寫自殺研究和預防領域熱門議題的章節。

我們簽了那本書的合約之後，我自願負責一個關於「自殺心理學」的章節，但沒多考慮內容或架構。在交稿期限前不久，我開始撰寫我負責的章節，但是成果不豐，因為幾頁的篇幅能談的不多，只能乾巴巴地總結了我們最新的自殺和自傷研究。我又堅持寫了幾天，毫無成果，我決定放棄原先設定好的「這就是全部的自殺相關心理因素」的章節規劃，改撰寫著重於理解自殺的新理論模型。我非常希望以此方式將各種風險和保護因素整合到一個整體架構之中。開發這樣的模型，是我當時一直在琢磨的事，因為我渴望能夠提煉出我過去十至十五年在自殺研究領域中學到的思維。

我的目標是開發一個更能描繪人們出現自殺念頭的複雜過程的模型，至關重要的，我要明確找出從動念結束自己生命，到實際嘗試，支配這一轉變過程中的各種因素。依我的看法，了解並處理這個轉變是自殺防治研究的一個聖杯（其他還包括開發有效減少自殺風險的量身訂做心理治療，和提高我們的預測能力，使其達到可接受的準確度）。我希望這個模型能夠幫助解釋為什麼有些人最初會產生自殺的念頭，以及為什麼有些人會實際執行，其他人卻不會。我也希望這個模型能爲開發干預措施提供一個架構。此外，我希望創建一個超越精神疾病範疇的模型，能描繪出自殺思維和行為的路徑。

○自殺、逃離、困境

起初我緩慢地撰寫那個章節，之後我發現寫作過程如同解放，在幾週內我就寫出了整合動機─意志（integrated motivational–volitional，縮寫為ＩＭＶ）的自殺行為模型（我們將在下一章詳細探討）。[3]為了達到這個目標，我重讀了無數多年未碰的自殺學術論文和書籍，追溯到史耐德曼和諾曼・法伯羅於一九五七年出版的重要書籍《自殺的線索》，以及史耐德曼於一九六七年出版的《論自我毀滅》。還有其他具有影響力的研究，例如社會心理學家羅伊・鮑邁斯特的一篇名為〈自殺做為自我逃離〉的理論論文。[4]鮑邁斯特的論文發表於一九九〇年，他根據不同的歷史和理論觀點，有力地論證了自殺的主要動機是逃離。他不是第一個提出「自殺是逃離」理論的人。在一九七〇年代，尚・巴許勒提出了一個自殺分類法，將逃離算成一類。而其他人，例如史奈德曼，之前已經認可了逃離的重要性。[5]然而，引起我注意的是鮑邁斯特所做的研究。他以一種在直覺上有吸引力並奠基於科學的方式，提煉了以往理論努力的關鍵要素。

我在博士班初期閱讀鮑邁斯特的論文時，留下的問題比答案更多（在我看來是好事），但他的核心觀點——自殺是一種逃離自己的方法，讓我產生共鳴。這言之成理。此後這一點始終是我研究的核心。對我的影響之大，大到我有時會質疑自己的思維在這二十年間實際上有多大的進步。鮑邁斯特也發展了史奈德曼早前的思想，而其研究接著再由牛津臨床心理學家兼正念研究先驅馬克・威廉斯延伸出去。以學術啟發而言，他們對我的影響都沒有大過威廉斯。他不僅針對自殺心理做了創新研究，還開發了突破性的心理治療方法。他有種不可思議的能力，以自在而溫暖的方式傳達複雜的思想。的確，正是在他一九九七年出版的經典作品《痛苦的呼喊》中，我了解到「自殺困境」（suicidal entrapment）的概念，那恰好是我拿到博士學位的一年。[6]他將自殺界定為「痛苦的呼喊」，而不是「求助的呼喊」，這很重要，因為這強調了從人性面看待自殺底下的痛苦，同時也挑戰了圍繞著自殺的污名。

根據威廉斯的說法，自殺是一種逃離困境的方式。我知道那聽起來有點矛盾，但讓我試著解釋一下。根據《牛津英語詞典》的定義，困境（entrapment）是指「陷入或如同被困在陷阱中的狀態」。換句話說，你陷入了一個無法逃脫的情況之中。保羅・吉爾伯特是一位英國臨床心理學家，他對困境在精神困擾中扮演的角色進行了大量的早期理論工作。他談到，當一個人試圖逃離不愉快的情境（通常是挫敗或羞辱的情況）卻受阻，就會感覺受困。[7]他的思想受到了進化論的影響。無法逃離不想要的情況所帶來的、令身體衰弱的後果，最早的紀錄是關於動物而非人類的。確實在許多年前，動物行為學家觀察到，如果一隻動物與另一隻動物爭鬥後被打敗了，而且牠無法逃離這種挫敗或羞辱的情況時，牠往往會變得無助。[8]動物行為學家將這種情況標誌為「阻礙逃逸」(arrested flight)，因為動物試圖逃跑卻受到了阻礙。正是這種困境（而不是挫敗或羞辱本身），對人類和動物都是如此具傷害性。儘管困境概念最初是吉爾伯特用來理解人類憂鬱症的方法，但威廉斯特別將其應用擴展到了自殺風險方面。因此，簡而言之，自殺行為是試圖逃離被精神痛苦困住的行為。

困境可以用不同的方式評估，但最廣泛使用的方法是由吉爾伯特和史蒂芬・艾倫於一九九八年開發的困境量表（Entrapment Scale）。[9]這是一個包含十六個項目的自我檢測量表，用於評估整體困境、內在和外在困境。內在困境，指的是一個人感覺到被無法承受的思緒和情緒困住了。而外在困境，指的是挫敗或羞辱的情況驅使人產生受困的感覺。當一個人試圖逃離這些思緒和感覺的努力受阻時，自殺的念頭就會浮現。這個量表要求人們根據五點評分制，指出每個項目（例如「我感覺內心被困住了」）對他們的適用程度（從「一點都不像我」到「極度像我」）。得分愈高，表示他們被困住的情況愈嚴重。在我們的臨床研究中，我們經常使用困境量表來評估人在企圖自殺不久之後的受困感程度。看看這些反應是否有助於我們理解哪些人在未來最容易出現自殺行為。

在二〇一三年我們與威廉斯發表的一項研究中，我們要求一組曾因企圖自殺而送醫的患者完成一系列心理和臨床衡量標準，包括衡量憂鬱、絕望感、困境以及目前的自殺念頭程度。[10]我們使用互連數據庫，經過患者同意下，我們得已追蹤接下來四年中再次嘗試自殺或不幸自殺身亡的人。這讓我們能確定四年前在醫院衡量過的因素之中，哪幾項較能預測自殺風險。這些研究結果非常重要，因為雖然憂鬱和自殺念頭已預測出未來的自殺行為，但預測的最佳指標是困境感的程度和過去的自殺行為史。很明顯地，對於一個人的自殺史，我們無能為力。然而，我們也許能確定目標，並且改變想自殺之人的受困程度。因此，如果我們能夠減少他們的受困感，我們就有可能打破困境感與自殺風險之間的連結。其他研究則涵蓋不同人口群體中的數千名參與者，包括年輕人和一般人口樣本。這些研究也發現受困感與自殺念頭、自殺嘗試之間關聯強烈——人愈是感覺受困，就愈可能產生自殺念頭，試圖結束自己的生命。[11]我堅信，困境感是理解自殺心理的關鍵。

在我們的研究中最常使用的是最初有十六項的「困境量表」，但我們又在二〇二〇年十二月與荷蘭心理學家德里克．德．博爾斯共同發表了四項困境簡表（Entrapment Short- Form, E-SF）。[12]這份簡短問卷的實用優點在於完成所需的時間較少，更容易融入日常臨床實踐或學術研究中。前兩句陳述評估的是外在困境，而後兩句評估的是內在困境。如果礙於時間或空間不足，只詢問對方關於內在困境的兩個陳述，也很有效。

1. 我常常有一種想逃離的感覺。
2. 我覺得無力改變事物。
3. 我內心感覺被困住了。
4. 我感覺自己在深淵裡，無法逃脫。

在我們和其他研究團體進行的研究中，內在困境似乎比外在困境更危險。例如，由凱倫．韋瑟羅帶領的一項研究中，我們發現內在困境可以預測年輕人在十二個月內的自殺意念。[13]我們不妨停在這裡一下，思考為什麼。毫無疑問，內在和外在困境的連結錯綜複雜，但是這種逃避自己想法或感受的需求，似乎變得難以承受。當然，我們腦海中的想法往往受到外在環境的驅使，但自殺想法的核心驅動因素，往往是內在的。對於其他人而言，這些想法和情感很難理解，因為它們無形無狀，虛無縹緲。然而，想法和情感並不因為無形體，就較不令人痛苦，正好相反，是更加痛苦。

幾年前我和艾德有過一次對話，他在三十多歲時曾經企圖自殺。我們討論的恰好就是不同類型困境的議題。我們談話時他剛滿四十歲，處於一個回看的階段，試圖解釋他人生中的起起伏伏。內在困境相對於外在困境的概念，似乎貼切描述了他所經歷的情況。他覺得外在困境（他的婚姻破裂，再也見不到孩子）是他感到內在困境的前兆。分手後，他感覺自己毫無價值，被拋棄了。這種內在困境感日漸升級，並且滲透到他生活的其他方面，導致他的自我批判想法似乎永無止境。雖然他承認婚姻破裂所帶來的後果只是導致他想自殺的部分原因，但他已筋疲力盡。他嘗試自殺時，是為了消除那些停不下來的負面想法。

正如我們在艾德故事所看到的，內在的困境讓人聯想起失去掌控和無助的印象。對我來說（想像中還有無數的人也是如此），當困境來臨時，我會隱退至自己的內在，從自我的思緒中得到安慰，回憶過去會帶給我喜悅和幸福回憶的影像和事件，從而獲得不可思議的慰藉。我用這些美好的回憶和幻想，以隱喻的方式充實自己。我的心智是我的安全空間。然而，當一個人的內心感到受困，當我們的內在世界成為痛苦的來源，而非安慰來源之時，困難就出現了。這裡不再讓人感到安全。如果這種疼痛和缺乏安全感升級了，情況就會像一場正在醞釀中的暴風雨。接著，你會開始愈發感覺到似乎沒有任何安全處所可以藏身，沒有地方可以休息或放鬆，沒有能夠逃離的空間，因為從存在的角度而言，你正在試圖逃離自己。在這樣的時刻，自殺念頭更容易湧現，因為我們發現，人處在這種被困住的狀態之下，要想像這些念頭有消退的時刻是不可能的。我們被自己的想法和情感囚禁了。我們被困在自己的內心之中，無法逃離。這真的令人筋疲力盡。如果再考量到這些想法常常混雜著羞愧、失去、自厭、遭拒、憤怒，我們就能開始感受到精神痛苦。

○精神痛苦

困境是一種精神痛苦，而精神痛苦也能讓人陷入困境。當我們在精神上感受到痛苦時，我們會尋找解決方法消除它。方法可能包含轉移注意力、與家人或朋友交談、遠離令人挫敗的情境、服用藥物、喝酒減輕痛苦、尋求專業幫助，或者採用其他無數種方法應對或管理痛苦。不過悲傷的是，隨著困境增加，如果找不到解決方案，我們考慮以自殺做為逃離方式的可能性也會增加。這就是隧道視野讓事情變得危險的時刻。因為當我們的思考愈來愈狹窄，腦中能想到的潛在解決方案就會愈來愈少。隨著每個可能的解決方案被忽略或被拋棄，我們朝向「自殺才是解決辦法」的結論的方向，又緩慢移動了一步——能結束痛苦的最終極永久的解決方法。每個人忽略解決方法的比率不同，因此對一些人來說，自殺行為可能顯得衝動，但對於其他人來說，自殺可能更像是深思熟慮過的。顯然，對於多數人來說，經歷精神痛苦時，自殺絕對不是我們會做出的結論。

同樣地，精神痛苦有許多不同的表現形式。一些人像艾德一樣，他形容這種痛苦的方式是他需要結束這種看似永無休止的思考，他們腦海中的混亂令人疲憊。他們可能被關於自己、世界、未來的沒完沒了、反覆循環的負面想法給壓垮了——或者更常見的，這些負面想法是感到自己沒有未來。[14]哈姆札是一位二十六歲的男子，在我們的訪談研究中，他談到了自己過去企圖自殺的經歷。他簡潔地強調：「我只是想停止思考一切……我對人生絕望了。我不怎麼想體驗未來可能發生的事情。我覺得我讓家人蒙羞。我就是知道，無論我做什麼，他們都永遠不會原諒我。」哈姆札無法應付思考，企圖自殺曾是他阻止自己思考的方式。

接下來是安妮，我之前和她見過面。過去她曾幾次嘗試自殺，同時將自殺行為視為她唯一的選擇，唯一的解方，是其餘一切皆被剝奪後仍能行使控制的一種手段：

有時候這是唯一的選擇，是你人生中剩下的唯一力量。因為人生奪走你的一切。你的自我價值。你的成就。你的群體。你的朋友。你的家人。你對自己的感覺。因為，這一切都消失時，你將會剩下一個決定，那就是要不要繼續活下去。

我第一次閱讀安妮的文字時，想起諾貝爾獎得主卡繆的作品《薛西弗斯的神話》中經常被人引用的幾句話。他在作品中沉思：「真正嚴肅的哲學問題只有一個，也就是自殺。判斷人生是否值得活下去，意味著回答哲學的根本問題。」[15]不過悲傷的是，當一個人遭逢自殺危機的時刻，他的思維往往被困在精神陷阱裡，蒙蔽了清晰的判斷。因此，儘管卡繆的散文雄辯滔滔，人對未來的任何想法與其說是哲學問題，不如說是如何逃避的問題。

暢銷回憶錄《活著的理由》的作者麥特．海格，最近在Instagram上發文提及逃離，其陳述與鮑邁斯特逃離理論中的要點不謀而合。[16]麥特指出：「有個美麗的時刻必會來臨，那時你必須停止試圖逃避自己或改善自己，而只是真正地接受自己。」雖然麥特並未提及自殺，但他這句話卻如此真實，直接連結自殺風險，也像是呼應了哈姆札、安妮的話。

然而，考驗卻在於我們如何幫助自己和他人停止逃離自我？自殺通常源於焦慮不安，或是受到創傷的過往、後悔或自我批評的驅使，根源通常是被誤導的自我憎恨，而這種自我憎恨導致精神痛苦逐漸變得無法忍受。不幸的是，對於我們大多數人來說，要做到像海格所說的接受自己，如此困難。

海格在Instagram上的貼文，並不是他第一次提及逃離或困境的主題。我有幸在二〇一五年《活著的理由》首次出版時，和麥特一起參加了兩場文學活動。這本書描述了他二十四歲時陷入自殺危機的過程，以及他從中學到的事，如何活得更好，如何活下去。這本書真的值得一讀，動人、富有洞察力，有時還非常風趣。毫無疑問，這本書已經幫助了無數人，在自殺絕望的深淵之中指引出方向，尋找生命新的意義。第一個活動在愛丁堡國際書展舉辦，我想做些與眾不同的事。我想要使用海格自己在《活著的理由》這本書中的文字，說明我本來計畫要談的自殺心理學。所以在準備期間，我逐行細讀麥特的書，想尋找他討論到自身逃離或困境的例子。翻開沒多久我就找到了第一個——第一頁他就寫到他被困住了。我繼續往下，不斷找到提及逃離和困境的內容——這些全是他的書中反覆出現、隨處可見的主題。如果你還沒讀過海格這本書，我想敦促你讀，非常勵志。

當然，並非每個感到受困或試圖逃離自我的人，都在有意識地逐一排除每個潛在解方。然而，他們很可能正在經歷某種排除的過程，試圖渡過痛苦。更糟的是，如果他們喝酒、吸毒或是無法入睡，這個過程可能還會被「捷徑化」。酒精研究者經常談到「酒精近視」(alcohol myopia)，指飲酒時我們會變得目光短淺，無法看到我們行為的長期後果。[17]這種「近視」使我們更不可能看到替代方案，更難辨認痛苦總有一天會結束。因此，忽視其他解決方法的這個過程必會加速，自殺就更有可能成為「絕無僅有的」解決方法。這有點像一匹正在慢跑的馬，接著牠開始奔馳，奔跑的速度愈來愈快，牠疾馳飛躍，同時也愈來愈難以控制。此外，酒精還具有解除壓抑的作用，促使飲酒者行事輕率。飲酒者每飲下一杯酒，自殺行為就變得愈發不可避免。酒精帶來的危險影響，在我和我的同事卡拉．理查森和凱蒂．羅伯所進行的一項綜述中，真實地呈現了出來。我們找到了強而有力的證據，足以論證飲酒問題在男性自殺中所扮演的角色。[18]

最近我讀了蓋兒．霍尼曼的暢銷小說《再見媽咪，再見幸福》，她描述主角艾莉諾嘗試自殺的故事，讓我深受觸動。[19]霍尼曼的敘述描繪了艾莉諾嘗試自殺前的幾個小時，這部分特別強而有力——悲傷的是，這也讓許多人感到熟悉。那些文字痛苦地說明了酒精是如何擾亂我們的決策能力，加劇無價值感，並將我們的選擇侷限在二元的選項中，不是A就是B，「我應該活著還是死去」。在酒精驅使的自殺危機迷霧之中，要超越當下很難，幾乎不可能。現在和未來融為一體，成為一個看似永無止境的痛苦和虛無的漩渦。但是，正如艾莉諾令人印象深刻的故事以及無數的真實案例所傳達的，康復是可能的。在艾莉諾的故事之中，一位朋友在她遇到危機的時刻出手幫了她。而對於其他人來說，也許是一個偶然的行動拯救了他們一命，或是某位心理專業人士的支持，或是與家人重新建立聯繫，甚至是某個陌生人的善心之舉。事實上，第二章中萊恩的故事（見第四九頁）正說明了小小善舉的力量。無論多麼短暫，任何能增加一個人選項的事物，都可以幫助他們找到走出黑暗的路。

CHAPTER
7
自殺行為的整合動機—意志模型
The Integrated Motivational–Volitional Model of Suicidal Behaviour

在這個章節中，我將幫助你理解由精神痛苦到自殺念頭的途徑，以及由自殺念頭到執行自殺的途徑。自殺想法（thoughts）和自殺意念（ideation）* 有相同的含義，因此我在整個章節中會交互使用它們。我將超越從精神疾病的角度解釋自殺的觀點，並詳細描述如果你擔心親人有自殺傾向，或有將自殺念頭付諸實行的風險，可以留意哪些因素。整合的動機—意志（IMV）模型將會提供一個框架，試圖理解自殺，並幫助你了解為什麼有些人會出現自殺傾向，其中有些人可能死於自殺。[1]

在我更詳細地描述IMV模型之前，花幾分鐘熟悉圖一可能對你有幫助。同時，請記住以下四點：

* 編按：除作者本身混用，本中文版亦視上下文，時而統譯為「念頭」。

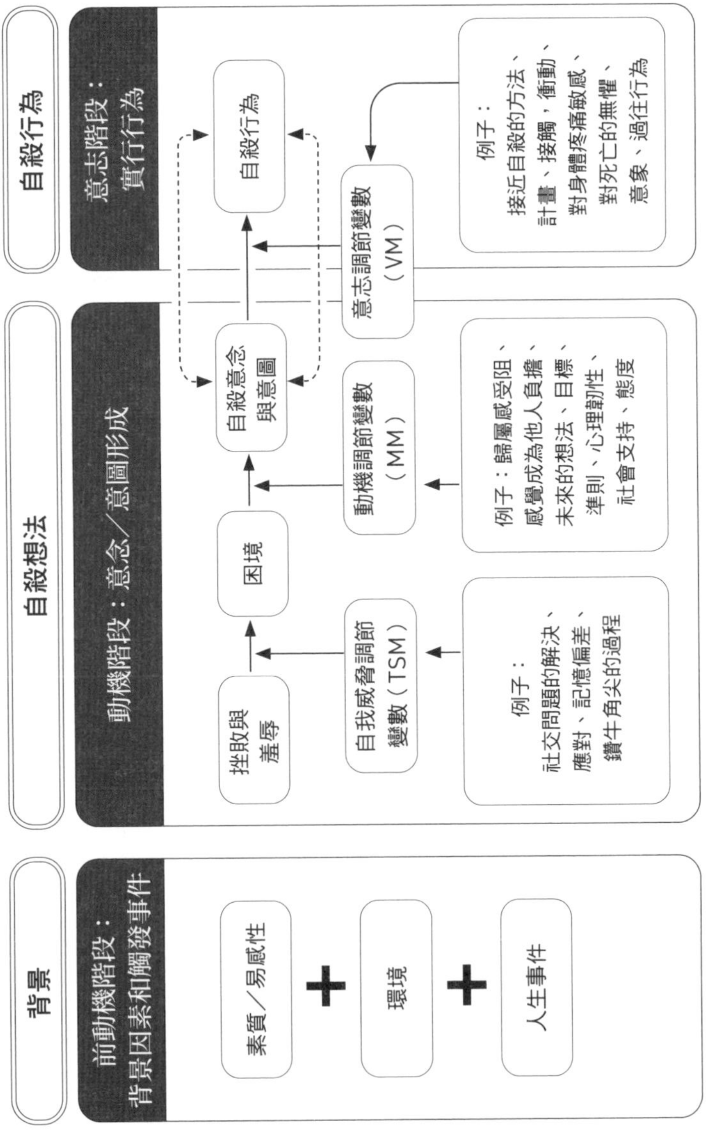

圖一｜自殺行為的整合動機—意志模型（IMV模型）[2]

- IMV模型比乍看的還要直接明瞭。
- 請暫時忽略技術語言（我會在行文中深入剖析）。
- 困境的作用就像一座橋梁，將挫敗和羞辱連結到自殺意念。
- 導致自殺念頭的因素與導致自殺行為的因素不同。

當我在行文中描述IMV模型的時候，我傾向用以下幾個關鍵點開始：

- 該模型分為三個部分或三個階段，如下所示：

1. 第一階段涵蓋了自殺風險可能出現的背景脈絡（前動機階段）。
2. 第二階段專注於自殺念頭的出現（動機階段）。
3. 第三階段仔細整理，人思考自殺時，是哪些因素使其可能付諸實行（意志階段）。

我多年的朋友兼合作伙伴羅南・歐卡羅是一位臨床和健康心理學家，他喜歡將這個模型的三個階段分別描述為VMA——脆弱性、動機、行動（vulnerability, motivation and action）——我不得不承認這是一個非常好記的代稱。接下來，與自殺行為相比，我會提供更多有關自殺想法／意念出現的細節：

- 自殺意念容易浮現於你感到挫敗或受辱時，重要的是你感到無法逃離這些情緒。困境感是自殺意念的主要驅力。除了挫敗和羞辱，這種困境感是讓自殺意念蓬勃發展的燃料。這條挫敗→受困感→自殺意念→自殺行為的路徑，是這個模型的骨幹。
- 如同我在上文指出的，導致自殺意念的因素不同於增加企圖自殺或死於自殺的可能因素。這不是有較強自殺傾向的人更可能執行如此單純，而是有一組特定的因素似乎與自殺行為（而非念頭）特別相關。

接下來每一部，我在依次描述每個階段時，會更詳細說明每項觀察結果。但首先我想概述這個模型背後的原則。

○ＩＭＶ模型的指導原則

當我開發ＩＭＶ模型時，我的腦海中有五個指導原則，總結如下，希望能幫助讀者理解和應用這個模型。首先，儘管我浸淫自殺心理學多年，我想提出一個牽涉到遺傳、生物、社會、文化對自殺風險影響的模型。我將談論這些影響，例如生命早期的創傷（見第一二四頁）。本質上，該模型透過對動機和意志階段心理因素的影響，將這些界定為對自殺風險影響重大的因素。特別是這些影響和經歷會透過牽動我們對過去、現在、未來的認知，增加自殺的風險。當然，導向自殺的途徑遠遠不只「認知」而已。但是，因為認知會受到我們的生物學、環境、生活經驗的影響，所以它是理解自殺風險的核心。而結束生命的決定，受到我們如何根據現在、過去以及最終的未來看待我們的存在所驅使。當人作出結束自己生命的艱難決定，與選擇死亡並不相同。對大多數人來說，自殺並不是一種真正的選擇，因為對他們而言，生活已經無法承受到了自殺成為他們結束精神痛苦的唯一手段。

第二，我希望這個模型建立在自殺研究領域其他理論模型的基礎之上，因此選擇命名為「整合」動機—意志模型。若要依次描述這些模型可能會有點偏離主題，但如果你有興趣了解更多，在《國際自殺預防手冊》裡面有概述。[3]話雖如此，還是有三個模型值得強調。正如我之前指出的，我的思維分別受到了威廉斯的「痛苦的哭喊」和吉爾伯特的「阻礙逃逸模式」的強烈影響。[4]他們的洞見直接影響我將挫敗和困境納入了IMV模型之中。另一個重要的模型是湯瑪斯．喬伊納的自殺人際理論（Interpersonal Theory of Suicide, IPTS）。[5]IPTS以最簡潔的形式指出，自殺意念（或喬伊納所描述的自殺渴望）會在人覺得自己對他人而言是負擔（感知到的負擔）以及沒有歸屬感（受阻的歸屬感）兩者交互作用下浮現。然而，根據IPTS的說法，只有當第三個因素——也就是自殺能力——存在時，才有可能出現嚴重的自殺企圖。在喬伊納的模型中，能力包括兩個因子：對死亡的無所畏懼，和對身體疼痛的耐受力。我稍後會回來談這兩點，但實際上，自殺的能力被認為會隨時間改變。而在有自殺渴望的人之中，當對死亡的無懼程度和對身體疼痛的耐受度都很高的時候，自殺行動的風險就會增加。

再看一下圖一，你會看到這些因素都包含在ＩＭＶ模型中的動機階段（挫敗、困境、覺得成為他人負擔、歸屬感）以及意志階段（對身體疼痛的敏感度、對死亡的無懼）。而動機－意志區則說明了第三個原則，亦即這個模型應該能幫助我們辨認出誰會發展自殺的念頭，以及誰會將自我毀滅的念頭付諸實踐。

指引我思路的第四個原則，是從科學的角度來看，這個模型應該要產生可在學術研究中加以檢驗的具體問題和假說。這很重要，因為檢驗假說是科學的基石。我們提出假說，然後收集數據來檢驗其是否成立。如不成立，我們就需要重想，或許修改假說，或改變處理假說的方式，然後再試一次。科學正是在反覆檢驗假說、數據收集和評估的過程中進步。這是我們為了理解和防治自殺正在努力的事。這個模型在二〇一一年發表以來，我和其他人檢驗了針對ＩＭＶ的相關具體假說，本書介紹了其中一些研究。

這讓我想到第五條，也是最後一條原則，直接說明了我的渴望：這個模型可以透過闡明從自殺念頭到自殺行動的路徑，在拯救生命上有所作為。這條原則可能是最重要的：擁有一個自殺理論模型很好，但除非能幫助我們理解和防治自殺，否則它不值一書。從九〇年代中期我的職業生涯開始之時，指導我所有研究工作的正是這一條原則。多年來，當那些曾經有過自殺傾向或因為親友自殺而悲慟不已的人們聯絡我，告訴我他們發現這個模型對於理解他們自己或所愛之人的自殺很有幫助時，我深感謙卑。

• 自殺做為一種行為

IMV模型亦受到「計畫行為理論」(theory of planned behaviour)的影響，此理論在健康心理學領域被廣泛使用。[6]這個理論之所以被加入，是我和克里斯・阿米蒂奇幾年前一起工作的成果。他是我博士班時代的好友，也是曼徹斯特大學的另一位健康心理學家。我這麼做是基於我的信念，即自殺最好被理解為一種行為，而不僅僅是心理疾病的副產品。在二〇〇六年的一項小型研究中，我們證明了計畫行為理論是一個非常有助於理解自殺行為的框架。[7]

簡而言之，計畫行為理論是一種社會認知心理學模型。它認為任何行為的可直接預測因子，也都是從事該行為的意圖或動機。簡單來說，如果你產生了運動的意圖，那麼你就更有可能真的去運動。反過來說，意圖可由三個進一步的心理因素預測：

1. 態度：這指的是你的信念，你對某事物持正面或負面看法的程度(例如：「我認為運動是一件好事」)。
2. 主觀規範：這些也是信念，但這次是關於你認為「他人對於該行為的看法」，或者你認為

「他人會怎麼做」的信念。讓我們繼續以運動為例，在此，運動的社會規範反映出的是你是否認為你的家人、朋友、社會都認為運動是個好主意。

3. 控制：按理說，當你認為自己對一種行為的控制力愈強，你就愈有可能去做。我們對控制的想法可以是內在的（「我相信我有做這項運動的技能」），或是外在的（「我有做這項運動所需的相關設備或裝備。」）內部控制通常被稱為自我效能（self-efficacy），指你對執行此事的信心程度：「我是否相信自己有貫徹該行為或舉止所需的必要條件？」

計畫行為理論被認為相當具普遍性，適用於所有行為，所以我們將該理論應用於自殺。我們推論，為了嘗試自殺，個人必須形成一個投入自殺行為的意圖。聽來合理，我們從多到不可勝數的科學研究中得知，自殺意圖是自殺的前兆。接著，在其他三個因素方面，我們在研究中發現人們對自殺的態度、他們的同儕朋友對自殺的態度，以及他們的自我效能（內在控制），都與自殺風險有關聯。[8]而自我效能似乎尤其與未來的自殺行為密切相關。雖然我們的研究只是小規模的，但卻清楚地顯示出這些所謂的社會認知因素與自殺風險有關，而且它能再次強調，我們需要超越心理疾病的範疇去理解自殺風險。

○風險與脆弱性：前動機階段

在談論是什麼觸發自殺意念之前，我們需要了解自殺意念和行為產生的背景。我們先回到IMV模型的前動機階段，也就是模型的第一階段。我顯然喜歡三切分的事物，因為前動機階段也是由三個部分所構成的：素質（脆弱性）、環境、人生事件。

‧素質或易感因子

就當前的目的而言，素質僅僅意味著易感度。素質常被用來描述一種遺傳或生物學上的體質，或在某疾病上的脆弱性。但在心理學中，素質的應用更加廣泛，這個詞彙是用來表現不同類型的脆弱性，包含了人格和認知易感度。在這個部分裡，我會稍微提及生物學上的脆弱性，但主要會在談完美主義。它是與自殺風險有關的人格脆弱性因子。[9]

‧血清素的角色

神經傳導物質（腦部的化學信使，例如血清素）調節功能的損傷，就是自殺的生物學素質或脆弱性因子的一個例子。雖然血清素及其代謝產物（小分子）的變化與憂鬱和自殺行為兩者都相關，但血清素似乎在自殺行為中更是扮演了獨特的角色。[10]這不出人意料，有鑑於它的效果滲透了我們的心智和身體的所有方面。血清素幫助我們感到冷靜、快樂、不那麼焦慮，被認為是一種天然的情緒穩定劑。因此，如果我們體內循環的血清素不足，理所當然地我們的情緒可能會受到不良的影響。

有一類抗憂鬱藥物被稱為選擇性血清素再吸收抑制劑（ＳＳＲＩ），包括百憂解（Prozac）和克憂果（Seroxat），被廣泛用於解決這種血清素不平衡的問題。這些藥物旨在阻斷血清素的再吸收，如此一來能使更多血清素在大腦中循環，目的是對抗情緒低落。儘管ＳＳＲＩ和其他藥物干預措施被廣泛使用，但人們對它們究竟能預防自殺到什麼程度，爭議依然存在。總體而言證據並不一致，回報顯示抗自殺效果會因藥物類型的作用、患者的年齡和臨床特徵而有所差異。[11]通常，當一種藥物被證明有效時，還不能確定它是否優於心理治療，或者綜合治療是否更加理想。此外，大多數臨床試驗傾向以對自殺意念和企圖自殺的影響為結果，而非對自殺死亡的影響。這突顯了防治領域中一個更廣泛的問題。由於自殺死亡在統計上屬於罕見結果（謝天謝地），要建立臨床效果所需的樣本數目龐大，因而難以實現。因此，我們不知道那些沒有大規模實施的藥物干預或心理社會介入是否真的能夠預防自殺。我同時也要強調一點，那就是有報告顯示有些藥物有反效果，在一些研究中（包含涉及年齡低於二十五歲的患者的研究中），自殺意念可能會明顯增加。[12]此外，一些病友團體也提出了相關的擔憂，認為某些藥物的副作用可能會導致自殺風險。例如，靜坐不能（akathisia）是某些抗精神病藥物（與SSRI不同）的副作用，這種副作用已被認為是自殺的潛在風險因子。這些都是合理的關切，需要更進一步的調查。

•完美主義的角色

在過去的十五年裡，我和我的團隊將焦點從生物脆弱性移開，改為探索完美主義這個性格因素。[13]在一項又一項的研究中，我們一次次發現完美主義的一個特定向度一直與自殺想法和自殺企圖之間有關聯。的確，這個關聯的穩固程度令我驚訝。我們的研究計畫涉及了來自不同背景和年齡層的數千人，包括來自臨床和社區環境的人。完美主義對自殺風險的重要性，多年來，得到了許多綜述文章的支持。[14]作者威爾．斯托爾也曾在男性自殺的脈絡下強有力地探討過。[15]在一項典型的研究中，我們會在一個時間點（做為基線）評估完美主義和其他包含自殺意念的變數，過一陣子回訪受試者，調查隨著時間完美主義預料自殺意念的程度。在我們以及其他團體的研究中，在（完美主義）這個特定向度上得分高的受試者，在我們追蹤回訪時自殺傾向較強，而這些人通常在研究期間也顯示承受高壓。

那麼，這就產生了一個迫切的問題：這個完美主義的向度是什麼？在回答這個問題之前，有件事值得一記：完美主義和其他性格因素一樣是條光譜，我們每個人在完美主義的光譜上都處於某個位置。處在光譜頂端的人非常追求完美，處在底端的人則較不如此。值得強調的是，即使是在完美主義上得分很高的人，他們之中的大多數人狀態完全沒問題，絕不會有自殺傾向。然而，當生活中出現意料之外的困難，完美主義可能開始與我們作對，對我們的心理健康造成負面影響。

哪種類型的完美主義可能有害？要回答這個問題，我們需要考慮完美主義的評估方法。這通常透過自我報告，所有廣泛使用的量表都會多向度評估完美主義。在我們的研究中，使用的是加拿大臨床心理學家保羅．休伊特和戈登．弗萊特開發的多向度完美主義量表（Multi-dimensional Perfectionism Scale）[16]，該量表評估完美主義的三個不同向度：

- 自我導向型完美主義：我們對自己期望的標準。
- 社會期許型完美主義：我們認為他人期望我們達到的標準。
- 他人導向型完美主義：我們期望他人要完美。

在這三個向度中，你認為哪一個與自殺風險始終相關？研究結果清楚明確：無論哪個研究群體，高度的社會期許型完美主義（有時也稱為社交完美主義）都與一生中的自殺想法和自殺嘗試有可靠關聯。社會期許型完美主義的正式定義，包含了我們相信生命中的重要人物（重要他人）對我們和我們的行為有不切實際的高度期望。根據這個定義，如果我們未能符合這些期望，重要他人會對我們不滿，對我們產生負面評價。在社會期許型完美主義向度上獲得高分的人，往往相信周圍的人期望他們在生活的各個方面都表現出色，因此他們（合情合理地）發現很難滿足這些期待。在我做過的所有研究中，社會期許型完美主義始終與自殺風險相關。

如果我們檢驗完美主義其他向度的證據，結果其實相當模糊。一些研究發現，自我導向型在自我批評這方面與自殺風險有關，然而其他研究卻認為，為自己設立高標準的內在驅力，可能具有保護作用。他人導向型在自殺方面的研究較少，因此很難判斷它的作用。我對完美主義的整體看法是，自我導向型的研究結果並不一致，他人導向型則似乎未起作用，而自殺風險似乎主要侷限於社會期許型。

為了更加理解我們所謂的社會期許型完美主義，請考慮以下兩個取自多向度完美主義量表的項目：

- 「我覺得很難達到他人對我的期望。」
- 「人們期望從我這得到的超出我能給予的。」

通常，我們會請受試者在七分制的量表上評估他們對這些陳述同意或不同意的程度。完整量表上共有十五個項目，所以當分數加總時，可產生的分數範圍非常廣泛。請花一分鐘思考你會如何回應這兩項陳述。不過別擔心，我們不會以你的回答，把你歸類為社交完美主義者。即使我們在研究中使用了完整的量表，我們也非聚焦在單一個人的分數，而是看一組受試者的分數。通常我們追蹤的是受試者答案的趨勢，並試圖將這些趨勢與其他因素（例如自殺意念）連結起來。大多數人在完美主義量表上的得分都落在中間，這不意外，因為多數人會試圖在某種程度上討好他人，至少在某些時候。很巧的是，我在社會期許型完美主義的評估上得分很高，我不意外。我過度在意別人對我的期望，而且花太多時間擔心自己讓別人失望，或者對一些我可能犯過或沒犯過的社交失誤耿耿於懷。

有鑑於社會期許型完美主義在自殺風險中扮演了潛在的角色，解釋什麼是、什麼不是此型的完美主義非常重要。有一點至關重要，亦即它並不觸及他人對我們的「實際」期望，而是評估「我們認為」他人對我們的期望。在心理學中，這些評價性的信念被稱為後設認知（metacognition），這是一個專業術語，用於描述對思想進行思考，或對我們自己思考過程的理解。這些後設認知是社交完美主義信念會造成潛在傷害的主因，因為究其本質，它們可能不準確，而且似乎不受我們控制。它們讓我們相信，我們生命中的重要他人對我們抱著達不到的期望，如果我們不滿足這些期望，他們就會看輕我們。如果你在社交上有完美主義傾向，在大多數情況下，你認為他人對你的期望與他們實際的想法，二者之間常常沒有關聯。且二者的關係並沒有嵌入到現實生活之中，因此很難改變。

為了更清楚說明社會期許型完美主義扮演的角色，我常常用一個簡單的比喻來向觀眾解釋：在社會期許型完美主義的向度上得分高的人，是心理上「臉皮薄」的，得分低的人則是心理上「臉皮厚」的。當我們在日常生活的大海中航行，若我們「臉皮薄」(像我一樣)，當我們遭遇到社交威脅，例如被拒絕、挫敗或失去的時候，我們會敏銳地體驗到這些情緒。而且，隨著時間過去，這些經驗可能會造成情緒低落和情緒困擾——一些情況下，甚至可能使自殺念頭出現。社交完美主義就像你心理盔甲上的裂口，儘管本身並不致命，卻是一個易受攻擊的弱點。當社交挫敗或拒絕的尖銳箭矢朝我們飛來時，就更有可能突破我們的防禦，穿透我們的心理「臉皮」。

以亞曼達為例，亞曼達認為自己在別人眼中必須完美無暇，而她為這份壓力苦苦掙扎：

> 即使部分的我知道，我正在做的事完全沒問題，但我就是無法停止認為自己不夠好，而且要是我更努力一點，就能取悅他們了。即使我覺得自己做得很好，我知道下一次我必須更加努力，才能做得同樣出色。

從許多方面來看，亞曼達都是典型的社交完美主義者。她陷入需要社交認可的惡性循環，努力獲得認可，感到被他人重視，然後又重新回到循環中尋求更多認可，並一再再地追求。這個循環持續不斷。這種感覺對她就像是一台永不停止的雲霄飛車，永遠在高低起伏之中，以致她時不時就需要喊出「暫停」，好離開這台飛車。狀況糟的時候，她得停止出門、不見朋友、停止在工作上求表現，因為她害怕失敗和辜負他人的期望，怕到動彈不得。然後，休息一段時間之後，她感覺恢復活力，然後再次坐上雲霄飛車。儘管她從未嘗試過自殺，但她時常感覺被壓垮了，覺得自己是「浪費空間」的存在。她週期性地感覺想自殺，認為自己死了會更好。當我問她，她明確感到壓力最大是哪些時刻，她難以選擇。她說，即使是最無足輕重的任務都會讓她焦慮緊張。這感覺就像每一項任務，無論多小，多麼無所謂，都是一次失敗的機會，又一次讓他人失望的機會。我跟許多人一樣，對亞曼達的感受有切身體會。

亞曼達描述道，即使是最簡單的任務，她也會受到影響。這闡明了社交完美主義對我們的心理健康產生影響的一種方式，而這符合我們在一項青少年自傷研究中的發現。[17]該研究中我們調查了包含完美主義、負面人生事件等因素，對十五至十六歲青少年在六個月內自傷的預測程度。研究進行之前，我們假設在這六個月內，經歷最負面生活事件的年輕人最有可能自傷。這也的確是我們發現的結果。然而，出乎意料的是社會期許型完美主義與自傷風險之間的關係。我們原本認為，社交完美主義度高，而且經歷高度負面生活事件的青少年，自傷的風險會最高，但研究卻不然。我們發現，完美主義度高（不意外）但負面生活事件少（令人意外）的人，自傷風險會升高。彷彿社交完美主義度高的結果，是壓力事件令人困擾的門檻降低了，這種現象我稱之為「壓力門檻下降效應」。或者，用兩個遇到相同壓力源的人思考可能更容易理解：完美主義度高的人（即臉皮薄的人）受影響更大。這些研究結果有助於我開始思考社會期許型完美主義，因為它給予在這個領域得分接近量表上限的人，一種隱喻性的「薄臉皮」。

• 內隱態度的角色

到目前為止，我著重在心理學家所謂的反思過程（reflective processes）之上，以及它如何幫助我們理解自殺風險。然而，根據所謂的雙重歷程模型（dual process model），要理解任何行為，我們需要考慮兩個相互作用的系統。諾貝爾經濟學獎得主丹尼爾．康納曼在他的著作《快思慢想》中，出色地描述了這些系統。[18]第一個系統是自動運作的，速度快，作用迅速，涉及自動流程和行為。第二個是省思系統，這是大部分自殺研究的焦點，涉及到意識的覺察和訊息處理。它緩慢且費力，反映了我們的價值觀和態度。例如，有人可能會因為認為結束生命在道德上錯誤，而不敢採取自殺行為。或者，如果我們思考被困住的感覺，這就需要我們去「省思」一系列因素。這些是深思熟慮的過程。

自動系統不是深思熟慮的，它的特徵是習慣、衝動、內隱態度。最後一項是我們自身或特定行為的評價，這種評價是在意識無法察覺的情況下發生。它們與外顯態度不同，外顯態度是我們有意識並且可以輕易表示的態度。所以，如果我問你對吸菸的（外顯）態度是什麼，你可以輕易地回答。然而，想要深入了解特定主題的內隱信念卻較困難，因為我們並未有意識地覺察到這些信念。或者，我們可能不想透露自己真正的態度，因爲其他人可能不贊成。因此，心理學家開發了創新的實驗技術來探索這些自動過程。最廣泛應用的測試之一是內隱態度測試（implicit attitudes test, IAT），它可以挖掘出我們意識之外或無法控制的想法和感受。[19]傳統上，ＩＡＴ利用電腦上的反應時間任務來記錄概念（例如愛爾蘭人）和特徵（例如友善）之間的關聯強度。ＩＡＴ經常被廣泛使用來了解種族主義和性別歧視，但直到最近十至十五年，人們才考慮用它來了解自殺風險。

哈佛大學的臨床心理學家馬修・諾克，是這些自動過程如何與自殺關聯的領軍人物。二〇一〇年，他發表了一項具開創性意義的研究。他在研究中表示，在心理急診科治療的人之中，將死亡／自殺與自己聯繫在一起的內隱態度强的人，在接下來六個月內嘗試自殺的可能性，比在此項內隱態度弱的人高。[20]更驚人的是，這些內隱態度和眾所周知的風險因素如憂鬱症，以及患者和臨床的預測相比，更能預測自殺行為。

這篇論文發表幾年後，我在馬修於哈佛的實驗室待了一段時間，衍生出一項由克莉絲汀・查主導，在蘇格蘭和美國同時進行的聯合研究。[21]我們研究有過自殺念頭的人對生存或死亡的自動態度是否可被觸發。我說的觸發是指，當引起參與者情緒低落，他們對於生或死的自動聯想會變強還是變弱？

在我們看來，這項研究很重要，因為它幫助我們了解當人們感到低落或憂鬱時，這些自動過程（例如對活著或死亡的態度）是否會惡化。如果是如此，這可能有助於揭示為什麼自殺風險會升高，而至關重要的是它可以提供干預的目標。我們使用了一種備受認可的技術，能短暫地引出低落的情緒，包含聆聽悲傷音樂的同時閱讀負面的文字敘述。這種負面情緒誘導是完全安全的，只會使人們感到悲傷，時間大約在十至二十分鐘內。在他們離開實驗室之前，我們會進行正面情緒誘導，並與受試者確認他們是否感覺沒事了。

相較於從未有過自殺傾向的人，我們發現有過自殺傾向的人對活著的認同比較弱，而這樣的聯繫在負面情緒被誘導之後，會進一步減弱。更驚人的是，誘導後的IAT分數可以預測六個月後的自殺念頭。

整體看來，這些結果為理解自殺風險提供了解謎的關鍵部分。當然，詢問他人的感受並聆聽他們的故事很重要，但對這些自動過程的關注可以讓我們進一步深入了解自殺念頭如何產生。如果有些人不確定自己的感受，或不願意透露他們的自殺念頭，這些訊息還是很有用。然而，就像所有新的研究方法一樣，應用無意識過程的研究倫理問題，尚待進一步探討。

•環境和負面人生事件

我們都是環境的產物，因此，根據IMV模型的概述，要理解自殺風險，就需要理解環境在風險中扮演的角色。自殺研究和防治領域在描繪相關環境特徵方面，已有很長的歷史。環境影響可以有許多不同形式，從子宮內的胎兒環境，到家庭環境、社區環境的廣泛影響，包括結構性劣勢*、種族歧視、社經背景。[22]然而，在此我想專注於早期生活環境，特別是早期人生逆境和依附。當然，逆境在人生的各階段都會發生，成年期的負面人生事件與自殺風險相關，同樣地，童年和青少年時期所經歷到的亦然。[23]

•早期人生逆境

毫無疑問，經歷早期人生逆境與不良心理健康狀況（包括自殺風險）之間存在緊密關聯。[24]早期人生逆境可以用多種方式進行評估，但通常用來記錄的是與人生最初十八年有關的童年逆境經驗（adverse childhood experiences, ACE）。這些經歷包括情感虐待、身體虐待、性虐待、目睹雙親任一方遭受暴力、家庭成員濫用藥物或患有精神疾病、父母分居／離婚、家庭成員入獄等。[25]無數的研究都已經證明，隨著童年逆境經驗（ACE）的數量增加，個人終生的健康結果會惡化。

在一項被廣泛引用的美國研究(由尚塔・杜貝及其同事進行),發現任何一種童年逆境經驗都會導致自殺嘗試風險增加二至五倍。不過更令人擔憂的是,當ACE的分數被計算加總之後為七分或更高,童年或青少年時期嘗試自殺的可能性會增加五十一倍,成年時期嘗試自殺的可能性則會增加三十倍。[26]這些數字相當令人震驚,特別是考慮到自述的酗酒、憂鬱、非法藥物使用下,ACE和自殺嘗試之間的關係仍然存在,這些數字就更令人擔憂了。

另一種思考風險的方式,是量化風險因素對人們患病的影響。而在這種情況下,則是要量化人們嘗試自殺的影響。這一貢獻被稱為族群可歸因比例(population attributable fraction, PAF)。或者說,若在族群中消除了該風險因子,自殺嘗試預計會減少的百分比。由於自殺嘗試存在多重且相互重疊的危險因子,所以不可能單純將所有的PAF相加計算出如何消除自殺行為。儘管如此,它們仍是指導自殺防治工作的有益工具。在杜貝的研究中,八〇%的兒童或青少年企圖自殺事件,以及六七%在一生之內發生的企圖自殺事件,皆可以歸因於經歷過一個或多個童年逆境經驗。這是很高的數值。儘管其他研究發表了不同的統計數據,它們都描繪了相同的情景,即遭受愈多早期生活創傷,易感性就愈高。然而,這種關係是複雜的,所以尚不清楚哪些因素或機制能解釋童年逆境與自殺風險之間的關係。

* 指一些個人、家庭、團體或社群因社會運作方式而經歷的劣勢。

• 身體對壓力的反應

就生物機制而言，有證據表明這些早期經歷可能改變基因的表現，轉而導致心理問題的易感性，由此增加後續的自殺風險。[27]早期人生逆境可能還會透過下視丘—腦垂腺—腎上腺（HPA）軸的失調影響人體對壓力的反應。[28]HPA軸是我們人體壓力反應系統的核心，在遇到壓力情況（也稱為壓力源）時，我們需要它發揮良好作用。你可能聽過「戰或逃反應」（fight or flight response），這是我們身體對潛在威脅或壓力源的生理反應。如其命名，它會根據需要，使身體準備好對抗威脅或逃離現場。

HPA軸還控制了皮質醇的釋放，這是被稱為「戰或逃」荷爾蒙的其中一種，因為我們遇到壓力時會需要它。皮質醇在應對壓力時的釋放，被稱為皮質醇緊迫反應性（cortisol stress reactivity）。皮質醇對人們的心智和身體有廣泛影響，讓我們準備應對任何威脅，也可能參與了情緒調節和決策過程。如果皮質醇在應對壓力時釋放度較低，這種遲鈍的反應被認為與某些方面的執行功能受損有關。執行功能（executive function）是一個神經心理學術語，用來描述一系列心理技能，包括工作記憶、彈性思維、問題解決、自我控制，每一個都能幫助我們自我調節。我們在日常生活的大海中航行時都在使用這些技能，來管理情緒和完成事情。就自殺風險而言，如果HPA軸被擾亂，使得皮質醇釋放不足，身體和心智可能會無法用最佳狀態準備應對任何威脅或壓力源。連鎖效應是下一次我們遇到壓力源時，反應可能不會那麼有效，使我們更加苦惱。久而久之，有可能使我們更容易自殺。

我們在一些研究中調查了皮質醇反應性的作用，把重點放在相較於僅動念過自殺或從未想過要自殺者，企圖自殺的人在承受壓力時是否會表現出遲鈍的皮質醇反應。[29]這項研究由我的同卵雙胞胎兄弟戴羅．奧康納主導，他同時也是一位健康心理學家，而且對我來說很方便的，是他也是壓力研究領域的專家。我個人稍微離題一下，我感到非常幸運，因為我的雙胞胎兄弟也是一位心理學教授。確實，自我們念博士班以來，我們已經有過許多富有成效的研究合作。最近，我們在《心理學家》雜誌的一次採訪中，回顧了做為同卵雙胞胎如何影響我們的職業生涯。[30]

說回研究。為了利用皮質醇系統，我們使用實驗性程序來引發壓力反應。有多種方法可以做到這一點，但我們使用一種叫做馬斯垂克急性壓力測試（Maastricht Acute Stress Test, MAST）的程序。[31]這個測試在生理上和心理上都具有挑戰性，因為參與者被要求將手放入冰冷的水中，同時在實驗室中進行一項棘手的心算任務。我知道MAST這個程序的組成聽起來有點奇怪，但這些壓力源結合在一起被認為可以活化HPA軸，因此它們是研究壓力系統運作情況的好方法。我們在最近的一項研究中招募了三組人進行測試：企圖自殺的人、動念過自殺的人，以及從未想要自殺的人。[32]所有人都來到我們的實驗室，在填寫問卷的同時，我們請他們在完成MAST之前、期間、之後提供唾液樣本。透過這種方法，我們能夠追蹤他們在研究期間釋放的皮質醇量，包括同時監測MAST的效果。正如我們之前所預測的，曾經嘗試自殺的人在整個研究中釋放出的皮質醇量最低，而從未想要自殺的人釋放的量最多，而有過自殺念頭的人則位於中間。因此，在實驗室環境之中，當我們實驗性地誘導壓力情況時，曾經嘗試過自殺（特別是在過去一年內）的人，會表現出遲鈍的皮質醇反應。儘管我知道這個實驗與現實生活相去甚遠，但它讓我們對壓力系統如何在其他日常壓力情境中作出回應有了一些洞察，例如對人際關係或工作相關壓力的反應。除了心理上感覺被困住，有自殺傾向的個人似乎在生理上也受到影響。可惜的是，我們仍然不知道遲鈍的皮質醇反應是有自殺傾向的原因還是結果，這是另一個需要回答的問題。

本節一開始，我就提出早期人生逆境可能會影響壓力反應系統，從而增加自殺風險。因此，延續我與戴羅先前的研究，我們調查了童年創傷在多大程度上可以解釋這些有自殺傾向者的HPA軸失調。[33]我們最初在實驗室見到這些受試者時，他們還回答了關於童年或青少年時期受虐待或忽視經驗的問題，然後我們才能將他們的回答與他們的皮質醇數據連結起來。研究結果很明確：那些表示自身遭遇過最多童年創傷的人，釋放出的皮質醇量最少，暗示他們的壓力反應性最為遲鈍。

讓我們花點時間反思一下這些發現。

在我們的研究中，我們要求受試者說出他們數十年前可能經歷過的任何虐待或忽視。那些表示過去有較多這類經驗的人，在我們實驗室裡釋放出的皮質醇較少。更令人震驚的是，創傷在嘗試自殺之人當中非常常見。在我們的樣本和後來的研究之中，大约有八〇%的人表示他們至少有過一種童年創傷。[34]同樣值得記住的，皮質醇反應遲鈍的有害影響遠遠不止自殺風險，還與一系列有害行為和健康結果相關。我們需要做更多，了解這種情況如何發生、為什麼發生，以及如何保護那些易感的人。

•依附

雖然早期人生創傷與自殺風險存在著生物學上的路徑連結，但另一個要考量的重要路徑是依附的過程。依附關係是人與人在生命早期所形成的情感連結，影響著整個青春期乃至成年期的人際關係。人生早期遭遇的挫折有可能影響這些連結，這不令人驚訝，因為隨著年齡增長，這些連結會成為我們未來關係的模組。依附模式有不同的形式，一些是適應性依附、安全型依附，一些是不適應性依附、不安全型依附。在心理學文獻中，安全依附、逃避依附、焦慮依附（我稍後會依次定義）是最常被匯報的、可能與自殺風險之增減相關的依附方式。逃避型和焦慮型依附取向通常被概括在一起，用來描述不安全或不適應的依附關係。

幾年前，我參與了一項由我的同事提亞戈．左爾蒂亞帶領的研究，該研究探討每個依附方式與自殺風險之間的關係程度。[35]我們找到了五十多項研究，並欣喜地發現在其中三十多項中，較高的安全依附度與較低的自殺想法或企圖相關。好消息是，所謂的安全依附被認為具有保護作用，因為這型的個體傾向於察覺自己值得愛，期待身邊的人關心並會回應他們的需求。這是一種積極的取向，因為這些人往往覺得他們的情感需求得到滿足。相反地，擁有逃避取向的個體嘗試在人際關係中保持距離或自主性，因為他們對自己以及周圍的人持有負面的看法。因此，意料之中，這種取向往往不會孕育出滋養與滿足的關係。悲傷的是，有明確的證據表明，逃避依附與自殺想法和嘗試之間有關聯。同樣，焦慮依附與自殺風險之間也存在明確的關係。焦慮的依附取向會是個困擾，因為這樣的人一直在努力爭取被別人接納，卻很難接受別人的情感，因為他們認為自己不值得或不可愛。這種依附類型有時也被稱為焦慮型或矛盾型依附。回想社會期許型完美主義，這種依附模式可能會導致一種惡性循環：一直追求社交認同，卻感覺自己不值得，並且得愈來愈努力實現可能無法實現的目標。我會想問問亞曼達（她似乎是典型的社交完美主義者）她的依附關係如何，但我對她會怎麼回答已有直覺。我們將研究結果寫成綜述文章，並在結論中呼籲提供更多支持，關注依附相關的因應策略，以減輕自殺風險。

做為這項研究計畫的一部分，提亞戈還與過去曾經嘗試自殺的人進行了詳細的訪談。訪談的目的是獲取有關中斷依附與自殺念頭和行為間關係性質的第一手經驗。[36]其中一位受訪者喬安二十二歲，在前一年曾嘗試自殺，對她遇到的人際挑戰提供了強而有力的描述。在這部分的訪談中，她談到了她生命早期的關係，以及它們至今是如何影響她的：

> 我不相信任何人，因為我知道人都會離開。就像我媽把我留在路中間的車裡一樣，她做過這種事，而且她明明是應該要愛我的人。那其他人又會做什麼……不和人建立連結，堅持自己一個人容易多了吧。如果明天有人輾過我，我也會做好準備離開，怎麼說，我不會反抗。我玩完了，因為每個人都要離開了。我一定有什麼問題，但我不知道是什麼，問題就在這裡，因為每個人都說問題不在我身上，但在所有發生的事情中，共同點是我。

喬安的被遺棄感和無價值感明顯可察覺。她似乎已經放棄爲生命奮鬥，將自殺視為解決她人際問題的方法。想到她把自己視為問題，並且似乎不害怕死去，彷彿已經接受了死亡，讓人心碎。

我們的研究還訪問了二十三歲的克莉絲汀娜。她在很久以前曾企圖自殺，但她仍在服用抗憂鬱症的藥物。從她描述的內容，可以明顯看出她生命早期的經歷導致了她的困境感：

> 我的父母，怎麼說，會虐待彼此，也會虐待我。這讓我離家了，很小就離開了。所以

我，呃，從十三歲開始接觸一些不好的東西，像是吸毒，然後其他不愉快的事情就隨之而來。所以，對呀，我感覺自己就在這個迴圈裡，感覺有點被生活困住了……甚至不喜歡待在自己腦海裡，所以，我內在甚至不像是有個安全的空間。有點像，就是說，我也不太喜歡我自己，因為我不喜歡那種，呃，被困在腦海裡的感覺，我想要把它關掉。

克莉絲汀娜對內在的描述：「被困在腦海裡」，和外在的描述：「有點被生活困住了」都令人心酸，這在生命早期遭遇逆境的人身上非常常見。她描述自己陷入了一個絕望的循環中，無法找到任何喘息的機會，她就是找不到任何安全的地方躲避，好讓自己感到安全或恢復能量。同樣地，她表現出對自己的厭惡和沮喪，也是有不安全依附方式者的特徵之一。這加深了他們自己的無價值感、感覺到無人關心他們的死活。

這種缺乏自我價值、感到無足輕重和無用的感覺，也反映在另一份文字記錄中，來自麥特回想他曾經有自殺傾向的訪談。他二十七歲，曾經二度嘗試自殺：

我沒有朋友，也沒有家人，而且，你知道的，我已經仔細考慮了所有的後果和路徑，我實在看不出我活著或死掉會造成任何衝擊。我當時非常沮喪、極度不抱希望……那時候，我想，我還是熄燈走人吧，因為對我來說這樣更容易，反正我也沒擁有什麼是不能捨棄的。

他企圖自殺的時候，他生命中似乎沒有任何可以確認的關係，因此他一直在考慮活著的利弊。雖然他的意見很有意思，但他承認當他「感到非常沮喪的時候」，對未來的想法（「當時感到極度不抱希望」）是很狹隘的。這強而有力地提醒了我們自殺困境只是暫時的，事情可以變得更好。然而，挑戰在於當人處在絕望的深淵之中的時候，很難看到這點。麥特最初的意見提到他沒有朋友或家人，這也讓人想起十七世紀詹姆斯一世時期的詩人約翰・多恩說的：「沒有人是孤島，完全獨立於世界之外」。它強調了人與人之間的連結必不可少的重要性，因而當連結受阻時，自殺風險會增加。[37]

○自殺念頭與動力階段

如果你正在支持一個苦苦掙扎的人，IMV模型應該能夠幫助你辨識出他們可能想要自殺或有自殺風險的警示信號。具體而言，它協助我們區分出有自殺傾向但不太可能嘗試自殺的人，以及有可能進一步走向自殺行為的高風險者。顯然這個區別至關重要，因為關鍵在更了解此刻誰最脆弱，以及誰最有可能嘗試自殺或最終自殺身亡。這樣的轉變會在動機階段和意志階段捕捉到，兩者分別處理自殺意念和自殺嘗試。正如我已概述的，動機階段的因子會驅使自殺意念出現。具體而言，自殺意念是由無法逃離的挫敗感或是羞辱感，或二者皆有而產生。如果你再看一下圖一（第一〇六頁），在挫敗、困境、自殺意念的下方，你會看到題為「自我威脅調節變數」、「動機調節變數」、「意志調節變數」的方框。這些方框的內容涵蓋了關鍵因子，幫助我們理解一個人是如何從感到挫敗和羞辱，最終轉向自殺行為的。

調節變數（moderator）是一個統計學術語，用來描述可能影響另兩個變數之間關係方向或強度，或兩者皆有的因素。思考壓力和幸福感之間的關係是很好的起點，解釋我指的調節變數。想像一下，如果你認識的某個人感到壓力大，卻沒有人可以求取支持，他們陷入痛苦的可能性，就會比有人可以求助的情況更高。這是因為有人可以求助，擁有社會支持是件好事。這可能有助於他們應對正在經歷的壓力，能減少陷入痛苦的可能性。在這個例子中，擁有社會支持起了調節的作用，因為它改變（減少）了壓力導致痛苦的可能性。

如果你再看一次圖一（參見第一〇六頁），在調節變數下方有進一步列出一系列心理因子的三個方框，每個心理因子都會輸入到上方其中一個調節變數方框之中。以「自我威脅調節變數」為例，這些調節變數包括社會問題解決、應對和記憶偏差等心理過程。假設每個調節變數或因子的存在都會影響挫敗／屈辱和困境之間的關係，如果這些變數或因素的存在是負面的，將更有可能使個人感到被挫敗或屈辱感困住。在這種情況下，比喻來說，一個人就會在模型中從左向右移動，而這麼一來，他們的自殺意念和產生行為的可能性就增加了。此外，當我們情緒低落時，我們對過去事物的記憶可能會變得扭曲，所以我們更容易記住負面而非正面的事情。這會造成問題，因為當我們的思緒被厭惡的記憶堵塞時，困境感可能會加劇。這些扭曲現象被稱為自傳性記憶偏差（autobiographical memory biases），可能也會干擾我們解決社交問題的能力。[38]這種現象發生的可能原因在於，我們在解決社交問題時，常常依賴過去特定的具體細節來幫助我們解決目前的新問題。但是當我們情緒低落或有自殺傾向時，這種偏差無益會阻止了我們記住相關細節，從而使解決問題的效能降低，更容易感到受困。[39]

讓我們來看看三十二歲的艾薩克，他單身而且獨居。他的故事是一個很好的例子，顯示記憶偏見如何影響問題的解決。他一直和他的家庭醫生保持聯絡，因為他感到非常低落而且有自殺傾向，他把部分原因歸咎於家庭不睦。他過去的其他經歷，包括職場霸凌，也導致了他情緒低落。家庭不睦的結果，讓他與父母疏遠了。雖然他真心希望能與他們和解，但他卻想不出如何實現這一點。他的家庭過去也發生過幾次不和，但最終都成功化解了。不過，當我問他時，他似乎難以回想起化解的具體細節。然而，他可以詳細地談論他家庭情況的負面之事。因此，就自傳性記憶偏差而言，艾薩克的故事很典型。他更有可能記住負面而非正面的記憶，而讓情況更糟糕的是，他對之前的和解經歷只是模糊地記得正面的部分，缺乏具體的細節，無法幫助他思考解決當前家庭危機的策略。

•通往困境和自殺念頭的干擾途徑

讓我們試著更深入地解釋動機階段，回想一下你生命中初次在社交（人際）情境中感到挫敗的某個時刻。從中選一件你能夠解決，好好落幕的事情，可能是職場問題、校園糾紛，或者與朋友之間的不愉快事件。

- 是什麼事？
- 你做了什麼解決問題？

花幾分鐘時間思考這個情況。

假想該情境並連結回ＩＭＶ模型可能會有幫助：

想像一下，你一再與一位同事發生衝突，導致你覺得自己的聲音從來沒有被聽見。這些衝突愈演愈烈，甚至到了你不知道如何解決，而且每次衝突後你都需要耗費所有精力管理情緒。這些衝突真的讓你沮喪。每次會議都以激烈的爭吵告終，你覺得相當挫折受困。你陷入了千篇一律的困境，不知如何是好。不過，你和朋友聊過之後，對方鼓勵你以開放且不帶批評的方式與該名同事討論這個問題。提出討論很有幫助，因為你發現，你讓你的同事想起了一位習慣辱罵他人的前同事。因此，該名同事在你面前總是感到緊張不安，並轉而顯露在爭辯的行為上。然而，透過明確指出問題，你們就可以一起解決它。

現在讓我們從ＩＭＶ模型的角度來解析這個情況。

首先，透過解決反覆出現的爭論，你就不太可能走上從挫敗到抵達困境這條途徑（或者說連結）。能夠解決問題，就能「調節」挫敗與困境之間的關係，這樣一來，解決方案就能減少你持續感覺受困的可能性。一般而言，調節變數能以兩種方式作用：削弱關係，或者加強關係。在上述的例子中，有效的問題解決方法（心理學家可能會將此描述為問題導向因應〔problem-focused coping〕），削弱了挫敗和困境之間的關係。

相反地，如果你對這個情況作出不同的回應，或許只是堅持己見而不試圖解決問題，可能會增加你繼續感到受困的可能性，從而強化從挫敗到困境的路徑。削弱和增強都是調節的例子。當一個調節變數具有保護性時，我們通常將之形容為「緩衝」。我們在生活中都需要緩衝。

當你感到挫敗的時候，何不試著用ＩＭＶ模型的因素描述你之前假想過的情境（在職場、學校或與朋友相處的問題）？你使用過任何威脅自我的調節變數解決你的挫敗情形嗎？

你是如何應對你經歷的任何一件痛苦遭遇的呢？

現在，我們來看看從困境到自殺意念這條途徑。然而，「威脅到自我調節的變數」專注在從挫敗到困境的轉變，而「動機調節變數」是一組增加或減少從困境感到自殺意念可能性的因子。例如，歸屬感受挫、覺得自己對他人而言是負擔、對未來缺乏積極的想法，以及缺乏社會支持等因素，都會增加自殺意念在絕望的困境中浮現的可能。但有件事很重要，值得注意：自殺意念並不是困境的必然結果，而且並不是所有的動機調節變數都會使情況變得更糟。有些動機調節變數是保護性的，如上所述，它們是緩衝。大多數經歷困境的人並不會變得有強烈的自殺傾向。關鍵是，如果我們能夠干預那些對我們造成傷害的因子，我們就能保護感到受困的人。不過，我們面臨的挑戰在於辨識出誰感覺到受困，還有知道如何介入、什麼時候介入，以保護他們的安全。在第三部，我會回來談我們如何保護這些人的安全。

• 對未來積極想法的作用

有件事或許不令人意外，就是當絕望降臨時，我們對未來的想法同樣重要。它能幫助我們在黑暗中尋找方向。例如，如果我們感到受困，沒有任何正面的事物可盼望，自殺的想法更可能浮現。因此，IMV模型中包含了對未來的想法，作爲動機的調節變數。在安德魯·麥克勞德的研究工作基礎上，我們花了很多年的時間，深入分析思考未來與自殺風險之間關係的本質。麥克勞德是倫敦大學皇家哈洛威學院的臨床心理學家，於九〇年代率先展開了這項工作。具體而言，他開發了「未來思考任務」(future thinking task)，這是個相對簡單的口述任務，內容包含了讓參與者說出他們未來期待或擔憂的事情。[40]這個任務讓我們能夠分別了解參與者對未來的積極和消極想法。積極的想法可以包含諸如「去度假」、「見到我男朋友」、「出去吃晚餐」等任何事情。然而，當參與者被問到在擔心什麼，他們給出的典型答案通常會是負面的想法，例如「和伴侶吵架」、「失業」、「生病」等。

麥克勞德的初步發現很引人注目，當他問曾自傷或企圖自殺的人們對於未來的想法，並將他們的回答與沒有自殺傾向的人做比較，明顯的模式就出現了。相較於後者，有自殺傾向的人對未來的積極想法較少，即使和憂鬱的人相比亦然。尤其他們之間對未來的消極想法似乎沒有太大差異。我們以及其他研究團體也發現，企圖自殺的人缺乏對未來的積極思考。[41]近來我們的研究也顯示出，人們積極思考未來的程度，可以預測企圖自殺後幾週內的康復情況——那些獲救後僅能勉強思考積極未來的人，兩個月後的自殺傾向高於獲救後對未來有積極想法的人。[42]因此，對未來的積極想法在短期內往往具有保護作用。

然而，就像人生中的大多數事物一樣，未來積極想法與自殺行為之間的關係，比我們最初想像的複雜。長話短說就是，當一個人企圖自殺之後的幾週內，對未來的積極想法似乎具有保護作用。但如果那些想法無法實現，從中期來看，特定類型的想法可能會反過來增加一個人的陰鬱情緒。這是我在一項研究中得出的結論。在該研究中，我們對企圖自殺者進行了長達十五個月的追蹤調查。[43]簡單來說，我們發現抱持高度我們所謂的「內在型」積極展望的人，更有可能再次嘗試自殺。內在型的展望指僅涉及個人而不涉及他人的想法，包括像「我想康復」、「我想更有自信」或者「我想變得快樂」。我們擔心的是，如果隨著時間的推移，某些人的積極未來想法是好比「從憂鬱症中康復」，後來卻沒有康復，這種失敗可能會導致他們的困境感。接著他們又陷入了困境—自殺念頭—困境的絕望循環之中。

當我們試圖理解自殺風險時，我認為這裡有兩個關鍵的結論。首先，一般而言，對未來抱持積極想法是一件好事，我們應該盡可能地幫助他人思考其願景和志向。其次，在考慮對未來的積極想法時，重要的是保持務實。這樣一來，即使特定的希望或未來願景無法實現，也許其他的志向也值得考慮。我們需要更接納自我，更同理我們自身的缺點，並提醒自己每個人都會經歷失敗，這沒關係，這是更加廣泛的人類狀態的一部分。確實，我的格拉斯哥同事西奈德．克利爾主導一項研究文獻綜述，關於自我疼惜和自殺意念之間的關係[44]，儘管我們只找到幾項研究，但結果是明確的：自我疼惜和自我寬恕具有保護作用。

•將動機階段應用於了解人們的生活

本節的最後我要說兩個故事，它們分別說明了幾個動機調節變數的有害和保護效果。

夏洛特是名三十幾歲的女士，在我一次演講結束後向我走來。雖然她從未嘗試過自殺，但她多年來一直與自殺念頭共處。她回溯自己的問題，覺得問題是自己沒有歸屬感。她一生都為此苦苦掙扎，卻始終覺得自己是個局外人。她住在鄉村社區，是跨性別者。在她的性別「轉換」期間，她的父母與她斷絕了關係。她有長期的心理問題，可以回溯到她的青少年時期。她告訴我，雖然性別認同伴隨的焦慮不安在她變性之後已有改善，她在心理上仍然感到受困。儘管她不再感到「被困在自己的身體中」，她依然在情感上感到痛苦，覺得在情緒上被囚禁了。她只是渴望父母能夠接受「女兒身的夏洛特」。她只是想要有歸屬感，感到有價值，能被當作家中珍貴的一分子。

從IMV模型來看，夏洛特渴望得到歸屬感卻受阻，這份感受與受困感相互作用，加劇了她的自殺念頭。幸好，我遇到她時她的狀態相當不錯，但她的自殺念頭可能會來來去去，直到她受挫的歸屬感得到解決為止。似乎正是這種缺乏歸屬感，損害、調節、或者強化了從困境到自殺念頭的關係。

另一位艾娃，則在二十歲之前曾經按己意行事，嘗試自殺過一次。現年二十四歲的她告訴我，她感到很安全，因為她不再認為自己會對自己構成威脅了。她的故事也沒有不尋常，她在學校被霸凌，因自尊心低落而痛苦，直到今日，她仍然很難交到朋友並維持友誼。不過，她心中停泊著深深的罪疚感，因爲在她眼中，她曾是個「難搞」的青少年。她在十五、六歲時曾經惹過幾次警察，她後悔給父母帶來那麼多痛苦和煩惱。在她二十歲生日的前幾天，她覺得受夠了。她記得，當時她覺得自己對她的家庭而言只是個負擔。如果她死了，沒有人會想念她。她做的事全是錯的，她只想停止這一切。她接下來只記得自己在醫院裡醒來，完全不知道身在何處，和她是怎麼到醫院的。幸運地，艾娃活了下來，接著她被轉介給一位心理護理專家。這對她來說是個轉捩點，因為她與那位護理師建立了真正的連結。這位護理師安排了她的家庭醫生轉介她進行自閉症的評估。我遇見她的時候，她說她過得很好。在她被診斷出自閉症之後，她重新找回了自我價值感。她不再覺得自己是家人的負擔了。

「現在我覺得一切都說得通了。」她笑容滿面說道，因為她現在擁有一種語言來理解自己的感受，了解自己為什麼這些年來在社交方面如此受苦。她曾經覺得家人認為她「奇怪」和「難以捉摸」，但現在她不再這麼覺得了，因為她對他們來說「不再是問題」了。對她來說，一切都改變了，因為她現在正在讀大學，修習金融課程，擁有真正的人生目標，振奮不已。關鍵是她不再感覺自己是家人的負擔。儘管她有時仍感到被困住了，但她的痛苦可以控制，而且不再升級為想死的念頭。艾娃的故事說明了針對負擔（另一種動機調節變數）的保護效果。而這也說明了對一些人而言，自殺念頭的起因是可以被指認的，其影響也可以被中和。

順帶一提，艾娃的故事反映了更廣泛的議題。直到最近，人們尚甚少意識到自閉症譜系人士有自殺念頭和行為的風險會增加。具體原因尚不清楚，但心理學家莎拉·卡西迪和西蒙·

拜倫–科恩最近的研究指出，偽裝（隱蔽自己的自閉症譜系特徵以應對社交情境的傾向），連同未滿足的支持需求，與自殺有著獨特的關聯。[45]人們還認識到，與自閉症相關的自殺死亡可能被低報了。我們需要下更多的工夫才能了解自閉症者面臨的獨特風險，以及什麼能保護他們免於自殺。[46]此外，我們還需要做更多以幫助像夏洛特這樣的跨性別年輕人。[47]

本章節主要關注的是自殺念頭出現的途徑。我希望這能幫助你理解自殺念頭是如何產生以及為何產生的，同時也幫助你辨識出你應該注意的、身邊的人身上的警告信號。在下一章中，我將探討IMV模型的意志階段，該階段處理的重要議題是為什麼有些人會將自殺念頭付諸行動，有些人則不會。

CHAPTER

8

跨越懸崖：從自殺念頭到自殺行為

Crossing the Precipice: From Thoughts of Suicide to Suicidal Behaviour

我從來沒想過他會這麼做。他去世前幾個星期，曾告訴我他有想死的念頭，但我太害怕了，沒有直接問他會不會自殺。我一直在問自己，為什麼沒有問他呢。我沒有一天不拿這個問題折磨自己。現在回想起來，我當時就是沒想到他是那種會自殺的人。我知道這聽起來很荒謬，但他總是那麼活力十足。

這是我與一位心碎的母親部分對話，時間大約是在她兒子去世一年之後。這說明了要以「先驗」的方式辨識出誰會實行自殺念頭、而誰不會，是難以置信地困難。在我們盡力改進預測自殺行為能力的同時，我們絕不能停止保護易感之人的努力。從事自殺研究和預防的我們，每個人每天都要與這項最大的挑戰搏鬥——從考慮自殺的人之中，辨識出誰更有可能實際嘗試。IMV模型的意志階段（請參閱第一四七頁）就是我在這方面的嘗試。我試圖理解從思考自殺到實際嘗試的這個轉變過程。在心理學中，「意志階段」這一術語被廣泛使用，它的定義是「個人參與任何行為的意圖形成之後的階段」。另一方面，動機階段描述的是「人從事某行為的意圖形成過程」。

IMV模型的這個階段旨在精確找出具體的因子，能標記出會越過自殺懸崖，從念頭過渡到自殺行為的人，大約占三分之一。[1]當有人採取自殺行動時，自殺方式的潛在致死性——「致死率」（case fatality rate，以此方式自殺身亡的人數，除以用同樣方式企圖自殺（包括身亡與存活）的總人數）將影響自殺行為是否致死。在決定自殺行為是否導致死亡這方面，機會或偶然事件也可能扮演了某個角色。

在本章節中，我將為各位說明一些可能暗示著一個人正在考慮實行自殺念頭的注意事項。這會包含幾個問題，應該有助於你探詢對方採取自殺行為的可能性。意志階段包括八個關鍵因素，如下圖二所示，這些因素可能增加人將自殺念頭付諸行動的可能性。這個意志階段更詳細的描述，由二〇一八年我和同事兼朋友奧莉薇亞・柯特利更新模型時添加。[2]在圖二的每個因素正下方，我還收錄了一個問題，有助於你思考這項因素是否與你認識的某個人相符。這些因素就類似自殺意念和自殺行為之間的橋梁。一般來說我們建造橋梁的目的是讓橫跨A點到B點的行為堅固且安全。但在這個情況下，我們希望將這些隱喻上的橋梁納入我們的視野，接著盡我們所能地破壞它們，以盡可能減少從自殺念頭跨越到行為的人。如你所見，這些意志因素可以是環境性的、社會性的、心理性的或生理性的。

二〇一八年，華盛頓特區舉辦了美國自殺學學會大會，我在那裡發表了一次類似TED風格的演講。之後，會議代表之一肯・諾頓在推特上將這八個因素描述為「跨接自殺想法和行為的八個特徵」。[4] 我非常喜歡這樣的描述，一直堅持使用至今，因為我認為這真正捕捉到我所指的意志因素的本質。讓我們依次來看每個特點。

○可獲得的方法

首先是獲得自殺方式的途徑。這是環境的意志因素。如果有人正在思考結束自己的生命，如果他們

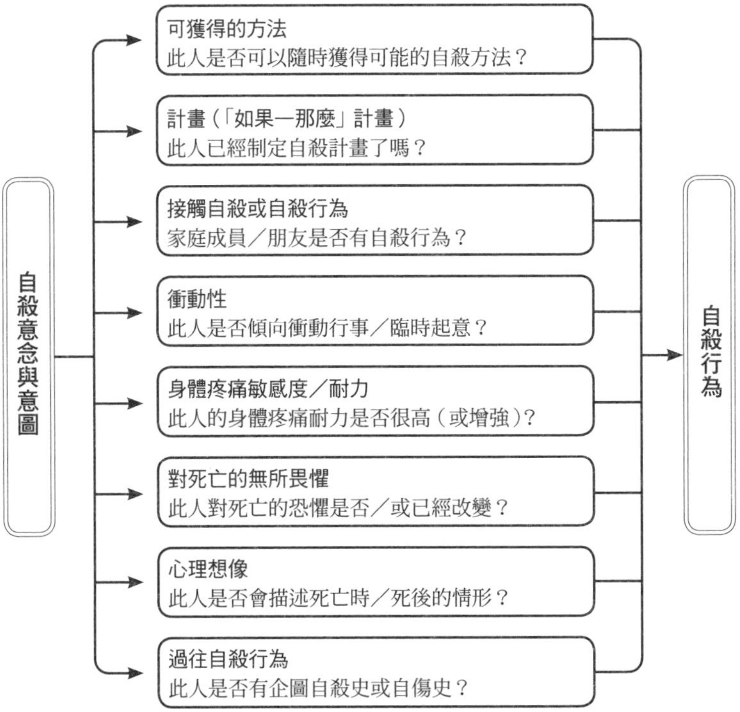
自殺意念與意圖
可獲得的方法
此人是否可以隨時獲得可能的自殺方法？
計畫（「如果—那麼」計畫）
此人已經制定自殺計畫了嗎？
接觸自殺或自殺行為
家庭成員／朋友是否有自殺行為？
衝動性
此人是否傾向衝動行事／臨時起意？
身體疼痛敏感度／耐力
此人的身體疼痛耐力是否很高（或增強）？
對死亡的無所畏懼
此人對死亡的恐懼是否／或已經改變？
心理想像
此人是否會描述死亡時／死後的情形？
過往自殺行為
此人是否有企圖自殺史或自傷史？
自殺行為

圖二｜跨接自殺想法和行為的八個特徵[3]

已經獲得自己偏好的自殺方式，就更可能將念頭付諸實行，這點不意外。事實上，在防止自殺這方面，最強而有力的研究證據是限制獲得自殺的方法。[5]簡單來說，任何為自殺行動施加環境、社會或心理障礙的介入措施，都將有助於拯救生命。關於這點，幾年前在英國突然出現了一個清晰的案例，來源出乎意料。五〇年代之前英國的家用煤氣來自煤炭，有毒。悲傷的是，許多人透過這種一氧化碳中毒的方式自殺身亡。然而，隨著無毒天然氣自五〇年代末期被引進英國，這類中毒引起的自殺數量在六、七〇年代就減少了。確實，根據估計，由於燃氣供應的改變，大約有六千至七千條生命得以被挽救。[6]

常駐於愛丁堡的精神科醫生諾曼・克萊特曼主導的一項重要研究，描述了引進天然氣對自殺率的影響。總的來說，這項研究強調，如果我們限制某種特定自殺方法的取得方式，這並不會導致所謂的「替代效應」(substitution effect)。[7]就一氧化碳中毒這種方式而言，即使這一類的死亡數量減少了，使用其他方式的自殺事件只會輕微增加而已。整體而言，人們在短期內不會傾向用被限制的自殺方法來替代另一種自殺方法。然而，重要的是要保持警惕，以防新的自殺方法開始出現。[8]

多年來，還有其他公共衛生改革已經直接或間接地促成了自殺人數的減少，包括在汽車排氣系統上安裝觸媒轉化器、對農藥進口和銷售實行更嚴格的規定，以及立法限制乙醯胺酚（paracetamol，又譯撲熱息痛）和其他止痛藥以每盒十六錠銷售。[9]在英國，針對乙醯胺酚的立法於一九九八年引進，幾年後，牛津大學的精神病學家霍頓證明了該法引進後，與乙醯胺酚有關的死亡案件減少了四三%。[10]

最近，墨爾本大學的珍．皮爾基斯（我的好友，與我共同編輯《國際自殺預防手冊》）和她的同事探討了在令人擔憂的地點（例如橋上）進行介入措施，是否能夠有效地預防自殺。珍和她的同事審視了三種介入措施：限制獲得方法（例如，在橋上安裝屏障或圍網），鼓勵尋求幫助（例如，安裝告示牌指引痛苦的人撥打危機求助專線），以及提高第三方介入拯救生命的可能性（例如，在那些地點安裝閉路電視攝影機）。[11]在他們的回顧研究中，他們找到了證據表明，這些介入措施中的每一項都讓該隱憂地點的自殺死亡減少。儘管這些研究結果前景看好，然而，我們仍然不知道這些介入措施結合起來實施時，是否比單獨實施更有效。我們目前也不清楚，各種介入措施在不同的易感群體中是否同樣有效。然而，這些都是針對意志階段的實際生命挽救介入措施，說明了這種大規模介入的潛在益處。

○計畫，或是「如果—那麼」計畫

接下來，如果你摯愛的人有自殺的念頭，在一長串的問題清單中，首先要問的問題是他們是否已經制定了自殺計畫。如果答案是肯定的，下一道是詢問他們的計畫有多具體，還有他們是否已經準備好實施計畫。如果這些問題的回答都是肯定的，而且對方表示不知道能否保證自己的安全，現在就是行動的時刻。如果你覺得自己無法確保這個人的安全，請與家庭醫生或心理健康專業人士聯繫，必要時請聯繫緊急救援服務。

回到自殺計畫的基本要點，很明顯這種意志因子與手段的可取得性有關。因為，如果他們制定了具體計畫，「而且」能夠獲得這些特定方法，他們跨越懸崖的可能性就提高了，因為環境的限制已經減少或消除了。的確，透過目標導向健康行為進行廣泛的心理學研究，我們知道，當有人制定了所謂的「施行」意圖（例如「我打算下週健康飲食，每天攝入五份水果和蔬菜」），與僅是制定「目標」意圖（例如「我打算要健康飲食」）的人相比，他們更有可能付諸執行。[12]而這同樣適用於自殺行為。執行意圖包含了「如果—那麼」（if-then）的計畫，因為它們明確指定了特定行為何時、何地會被實施。如此命名是因為它們可以利用特定行為的觸發因素及相應的反應（例如：「『如果』我感到壓力，『那麼』我就吃垃圾食物」）。

它們可以幫助我們辨識出不同行為的提示，因而轉化為支持，提供給希望參與或避免特定行為的人。

當我們從公共衛生的角度思考執行意圖時，通常是想要鼓勵保健行為，例如促進健康飲食或多做運動。然而，就自殺防治的情境而言，我們正在試著反其道而行。我們不希望人們在感到痛苦時（該項「如果」出現）採取自殺行為（導向該項「那麼」）。我們正在試圖打破「如果」和「那麼」之間的連結。通常我們會試著重新描繪「如果—那麼」的關聯，以減少自殺行為成為任何觸發因素反應的選項。為此，執行意圖在兩個方面有益於預防自殺。首先，很顯然它們有助於我們了解一個人是否制訂了自殺計畫（內容、時間、地點）——而且憑著這些資訊，希望能保護更多人的安全。在第十章中，我寫了更多制定安全計畫的技巧。

「如果—那麼」計畫的第二個好處在於它們是有用的技巧，鼓勵此人打破現有觸發因子與隨後自殺行為的連結。如果我們將自殺視為一種行為，我們就會知道那些曾經自殺過一次的人，在統計上更有可能再次自殺。在心理學的其他領域中，過去的行為被公認是未來行為最佳的預測指標。這在一定程度上是因為我們從事任何行為時，會形成一個連接觸發因子與該行為的記憶路徑。因此，下次當我們再次遇到相同的觸發因子，很可能會引起相同的反應。我們思考看看：假設有些人先前企圖自殺的觸發因子是精神痛苦而來的受困感。當他們再次感到受困，他們再次執行自殺行為以及死於自殺的風險就會增加。

克里斯・阿米蒂奇和我希望利用這些「如果—那麼」的連結來「減少」自殺行為。我們的研究建立在克里斯先前在其他健康行為的工作基礎之上。我們在幾項研究中將「如果—那麼」計畫嵌入一份定制的自助技巧清單（Volitional Help Sheet, VHS）之中。[13] VHS是一面A4紙張，上頭列出的是人們試圖從事自殺行為的十二種常見誘發因素或情境，範圍從「我想從糟透的心態中解脫」到「我感到被困住」或「我感到絕望」。這些因素會列成一排，接著，VHS清單上的另一個相鄰欄位列出了十二種潛在解決方案。這些解決方案來自臨床心理學，概述了在其他臨床環境中被證明有幫助的治療技巧。這些方案是「如果—那麼」計畫情境中的「那麼」回應部分。裡頭包含了各種方法，從分散注意力的技巧（「那麼我會做其他事情代替」），到尋求社會支持（「那麼我需要找人說話時，我會尋求願意傾聽的人」），以及服用藥物。自助技巧清單的功能是鼓勵人們反思他們自殺行為的觸發因子，並透過在情境和解決方案之間畫連結線，將這些觸發因素與不同的回應（例如，不要自傷）相互連結。參與者也被鼓勵根據自己的意願建立或多或少的「情境—解決方案」的連結。我們的構想是透過建立這些連結，下次他們感到被困住時（情況），他們的反應不再是自傷或企圖自殺，而是選擇另一種解決方案，例如尋找一個願意傾聽的人。

我們正在試著使用自助技巧清單來促進人們尋找新的潛在解決方案。然而，考慮到導致自殺行為諸多因素的複雜性，單單一種簡短的自助技巧清單介入措施，並不能預防自殺或自傷。但是做為常規照顧的補充，它可以是有用的工具，幫助人們在身處危機時遠離自殺行為。因此，強調以下這點也很重要：我絲毫沒有試圖將針對自殺行為或自傷的治療，壓縮成一張簡單的自助技巧清單。的確，我和克里斯為有自殺傾向的人量身訂做VHS時，討論階段我是有些懷疑的。然而，VHS的方法確實有助於一些人反思他們的自殺觸發因子，並考慮替代的應對方法。因此，對一些人而言，它在一些時候確實適用。不過就像所有的潛在解決方案一樣，它們只適合一些特定的人。在我看來，VHS只是多種工具之一，在降低某人在自殺傾向的懸崖邊，從念頭跨越到行為的可能性上發揮一點作用（參見第三部）。

關於VHS的證據，我們已經進行了兩項研究，針對企圖自殺入院治療的人進行調查，兩項研究都獲得了鼓舞人心的結果。其中一項在馬來西亞進行[14]，是項探索性的研究，過程中面臨了一些方法上的挑戰，但結果指出，完成VHS的人當中，自殺行為的風險降低了。另一項研究在蘇格蘭進行，使用完全的隨機分派臨床試驗（randomised clinical trial, RCT）。參與者是因企圖自殺入院的患者。[15]六個月後我們追蹤這些參與者，發現VHS似乎對後來自傷入院的總人數沒有任何影響。

然而，當我們進行額外的分析，一個有趣的模式出現了。我們發現，那些實際完成自助技巧清單的患者，以及在參與我們研究之前曾因自傷住院的患者中，VHS似乎有效。雖然這組病患並未完全停止自傷行為，但在研究期間的六個月內，他們自傷的次數比只接受常規治療的病患少。這些都是鼓舞人心的研究結果。然而，對於有自傷史的人來說，VHS的有用程度需要進一步研究才能確認。

○接觸到自殺或自殺行為

做為一名兩次喪失親友的人，我花了大量的時間思考第三個意志因素，以及它對我自己自殺風險的影響，包括我的孩子受到的影響。不只是我從事的工作讓我的孩子間接接觸到自殺，還有密友克萊兒去世對他們的影響。當我們談到因自殺喪失親友的痛苦，我的恐懼和擔憂是相當普遍的。確實，我迄今為止還沒有遇過任何因自殺而喪失親友的人不害怕會有潛在的連鎖效應，傳遞給他們的後代或親近的人。

我第一次遇到安琪拉・薩馬塔的時候，她問了我很多問題，其中一個是：「我的孩子有自殺風險嗎？」她是紀錄片《自殺之後的生活》的主持人，該片獲得英國電影學院獎提名，並獲得最佳實況電視紀錄片心靈媒體獎。[16]十多年前，安琪拉的伴侶自殺離世。做為兩個孩子的母親，她最害怕的事情就是她的孩子可能在一定程度上受到父親的影響，也走上同樣的路。我試著安慰她，強調自殺不是單一因素所致，而且雖然風險存在，重要的是要將這個風險放在適當的背景脈絡之下。《自殺之後的生活》是一個非常震撼人心的紀錄片節目。在節目中，安琪拉走遍英國，與因自殺而失去親友的人們見面，探索自殺帶來的破壞性衝擊、人們所遭受的污名，以及為了理解這種複雜現象所付出的努力。

我在這部紀錄片中擔任的是BBC的顧問，也是安琪拉在銀幕之旅中遇到的人之一。

我談到了我們所做的研究是為了瞭解人們為什麼會死於自殺。儘管我的主要貢獻是學術研究的專業，但在拍攝過程中，導演李奧．伯利問我是否願意在鏡頭前分享我個人因自殺而喪失親友的經歷。起初我有些不情願，因為我從未在公共場合分享過這些個人經驗。但考慮一陣子之後我同意了，而且很高興自己這麼做了。我在鏡頭前揭露個人經驗的那段影片，收到的回饋令人感動，而且似乎也幫助到其他人。[17]從那天起，我決心公布個人喪慟的經驗，以及這份經驗在個人層面和專業層面上對我的衝擊。事實上，如果我沒有在紀錄片裡談到自己親友自殺的經歷，我想我不會寫這本書。這個節目影響廣大，《自殺之後的生活》於二〇一五年首播，迄今全球已有超過五百萬人觀看。另一個很好的例子是《挺身而出》，是一個由慈善機構「十一鬍子月」（Movember）資助的系列紀錄片和活動，於二〇一六年在澳洲播出。已經有二百六十萬的澳洲人觀看過這部紀錄片，而皮爾基斯和她的幾位墨爾本同事，在一項與片子播出同時發表的研究中表明，該片增加了男性在困苦掙扎時尋求幫助的可能性。[18]

當安琪拉問我，因自殺失去至親會對她的孩子和其他人（包括她自己）帶來怎樣的風險，我首先強調，接觸自殺與自殺之間的關係很複雜。毫無疑問，有證據表明，若你身邊親近的人自殺去世，你自殺身亡的風險也會增加。[19]在倫敦大學學院的亞歷珊德拉．彼特曼及其同事於二〇一四年發表的綜述文章中，他們經由研究證據而得出的結論是因自殺而喪失伴侶的人，和有成年子女自殺的母親，這兩種人的自殺風險都會增加。[20]他們的研究也指出，雙親中任一位自殺，子女患憂鬱症的風險會增加。也有充分的證據顯示，父母的自殺與子女的自殺相關。母親自殺為孩子帶來的風險大於父親自殺帶來的風險。還有，如果自殺發生時子女尚年幼，風險也很大。[21]另外，在二〇二〇年發表的另一篇較近期的回顧研究中，進一步強調了父母自殺與成年子女自殺行為之間的關連。[22]

然而值得注意，接觸自殺這件事本身並不會導致自殺，它的影響較為間接。而且，正如我多次提過的，自殺絕不是單一因素所造成。就IMV模型而言，接觸的作用是一個社會意志因素，增加了人將自殺念頭付諸行動的可能性。除了可理解的喪失親友之痛外，接觸這件事本身並不會直接使人產生自殺傾向。顯然，如果父親或母親自殺了，這對孩子來說是一次創傷經驗，尤其是發生在幼年時期。失去伴侶也是同樣的道理。除了創傷和喪失親友之痛，有一些特定的機制可以解釋接觸自殺如何增加風險。它可能是透過社會性仿效（social modelling）的過程而提高風險。當我們接觸到身邊一個親密之人或是一個我們認同的人（例如年齡相仿或背景相似的人）的自殺行為時，我們模仿或效仿的可能性就增加了。這種所謂的社會性仿效，對自殺行為和其他任何行為都同樣成立。對我們每個人來說，我們的行為都受到他人行為的影響。

心理學家和其他研究人員同樣也討論到，認知可及性（cognitive accessibility）或認知可用性（cognitive availability）是連結接觸與自殺風險的另一種潛在機制。[23]如果一位親密友人或家人嘗試自殺或自殺身亡，我們會自然而然地花時間思考和談論自殺。這給予自殺一種認知上的顯著性，這也許是之前沒有的。這種顯著性可能會反過來使自殺更容易被認知。當未來的日子變得難過，這會讓自殺更有可能進入我們的意識。正是這種認知上的可及性，可能在一定程度上使自殺成為可能的解決方式，結束痛苦的手段。

繼續往下之前，我想說些讓人心安的話：遭受喪失親友之痛或接觸過自殺的絕大多數人，永遠不會有自殺傾向，也肯定不會結束自己的生命。這讓我想起了一個家庭，他們的兒子在二十五歲左右時自殺身亡，而我在他去世幾個月後遇到他們。在兒子去世後的幾個星期，他的母親去找了一位心理輔導員。雖然她對於當時的回憶有些模糊，但她在一次輔導之後嚇得驚慌失措，痛苦煎熬。因為輔導員告訴她，他們另一個孩子自殺的風險因此事而加倍了。我在與那位母親稍作探討之後，設法拼湊出來的線索，是那位心理輔導員誤解了相對風險和絕對風險之間的差別。這些都是統計學術語，我會試著解釋。當然，聽到你或你所愛的人罹患任何疾病（如癌症）或面臨不利結果（如自殺）的風險翻倍令人害怕，但這實際上意味著什麼呢？為了理解風險「倍增」的意義，我們來思考下面這個例子，看看絕對風險和相對風險的含義。沒有經歷過因自殺喪失親友之痛的人，自殺的絕對風險可能是十萬分之十；而經歷過的人，可能是十萬分之二十。如果我們用自殺的相對風險來表達這一點，這聽起來確實令人非常害怕。因為經歷過之人自殺的風險，似乎是沒有經歷過之人的兩倍。然而，如果我們回到絕對風險的數字，自殺的絕對風險仍然相對較低。在這個假設情境下，就自殺率而言，每十萬人中的絕對風險率為二十。這意味著在樣本母數中，每十萬人之中有二十人會因自殺而死亡。因此，儘管每一起自殺都是悲劇，而且從統計角度來看風險真實存在，但仍然很小，而且減輕後續風險真的可做為一項平衡措施。同時，要記住自殺是由多種因素的複雜相互作用所導致的，不是單一因素，而且風險會因年齡、背景、與逝者的關係而有所不同。[24]

• 社群媒體

自殺和自傷可以以許多不同的形式為人們所接觸，近年來，大量媒體報導指責社群媒體的使用導致了種種社會問題，包括自殺和自傷。就像生活中的所有事物一樣，社群媒體（例如Instagram、Facebook、Twitter〔後更名X〕、TikTok）與幸福感之間的關係，比它們經常在報導被呈現的模樣要複雜得多。毫無疑問，過度使用社交媒體並沒有幫助，而且對那些本來已經易感的人而言，可能很危險。我堅決主張社群媒體平台應該盡可能地提高安全性，以保護我們每一個人。然而令人遺憾，當年輕人的悲劇性自殺被報導出來的時候，媒體的報導經常會誤導觀眾，將自殺的眾多原因簡化為單一因素，往往歸咎於社群媒體。確實，這正是Netflix的紀錄式劇情片《智能社會：進退兩難》中呈現美國兒童和青少年自殺風險增加的方式。[25]我很感激該節目製作的目的，警示人們過度使用社群網路的危險，這件事本身值得讚賞。而且我發現這個節目的一些部分很吸引人，可以增廣見聞。然而，對於像青少年自殺這樣一個重要而且影響眾多人的議題，我對這部片失望，因為它的呈現方式過於簡化，缺乏證據支持。製片人提供了美國疾病管制與預防中心一些嚇人的統計數據。這些數據指出，自二〇〇九年以來，十五至十九歲女孩的自傷率增加了六二%，十至十四歲女孩的自傷率增加了一八九%。令人更加擔憂的是，他們強調，與二〇〇一年至二〇一〇年平均比率相比，十五至十九歲女孩的自殺率增加了七〇%，而十至十四歲女孩的自殺率增加了一五一%。[26]這些統計數字令人驚恐，而且正如我之前說過的，英國年輕女性的自殺行為也有增加的趨勢。

當然，網路霸凌或網路羞辱可能是導致這些悲劇性死亡事件的部分原因，但沒有證據表明這種顯著的增長可以完全歸咎於社交媒體。[27]此外，正如一些在節目中發表意見的人強調的，我擔心的是我們的自我價值和認同，在多大程度上與社群媒體「灌輸給我們」的社會認可綁定。更不用說在夜晚大量使用社群媒體可能會對睡眠產生不良影響，因為睡眠對我們的心理健康非常重要。的確，我之前談到了尋求社會認可的惡性循環，以及它與社會期許型完美主義的關係。我和許多人每天都在這種惡性循環中苦苦掙扎，無論我們使用的是什麼社群媒體都一樣。

然而，在《智能社會：進退兩難》片中告訴我們，「自殺／自傷的模式顯示，原因可能是社群媒體」，但恐怕我難以苟同。儘管有上述的警告，但是卻沒有證據能支持這種過於簡化的主張。這部片絲毫沒有試圖提供更廣泛的社會脈絡，來解釋比率上升的可能原因。雖然我明白在紀錄劇情片中呈現細微差異可能有困難，而且節目時長有限，但製片方在涉及如此重要的公眾健康議題時，有責任確保事實的準確性。簡而答之，我們無法確定為什麼年輕女孩的自殺率正在增加，但毫無疑問，社交媒體將會是其中一個特徵，但它更有可能是間接風險因素，而非直接風險因素。然而，我們確實知道，自殺率增加的年份與經濟大衰退之後的景氣蕭條相符。[28]我們確實知道在這個年齡層之中，心理問題更加普遍增長。我們也確實知道，年輕女孩在企圖自殺時使用的方式更加致死，因此她們更有可能身亡。[29]我們還知道，兒童和青少年心理健康服務面臨巨大壓力，等待治療的名單很長，而且一些國家的資金自二〇〇八年經濟衰退以來還年年被削減。當年輕女性自殺率增加的解釋最終水落石出，上文所有提及的因素都將會被納入考量。同時，我們必須保持警覺，並把我們的努力專注在更了解相關風險的性質上：哪些人可能處於特定的風險之中，以及我們可以做些什麼來減輕。我們也不能忽略其潛在好處，以免自食風險，因為社群媒體不會在近期之內消失，我們應該善加利用。

- **社群媒體使用與自殺或自傷之間相關連的證據**

在過去十年間有許多已發表的系統性回顧，總結了一些最新研究，關於社群媒體使用與各種自殺風險指標（包括自殺意念、自傷、企圖自殺的風險指標）之間關係的性質和程度。

[30]然而，很少有研究直接探討社群媒體使用和自殺本身的直接關係。大多數回顧研究是從企圖自殺或自傷推斷出自殺本身的結論。

在思考社群媒體使用與此議題的關係時，重要的是要研究潛在危害的同時，也要研究潛在益處。其中一篇回顧研究於二〇二〇年發表，由匹茲堡大學的坎蒂絲．比爾內瑟和同事撰寫，他們集中探討了二十四個品質最高的研究，裡頭調查了年輕人的社群媒體使用與自殺風險。[31]不出所料，那些被定義為重度或有問題的社群媒體使用者，更容易表示自己有自殺意念或行為。他們還發現有證據顯示，在來自不同國家的年輕人中，網絡霸凌和抵制與自殺念頭、自傷、企圖自殺有關。這項後續發現是出自一項由斯旺西大學的安．約翰領導的回顧研究，發現與未曾遭受過網路霸凌的人相比，網路受害者有兩倍以上自傷或嘗試自殺的可能性。[32]

還有一些證據顯示，在網路上尋找自殺或自傷相關資訊也與自殺風險有關。有自殺傾向的年輕人也與其他有此傾向的人在社群媒體上有較緊密的聯繫。從許多方面來看，這些研究結果可以預料，但我們需要小心不要得出因果關係的結論，因為它們只是互有關聯而已。儘管如此，在其中一項研究中，曾經自傷的青少年確實表示，看到他人自傷的影像影響了他們自己的自傷行為。因此，我們樂見社群媒體平台如Instagram，引入了新的安全防護規定，包括移除潛在的觸發內容。然而，一如繼往，安全防護與有意識的審查之間存在著一條細微的界線，有些年輕人覺得移除自傷影像只是加重他們所感受到的污名。但是我相信，整體來說，由於接觸可以做為一種意志的調節變數，我們需要限制人們在網路空間中接觸到這樣的影像。比爾內瑟的文獻綜述也聚焦於社群媒體對年輕人的益處。在這五項研究中，社群媒體提供了社會支持和連結感，具有保護作用。例如，雖然有些年輕人表示在社群媒體上有負面的交流，但仍有許多互動有支持性，為年輕人提供同理心，幫助他們管理自己的情緒痛苦。一些例子是社群媒體也提供了社會支持，還有些實例是社群媒體指引年輕人尋找預防自傷或自殺的資源。總而言之，社群媒體很顯然存在風險，尤其對於已十分脆弱的年輕人。然而，要了解社群媒體在自殺風險中的角色，需要審慎。此外，我們也看到社群媒體有其益處，可以利用來幫助而非阻礙年輕人。

・媒體呈現

在九〇年代末期，我記得我對一項有趣的研究結果感到驚訝，該研究顯示人們自傷的可能性或許會受電視內容的影響。在這個案例中，研究人員感興趣的是英國醫療劇《急診室》中描繪的蓄意服藥過量的情節。[33]他們想要觀察該劇集播出之後，英國的服藥過量案例是否增加。研究結果明確，在首播後的一個星期之內，蓄意中毒送醫的案例數增加了一七％。此外，在訪談服藥過量者的子樣本時，有二〇％的人表示觀看該劇集影響了他們自傷的決定。

現在，我們將時間快轉到二〇一七年，Netflix推出了極為成功的電視劇《漢娜的遺言》。[34]該劇圍繞著少女漢娜．貝克的自殺事件展開，揭示了她選擇結束自己生命的「十三個原因」。這部劇集初次在串流媒體上播放之後，我和許多自殺防治工作者都擔心可能會引起自殺模仿，尤其是年輕人。群情激憤，迫使Netflix在節目播出時新增了一條額外警語。我們擔心這個節目違反了關於自殺的國際媒體報導規範。這些規範並不是要試圖審查節目製作人，而是要鼓勵媒體以負責任和合乎道德的方式報導自殺。[35]它們提供了實用的建議，例如不要提供自殺方式或死亡地點的非必要細節，避免聳人聽聞的標題，不要為自殺提供過於簡化的解釋，並且要推廣康復的訊息。

具體而言，在最後一集中，對漢娜自殺的報導過程著墨太多，沒有必要，這違背了不要提供死亡方式詳細描述的規範。正如我當時在部落格中所寫到的，將漢娜的自殺描繪成不可避免的、自殺是唯一的選擇，這種說法沒有幫助。[36]另外，這齣劇還隱含著一個訊息，那就是尋求幫助之後你依然求助無門，而且我覺得自殺的後果也被美化了。在《漢娜的遺言》初次播出後三個月進行的一項研究，再次強化了我們的恐懼。[37]儘管該研究的幾位作者在解讀研究結果時呼籲要謹慎看待，但他們發現，在串流媒體開始播放該劇之後的一段時間內，十至十九歲的男性和女性自殺數量分別增加了一二%和二二%。一項後來的研究同樣也指出，在美國的十至十七歲人口中，自殺率整體上也增加。[38]不過，後面這項研究中使用的分析方法一直存在爭議。[39]但是，Netflix委託西北大學進行了一項針對美國、英國、巴西、澳洲、紐西蘭青少年及其家長的調查，調查的重點在一些潛在的益處之上。[40]根據這份報告，這齣劇已經促使了許多對父母和他們的孩子討論如自殺、心理健康、霸凌等困難的話題。無論爭論如何，幸好Netflix現在已經刪除了描述漢娜之死的令人不悅的場景。節目製作人需要牢記他們的責任。

媒體曝光和自殺行為之間的關係不僅限於電視，還會延伸至相關新聞報導，尤其是名人的自殺事件。[41]媒體對自殺或自傷的描述，引發他人自殺行為的影響，通常被稱為「維特效應」（Werther effect）。[42]這個名詞源自於歌德的小說《少年維特的煩惱》，主角因為被他所愛的女人拒絕而自殺。當這部小說於一七七四年出版時，歐洲各地紛紛傳來年輕男子以相同方式自殺的通報，彷彿是受了這本書的影響，對年輕的維特產生了認同。這樣的自殺有時被稱為模仿自殺或複製自殺，或被描述為自殺傳染的案例。

自從「維特效應」這個術語在七〇年代首次被創造以來，眾多研究和文獻綜述已經得出結論，有明確的證據顯示媒體對自殺的描繪，與致死和非致死的自殺行為增加有關。這種效應並不如許多其他的風險因素強烈，而且往往很短暫。為了瞭解媒體報導自殺對社會影響的規模，奧地利維也納醫科大學的湯瑪斯・尼得爾寇特泰爾與墨爾本大學的麥特・施皮塔爾以及其他研究者，仔細檢視了自第二次世界大戰以來的所有相關研究。[43]這是迄今為止最全面的研究回顧，而且著重在名人自殺方面。他們發現自殺風險在近期之內（通常是媒體報導後一個月）增加了一三％。這些研究結果令人不安，並清楚地說明為什麼媒體在報導自殺事件方面需要全面堅守規範。

最近，人們關注的焦點已轉向利用媒體報導來做好事。在此，尼得爾寇特泰爾也已經走在前頭，探索了媒體在防治自殺方面發揮的積極作用。為此，他以莫札特歌劇《魔笛》中的角色帕帕基諾為基礎，創造了「帕帕基諾效應」（Papageno effect）這個詞。劇中，在別人向帕帕基諾展示了不同的應對方式之後，他克服了自殺危機。[44]因此，帕帕基諾效應被定義為任何對自殺具有保護作用的媒體報導所帶來的影響。例如對記者來說，報導成功克服自殺危機之人的正面成果可能有益處。這樣的報導給予了那些處在自殺危機中的人一個充滿希望的訊息，即情況可以好轉，他們應該堅持下去。就IMV模型而言，這類訊息可以減少人們接觸自殺的有害影響，幫助人們不再感到被困住，也能阻斷從自殺想法演變至自殺行為的途徑。他們提供了一個模範：康復是可能的。然而，在前進的過程中，我們面臨的其中一個挑戰是如何將我們對媒體影響力的知識，以最佳的方式將網路和社群媒體轉化爲更安全的地方。我們需要少一點維特，多一點帕帕基諾！

•自殺群集

與接觸相關的最後一個憂慮，是所謂的自殺群集。這是一組發生在時間或空間上相對接近的一系列自殺事件。然而，對於多少起自殺能構成一個群集這點，目前尚無共識。但其定義通常被解釋為在統計上或社群中超出預期的數量。群集通常被描述為「點」（point）群集或「大規模」（mass）群集。點群集是在時間和空間上都非常接近的一組死亡事件，通常是在一個社區或機構中，於短時間內發生。而大規模群集則是一組自殺案件，在相對短暫的時間內發生在整個人口群體之中。名人自殺之後的死亡數增加，被視為大規模群集的案例。在一所學校的同一個學期之內，發生的多起自殺事件可能形成一個點群集。我們可以說，在網路和社群媒體的時代，這些事件更加難以界定了。

我和喬．羅賓森、皮爾基斯撰寫了一個關於自殺群集的章節，收錄在《國際自殺預防手冊》之中，回顧了與群集相關的關鍵問題。[45]例如，自殺群集比人們以為的要罕見得多，根據不同的群體或環境估計，其比例介於百分之一至十之間。這些情況在年輕人、學校或精神病房中較常見。就為什麼會發生群集現象而言，至少有兩種解釋。第一個是自殺傳播與模仿，即接觸到他人自殺行為的人，模仿了該行為。如果他們以某種方式認同已逝世的人，這種情況更有可能發生。第二種被稱為同類相關性或易感性，描述的是高風險的個體在特定環境中互相聯繫（例如醫院），而導致的多起自殺事件。佛羅里達州立大學的湯瑪斯・喬伊納發現這種同類效應也適用於大學生，選擇一起住的學生（室友）在自殺指數上，比被分配住在同一寢室的學生更為相似。[46]雖然這類情況相對罕見，但我們需要採取更多措施來確保人、社區、機構都保持警覺，並主動採取行動，以最大限度降低群集發生的風險。

○衝動性

衝動性（impulsivity）是與自殺念頭轉為自殺行為相關的第四個意志因素。儘管它是我們日常交流的一部分，但它有許多不同的定義，不同的評估模式使我們對衝動性－自殺風險關係的理解變得複雜。為了現下的目的，我使用「衝動性」一詞描述一種個性特質，其特徵是傾向魯莽行事、未深思熟慮行為的後果。為何衝動性是意志的調節變數呢？邏輯相對簡單明瞭。如果有人正在考慮結束自己的生命，而且他們本來就是衝動行事之人，不言而喻，他們比其他人更有可能付諸行動。然而，就像許多導致自殺的風險因素一樣，其關聯的強度和性質存在爭議。在一些案例中，衝動性被認為與自殺行為完全無關，因為那些案例的自殺計畫十分周詳。[47]

為了解開衝動性－自殺風險之間的關係，將一個人的衝動性與自殺行為的衝動性區分開來會有幫助。如果某人行事衝動，可能導致自殺行為，但如果某人天性謹慎，行為本身卻是衝動的，自殺也可能發生。衝動性與自殺風險之間關係的強度，也有可能隨著生命進程有所變化。具體而言，由於衝動程度被認為會在二十五歲左右達到巔峰，而隨著年齡增長，衝動性對自殺風險的相對影響可能會減弱。在考量衝動性時，我們還需要考慮到其他去抑制因素的影響，例如酒精、藥物、缺乏睡眠。不論你的衝動性特質為何，這些因素中的任何一個都可能導致衝動的自殺行為。

在多個研究中，我們比較了僅動念過自殺者的衝動性，和曾經嘗試者的衝動性。[48]與IMV模型一致，我們一再發現同樣的結果：嘗試過的人顯示出的衝動性程度，高於僅只是動念過的人。然而，衝動性與自殺行為之間的關聯強度因研究而異，有些研究發現兩者之間關聯微小。讓情況更複雜的是，更近期的研究（包括一些我們自己的研究）發現衝動性的一種特定面向——負向急迫感（negative urgency），在從自殺想法轉為實際嘗試的過程中，扮演著更核心的角色。[49]負向急迫感是一種基於情感的衝動性類型，包括在負面或苦惱焦慮的狀態下魯莽行事。在自殺風險的背景脈絡之下，這也合理，因為負向急迫感也與自我調節的減損相關，具體表現在我們抑制衝動的能力上。如果你在負向急迫感這方面得分很高，並且也感覺被困住了，或許會更難抑制執行自殺念頭的衝動。因此，自殺行為就變得更有可能。我們也發現與酒精相關的負向迫切感和從想法轉變為實際行動有關，這或許不足為奇。[50]

○身體疼痛敏感度

身體疼痛敏感度和對死亡的無所畏懼常常被歸在同一個副標題下。因為，正如在前一章所指出，它們構成了喬伊納的自殺能力概念。[51]確實，從自殺想法到實際執行的轉變，在能力的重要性這點上幾乎沒有異議。然而，在IMV模型的觀點下，我相信能力只是管理執行行為的多個意志因素之一。然而在喬伊納的人際理論中，能力被視為能決定一個人是否採取自殺行動的關鍵因素。大衛．克朗斯基是英屬哥倫比亞大學的心理學家，他對能力也有寬廣的觀點。在他的三步理論之中，他主張導致自殺能力的變數有三個種類[52]：

- 性情（例如，疼痛敏感性等遺傳因素）
- 後天習得（例如，對疼痛的習慣化）
- 實際可用（例如，擁有自殺的手段）

三步理論和IMV模型、喬伊納的人際理論經常被一併稱為「意念到行動」模型，因為它們關注的是從自殺意念到執行的轉變。[53]然而，不管理論觀點，廣泛的研究顯示身體疼痛敏感性和對死亡的無所畏懼與自殺行為相關。而且要區分自殺意念和企圖自殺，因為與僅有念頭的人相比，實際嘗試的人能夠忍受更高程度的身體疼痛，對死亡的恐懼也更少。[54]

我知道我已經提到好幾次身體疼痛敏感度，但還未描述要如何測量。要知道，評估我們對身體疼痛的敏感度或是耐受度是一件棘手的事，這點你可能不會驚訝。一些研究人員（包括我）使用的是自我報告問卷，受訪者要回答問題，對事物的疼痛程度進行評分。但就我個人而言，我發現這種問卷非常難回答。[55]儘管我自己也曾遭逢意外導致身體疼痛：我上大學的第一年，一天晚上外出時撞碎了膝蓋骨，幸運的是我沒有昏厥，加上幾個朋友的幫助，我成功抵達當地醫院急診室（別問了，總之我在跳水泥護柱比賽中因自大而失誤，導致得在一九九一年聖誕節前夕延長住院，還必須重新學走路！）所以，我認為我的痛苦耐受力相當不錯。儘管如此，我仍然覺得很難在自我報告的測量中評估出來。因此，我對於以人們的自答，做為測量他們身體疼痛耐受度的準確性這件事，並不特別有信心。

因此，近期我們已經不再請人們自答，而是使用更多實驗方法評估身體疼痛的臨界點和耐受度。我們通常使用痛覺測驗計，也就是連接電腦的一種壓力計，能夠在不同的實驗條件下記錄施加在手掌上的壓力或作用力。[56]它使我們能夠更直接地測量疼痛敏感度和耐受力。在這樣的研究中，我們記錄的壓力以帕斯卡（Pascal）為單位，而不是純粹的疼痛感。但由於這種體驗可能會暫時令人不適，因此被認為與疼痛的體驗類似。參加者的安全和福祉始終是我們的首要考量，因此當然所有參加者都事先對研究的性質知情同意，而且痛覺測驗計沒有任何殘存效應。參與者也可以隨時退出某項研究，無需提供任何理由。

在這樣的實驗研究中，一般的做法是透過痛覺測驗計對受試者的手掌施加壓力（或者是受試者對自己的手掌施加壓力）。當受試者告訴我們壓力／作用力開始讓他們不舒服，我們就記錄下來。這讓我們測量出他們的疼痛臨界點。接著，我們會施加的壓力愈來愈大，要求參與者在他們受不了的時候告訴我們，我們就會將這個程度視為他們疼痛耐受力的指標。這樣的研究讓我們能夠探究有不同自殺史的人，疼痛耐受力是否有所不同、它是否會隨著時間改變，以及在情緒低落、感覺受困或壓力極大的人身上是否會更高。為何有自殺傾向的人可以忍受更高程度的身體疼痛，邏輯如下：

- 有自殺傾向的人因為被情緒上的痛苦（例如，感覺被困住）淹沒，他們感受身體疼痛的能力會降低。
- 這使他們能夠容忍比平常程度更高的身體疼痛，而不會痛到反感想逃。
- 如果他們能夠忍受較高程度的身體疼痛，那麼，他們或許能承受更痛苦、更致死的自殺行為的痛苦。

這種類型的研究非常有意思，但仍然處於初期階段。不過這非常重要，因為它能幫助我們理解可能支撐自殺行為的決定性過程，而打開這些門戶將使我們能夠拯救生命。柯特利、歐卡羅和我一同回顧了所有關於疼痛敏感度和自傷的研究，儘管二者之間確實存在關聯，但其本質仍然有很多未解之謎。[57]例如，相較於企圖自殺的人，只是用刀割自己而無自殺意圖的人，二者在身體疼痛忍受度上是否相同？或者，耐受力與執行身體痛苦度低自殺行為的人，有何關聯？或是，重複的自傷如何影響身體疼痛耐受度？或者說，疼痛敏感度上的性別差異，是不是造成男性和女性自殺率差異的部分原因？奧莉薇亞也將這些問題延伸到了解慢性疼痛患者的自殺意念和行為上。[58]

儘管這方面我們還有許多要學，但對於調查哪些人在經歷自殺念頭時更有可能越過懸崖、實際嘗試，這種類型的研究是新方法的好例子。然而遺憾的是，我們的研究還遠遠不及能說特定程度的身體疼痛耐受力，與特定程度的自殺風險有關。

○ 對死亡的無所畏懼

常常有人說，一個人要結束生命，就必須克服生存本能。除了生物準備性（biological preparedness）之外，我不知道這種本能是否以一種有自覺的方式存在。但生之本能（eros）是佛洛伊德在他於一九二〇年代發表的論文《超越快樂原則》中所主張的本能之一，另一個本能則是死亡驅力（thanatos）。[59]佛洛伊德相信，人類生活的特點就是這兩股力量之間的鬥爭。根據精神分析學家的觀點，自殺是當死亡驅力占了上風，且與之相關的攻擊力被向內發洩時所導致的結果。確實，根據這種觀點，美國精神病學家卡爾．門寧格將自殺形容為轉向一百八十度的謀殺。[60]然而，不論心理動力學的基礎如何，自殺表面上是一種對自己的攻擊行為，指向自我。而根據定義，這種行為至少需要克服某種程度上的與生俱來的死亡恐懼。

如上所述，對死亡的無所畏懼——第六個意志因素，是自殺能力的第二個組成部分。有幾項進行多年的研究提供了清晰的證據，證據顯示比起未曾嘗試自殺的人，曾經嘗試過的人表示自己對於自殺和死亡本身的恐懼較少。[61]這種對死亡的無所畏懼是一種認知因素，比身體疼痛敏感性更容易透過自我報告來評估。確實，幾年前，潔西卡．黎貝洛和她的同事開發了ACSS-FAD量表（ACSS-Fearlessness about Death scale）。[62]這是一個由七個項目組成的量表，要求受訪者對以下項目以五分制進行評分，例如「我將要去死的事實並不影響我」和「我一點也不害怕死亡」等句子的描述與他們符不符合。在這些項目上得分較高，而且也有自殺傾向的人，相較於得分較低的人，更有可能將自殺想法付諸實行，因此承受著更高的自殺風險。如果你有摯愛之人正在談論自己感覺陷入困境，還有他們多不怕死，要迅速回應，好確保他們感到安全，而且不會執行任何自殺念頭。

我們的研究也表明了嘗試過自殺的人比只是思考過的人更不害怕死亡。例如，在一項由我的同事韋瑟羅和克利爾領導的蘇格蘭幸福研究中，我們對居住在蘇格蘭的三千五百名年輕成年人進行了調查，請他們回答自身心理健康的一系列問題。在我們根據這項研究發表的首批學術論文裡，我們比較了具有不同自殺史的受訪者在一系列心理因素上的差異，包括對死亡的無畏感。[63]我們進行分析時按照ＩＭＶ模型和喬伊納的人際理論，比起僅只是思考過的人，曾經嘗試自殺的人對死亡的恐懼明顯較低。不過更引人注目的是，這種對死亡無所畏懼的差異，似乎無法透過不同程度的憂鬱症或困境感來解釋。這一點值得注意，因為這暗示曾經企圖自殺的人，並不只是比那些僅動念過的人更憂鬱這麼單純。這也提醒著我們，從自殺念頭到自殺行為的轉變，主要受到意志因素的支配。

我要介紹史坦，他是一個我在臨床研究中認識的人，他在三十五歲左右經歷了一段讓他的世界「崩潰」的「糟透了」的時光，之後他曾經企圖自殺。他談到了他對於死亡的恐懼（或說對於死亡的無所畏懼）如何隨著時間改變：

> 事情一件接著一件接踵而至，似乎永無止境。首先，我失去了造船廠的工作，然後我弟弟去世了。兩件事都發生在去年二月，我仍然不敢相信他已經離開了。我們是最好的伙伴。我當時真的非常生氣，對所有人、任何人都感到憤怒。隨便什麼人我都可以找他們麻煩，我喝酒、睡覺、打架。然後有天晚上，我超級失控，我受夠了，我就是討厭自

己。我只是想要結束一切，但我就是做不到。我嚇爛了。不久前太太離開我時，我也曾經想過解決自己，但那段時間過去了。當時我並沒有想太多，也沒有想過要做什麼。但是自從麥奇走了之後，我就再也不在乎了。所以，我早上醒來的時候，就會一直想著這事，愈想就愈覺得「有什麼好怕的？」、「我橫豎會死」、「只要我執行得對，哪會有什麼問題？」而且我向自己保證，下一次烏事再來，時候就到了。我遵守了我的承諾，我不敢相信我還在這裡。

史坦非常憤怒，但我與他相遇的記憶是，儘管他很憤怒，但他卻沒有表現出攻擊性。他只是很實事求是。真希望我當時直接問了他，他對死亡的恐懼為什麼改變，或者如何改變的？因為很顯然確實改變了。在他談到自己「嚇爛了」的時候，我認為這是指他害怕死亡。然後，過一陣子，在他全神貫注思考自殺一段時間之後，他似乎有了某種「突破」，彷彿有些事情改變了，或轉變了，使他不再害怕死亡。這可能是因為他精疲力盡，或是他憤恨難平的結果。彷彿他在腦海中已經設想好了他將要做什麼（在死法這方面），以及結果將會是什麼（死成了）。至於轉變的時間順序也還未釐清，他是迅速克服了害怕，還是花了一段時間才克服？是什麼引發他轉變想法？我永遠不會知道。我有時會好奇他是否還活著。

史坦的故事揭示了自殺防範中的另一個挑戰。我們需要更加了解是什麼讓人對死亡不再那麼恐懼。是不是我們愈接觸到瀕死和死亡，我們就愈不怕？這種無懼與冒險是否有關係？或者是自尊心跌到谷底、精神精疲力盡的副產品？活著的恐懼比死亡的恐懼更痛苦，這可能嗎？有太多未解答的問題。我們還需要釐清其他意志因素在多大程度上相互作用，影響對死亡的無所畏懼。再次強調，隨著我們對自殺風險的理解不斷增長，便會發覺愈來愈多新的問題。

心像

我曾經花了幾天的時間思考死亡的問題。但不僅僅是那樣——我可以想像自己已經死了。我回到了媽媽和爸爸身邊，感覺清晰，處在色彩的世界，就像我真的身處其中。

這些是阿莫寫下的文字，他在五十五歲左右企圖自殺。這些文字強而有力地展現了他心像（mental imagery）的一個層面：想像自己死後的狀態。儘管心像可以涉及我們五感的任何一種，但這個類型的是視覺心像的一個例子。有關瀕死或死亡的心像是倒數第二個意志因素。一些企圖自殺包括一些日後確實死於自殺的人都曾經表示，他們在執行自殺行動時，體驗著實際死於自己之手的畫面，彷彿他們是一時衝動。在自殺風險方面，人們擔心心像（一種認知性的意志因素）會形成自殺行為排演過程的一部分。和任何其他類型的彩排一樣，我們在腦海中重新演繹任何行為，都會增加我們實行的可能性。

我們用運動員對心像的使用做為例證，有大量的研究證據顯示，心像能夠提升他們的表現。[64]雖然我肯定不是運動員，但我經常打網球，而且我一直在思考改善球技的新方法。所以我常常求助於自助書籍，而且毫無例外地，它們都著重於心像，那是完善球技的關鍵技巧。他們會指示你想像球越過網子，或你完美反手擊球的畫面，將球打進對手場地的深處。儘管我不確定這些技巧對我有多大的用處，但它們已被證明有效，而且同樣的原則適用於其他行為，包括自殺。這些心理意象和阿莫的相似，也可能透過減少我們對死亡的恐懼，增加自殺風險。想一下有人第一次思考或想像自己將死，這可能會引起生理反應，有點像是戰或逃反應——他們的心率可能會增加，或者可能出汗。這個反應可能包含焦慮或恐懼的感覺，因此他們可能會延後執行行動。然而，等到下一次他們腦中出現這樣的意象時，或許他們會變得沒那麼害怕。而在接下來的時間裡，他們可能會習慣接觸這樣的意象，對死亡變得沒那麼害怕。而如果他們的害怕減少，自殺風險就會增加。的確，在蘇格蘭福祉研究中，我們發現比起僅僅想過自殺的人，曾經企圖自殺的人表示，他們對自己的死亡有過更多的心像。[65]我們用來評估心像的方法是瑞典臨床心理學家艾蜜莉．霍姆斯開發的。[66]這種評估法要求人們在情緒低落或苦惱時想像與死亡相關的意象，包含進行自傷或自殺。例如，其中一個問題問受試者有多頻繁想像自己計畫／準備自傷或企圖自殺的意象。

艾蜜莉也談到與自殺有關的特定形象，稱之為「預示」（flash-forwards）。之所以稱為預示，是因為這些意象和未來可能出現的自殺念頭或行為有關。人們認為，這種現象與患有創傷性壓力症候群的人經常表示的閃回（flashbacks）類似，他們會體驗到有關過去創傷事件的侵擾和生動的影像。預示往往也充滿真實感，細節豐富。經歷這些經驗的人也表示這些影像揮之不去，超過了關於自殺的言語思考。這些特徵與阿莫描述的自己自殺的意象相符，他說自己像是「處在色彩的世界，就像我真的身處其中。」這些意象通常被評為令人苦惱又使人放心。這並不令人驚訝，因為我們知道矛盾心理是自殺想法的特徵。[67]然而，這種安心感對這樣想的人可能是種回報，而如此的強化可能會使得這些形象不斷地「蹦」回我們的思緒之中。還有一項來自香港的研究顯示，當人體驗到困境感的同時又出現自殺預示，這預測的是更嚴重的自殺念頭。[68]

因此，我們從中瞭解的主要資訊是，關於自殺的心像可能會增加某人實行自殺意念的可能性，所以在治療中處理這些預示或許是防治自殺的有效目標。換句話說，如果有人正在想像自己將死或已經去世，他們可能需要一些幫助來處理這些心象的內容，以減少他們採取行動的可能。的確，在瑪蒂娜．迪．辛普利西歐的帶領之下，艾蜜莉與同事們最近對自傷的年輕人進行了一項基於想像的心理介入方法，它新穎、簡短，被稱為想像者（Imaginator）。[69]他們的初步可行性研究很有前景，這表示它可能有助於年輕人減少自傷，但需要進行全面的隨機分派臨床試驗確定它是否有效。最後，就像自殺能力方面的未解之謎，我們尚不清楚有關將死和死亡的心像是如何發展的。

○過去的自殺行為

第八個也是最後一個意志因素可以說是最重要的，因為我們知道，如果有人曾經從自殺思想的這一端，像跨越懸崖一樣到了另一端的自殺行為，只要一回，他們就很有可能再次執行。簡而言之，正如我在其他地方說過的，過去的自殺行為是未來自殺行為最好的預測指標之一。[70]儘管後者的陳述在科學上準確，但是，我需要補充兩個注意事項：

1. 你可能記得，在本書之前的篇章中，我提到我們預測自殺的能力沒有比拋硬幣更準確。[71]這是真的。然而，過去的企圖自殺史或自傷史依然能成為預測自殺最佳的單一指標之一。從統計角度來看，如果你曾經有過一次自殺行為，你再次做的可能性更大。而且，過去的自傷行為有無自殺意圖（有：企圖自殺，無：非自殺性質的自傷）似乎沒有太大的區別。[72]要嚴肅對待所有的自我傷害行為。
2. 統計風險和臨床風險並不相同。你還記得之前（第一五七頁）有關絕對風險和相對風險差異的部分嗎？即使絕對風險相對很低，但相對風險聽起來可能非常可怕。重要的是要牢記以下事實，即絕大多數有過自殺行為的人，都不會再次企圖自殺或自傷，也不會以自殺結束自己的生命。所以，自殺的絕對風險很低。在我們的臨床研究中，因企圖自殺入院治療的人，在接下來的十二個月內再次嘗試自殺而接受治療的人約占二〇至三〇％。低於一％的人最後自殺身亡。[73]

最近，布里斯托大學的岡諾的自殺和自傷研究小組，裡頭的流行病學家回顧了所有的研究證據，與曾因自傷入院患者的反覆自傷和隨後自殺相關的部分。[74]這讓他們能夠量化自殺的風險。他們發現每二十五位曾因自傷入院的病人之中，就有一人在五年內死於自殺。此外，這些患者中一六％在十二個月內再次經歷自傷事件。這項重複自傷的數字較我們其他研究的數字低，因為我們的研究往往包括更多醫學上嚴重的企圖自殺。因此，此處表達的重點是，絕大多數有自殺行為史的人不會再嘗試或死於自殺。但對我們來說，重要的是不要自滿——即使我們無法完全預測自殺行為，也應該時時刻刻考慮如何保護每個有自殺史的人的安全。

○使用IMV模型來了解自殺風險

我和柯特利在二〇一八年更新IMV模型時，除了把模型中的意志階段定義得更好之外，我們還在每張圖（圖一和圖二）上加了虛線，以辨認自殺意念和自殺行為之間的動態關係和循環關係。[75]

對於一些人來說，他們可能陷入一種時間性的循環之中，持續思考自殺，付諸行動，再度感覺被困住，再次經歷自殺念頭，甚至可能再次嘗試自殺。悲傷的是，對某些人來說，他們第一次嘗試便身亡了。儘管很難準確量化首次嘗試自殺便身亡的人數，但最可靠證據顯示可能超過一半。[76]這是令人心碎的統計數字，凸顯早期介入的重要性，以及在某人企圖自殺之前介入的必要性。因為對於多數人而言，這樣的行為將以身亡作結。因此，我們需要將自殺防治的努力集中在那些導致挫敗、羞辱、喪失、恥辱、拒絕、困境的個人、社會、文化因素上。我們也需要認識不同風險因素的動態相互作用，最大化我們自殺防治的努力。事實上，我的朋友兼同事，也是諾丁罕大學的心理學家艾倫·湯森開發了一種名為「自傷卡片分類任務」(Card Sort Task for Self- harm, CaTS）的卡片排序任務。它可以幫助人們描繪出導致自傷的想法、情緒、行為、事件模式。[77]透過這樣的方法，我們就有可能描述不同自傷事件風險因素的相對影響力，針對不同的人量身訂做干預措施。CaTS不僅能讓我們直接探索哪些具體因素與此人的自傷或自殺企圖有關，它還能幫助我們識別因素的連鎖次序。例如，可能是自我厭惡導致了憤怒情緒，接著導致無價值感，進而導致了困境感——然後困境導致了自殺行為。憑藉著如此詳細的資訊，這種方法或許有可能預先防止後續危機升級，或者它可以指出要針對哪些因素進行臨床介入。如果你注意到這些想法、情緒、行為的模式正在形成，你可能會想與所愛之人確認狀態，看看他們是否需要幫助或支持。這些資訊也有機會用來當早期預警系統，因為有人可能從專業支援中受益。

雖然，如上所述，我們認識到每個自殺案件情況都獨一無二，但ＩＭＶ模型仍致力於闡明可導致自殺的共同因素和途徑。如果我們考慮的是意志階段，我並不指望在每一起企圖自殺或自殺致死亡事件中，都找到這八個意志因素。然而，我將會使用圖二中概述的細節，系統性地探索某些人可能採取行動實施自殺念頭的可能性。也有可能他們針對某種特定的死亡方式制定了計畫，如果是這樣，我會著重在確保該環境的安全。確實，這是本書下一部的重點。

在結束這章之前，我想使用一篇更詳盡的短文來描述一名自殺者的故事，進一步說明一些導致自殺的途徑。正如本書其他章節的例子，這個例子是基於一位名為保羅的人的自殺事件。但為了保護隱私，一些細節經過修改。我希望透過保羅的故事，我們能更清楚地理解ＩＭＶ模型如何有助於理解自殺風險，並思考如何將這個模型應用在你關心的人身上。此外，如果您是一位精神健康專業人士，這篇短文將會說明ＩＭＶ模型如何做為框架，用來制定針對易感之人的治療計畫。

保羅去世時五十四歲。他的母親有酗酒史。不過，雖然他形容自己每天喝酒，但他很少喝過量。他在資訊科技領域工作，在去世前四年結束了他的第一段婚姻。他有兩個孩子，然後他和一個童年時代就認識的人展開了一段新的感情。在他婚姻破裂之後，他把工作調動到另一個地方。他搬回到他成長的地方，但自從學生時代起，他就不住在那裡了。他這段新感情沒有持續太久，十八個月之後便結束了。他那時變得相當孤獨。儘管他和子女的關係良好，但兩個孩子都在其他地區讀大學，忙著過自己的生活。

保羅還是青少年的時候經歷過情緒低谷，並因自傷而住院治療。但他從未被正式診斷為憂鬱症，也從未因心理問題被醫生開立過任何處方藥物。他在孩童時期與叔叔關係密切，但叔叔在數年前自殺了，保羅對他的死非常傷心。根據保羅的長子表示，他很孤單，而且總是嚴格批判自己。但在他去世之前不久，他的情緒變得相當平淡，他表示他不驚訝他現在孤家寡人，因為他「對任何人來說都沒有用了」，而且一事無成。他也後悔沒有與大學時期的朋友保持聯絡。

很不幸地，保羅的故事並不罕見：離婚中年男子，獨居，自殺。在世界上的大多數國家中，大部分自殺者在死亡時是「未婚」、「曾婚」或者「單身」。在英國，相較於其他年齡層的人，中年男子最容易因自殺喪命。[78]表面上來看，保羅的生命故事可能與數百萬人相同，我們尤其要牢記在英國，有將近一半的首次婚姻是以離婚收場，意味著很多人都有自殺的潛在風險。那麼，保羅的案例有何不同之處？儘管我們永遠無法確定保羅為何自殺，但可以試著拼湊出一些潛在的促成因素。在下面的表格中，我試圖以ＩＭＶ模型的三個部分簡單進行這樣的分析：

使用ＩＭＶ模型做為框架理解自殺時，我會考量自殺者可能感到挫敗或羞辱的程度，以及是否處於被他們視為無法逃脫的情境中。正如我一再強調的，困境、被困的「感知」有害，因為正是這種感知驅使了許多令人想自殺的痛苦。當然，我也會試著拼湊出與自殺者相關的任何生活史。這個人具備了什麼樣的易感性（如果有的話），而且，這些易感性是否因爲過世前幾天、幾週、幾個月的負面人生事件而變得更嚴重？在保羅的案例中，他的過往和最近似乎都出現了一些危險信號，可能引發了他的自殺風險。

讓我們從ＩＭＶ模型的前動機階段開始。你記得，這個階段是在試圖確定背景脈絡，和可能導致或觸發自殺或企圖自殺的負面人生事件，或是壓垮駱駝的最後一根稻草。保羅的兒子談到他「總是

前動機階段	動機階段	意志階段
• 自我批判 • 母親的酒精中毒史 • 婚姻破裂和新感情的結束	• 缺乏社會支持 • 受阻的歸屬感 • 對任何人而言都不再有用 • 缺乏對未來的任何想法 • 感到挫敗和困境	• 過往的自殘史 • 接觸到叔叔自殺

嚴格批判自己」，這可能指向高度的自我批判。自我批判是一種與心理健康不佳和自殺意念相關的個性特徵和易感性因素。[79]不過關鍵在於，它的負面影響在壓力期間最為明顯。單獨看自我批判這件事，它不會導致自殺，卻會增加此人感到挫敗的可能性，還會驅動與憂鬱、絕望、困境感相關的鑽牛角尖。[80]作用有點像之前討論到的社會期許型完美主義（第一一六頁）。

正如我們所見，了解一個人的環境和負面人生經歷，包括早年的創傷很重要。我們對保羅身處的環境知之甚少，除了他母親曾有酗酒史這件事值得注意。這可能對保羅的童年幸福產生了負面衝擊，並影響依附關係的發展。悲傷的是，接觸這類童年逆境的程度愈大，成年後的心理健康和身體健康問題不佳，包括企圖自殺和自殺身亡的可能性也愈高。[81]

保羅評論自己「對誰來說都沒有用處」這句話，可能與保羅感到自己是他人（子女）的負擔有關。再加上他認為自己毫無成就，這些都導致了他的挫敗感。在他沮喪的狀態下，他可能看不到任何希望。儘管他有孩子，他仍然感到孤獨，缺乏社會支持。保羅的情況在全國每個角落日日夜夜都在發生。如果中年男性將大部分情感寄託的雞蛋，都放在人生伴侶這個唯一的籃子裡，一旦這段關係破裂，他們被社會孤立的風險就會增加。[82]

在意志階段這方面，保羅有過紀錄。他至少擁有兩項具體指標，可能導致他從自殺念頭轉入致死的自殺行為。雖然他過去曾經自傷（許多年前），而至少有一次的情況嚴重到需要住院治療。所以他應該會知道他有再次自傷的能力。或許他過去自我傷害的想法在他叔叔自殺時重新燃起。他對叔叔離世很傷心，再疊加上社交孤立感、絕望、困境的感觸，他只是受夠了。心理上疲憊不堪的他自行做主，親手結束自己的方法了結他的痛苦。

保羅的死亡闡明了IMV模型的一個關鍵前提，強調了自殺發生需要同時具備動機（自殺念頭）以及意志（促使此人實踐念頭的因素）。這也幫助我們思考我們可以在哪裡介入，以預防未來又有一個保羅死於自殺。該模型強調我們可以在動機階段和意志階段進行介入，因為在這兩個層面上的介入都可以減少人嘗試自殺或死於自殺的可能性。正如我之前所說，雖然要預測每個人的自殺事件很困難，但IMV模型應該能夠幫助我們之中的任何一人思考。因此，當我們想如何幫助他人的時候，我們可以考慮在動機階段介入，以阻止自殺念頭的出現，也可以致力在意志階段介入，阻止個人對念頭採取行動。我將會在本書剩下的章節裡，回到「幫助易感之人」這個主題。我將就「向他人詢問自殺問題」這個令人生畏的任務，提供實用的建議，並描述保護的方法。我也將解釋如何有效幫助提供支持的人，讓他們得以繼續支持有自殺傾向者和企圖自殺後試著生存並渡過後果的人。

PART 3

如何確保有自殺傾向者的安全

What Works to Keep People Who Are Suicidal Safe

我永遠不會忘記被告知密友克萊兒去世的時刻。那通電話，是凝結在時間中的一刻，閃光燈般生動而痛苦的記憶。我記得那些眼淚，那份震驚，那消息超出我的理解。當我閉上眼睛想著克萊兒，彷彿被帶回了那個可怕的知曉時刻，被帶回到那份罪疚感之中，疑惑著我還能做些什麼。她之前看起來似乎沒事，我最後一次和她交談時，她心情不錯。而她在幾天前發出的最後一封電子郵件，對我而言並沒有敲響心中的警鐘。過去幾個月對她來說非常辛苦，但我認為克萊兒更快樂了，她能看到隧道盡頭的光芒。我的經驗並不罕見，許多朋友、伴侶、父母、子女都曾經歷過一模一樣的情況，他們都在問自己為什麼無法保護身邊之人。他們還能做些什麼？或應該做些什麼？當然，我們無法帶回我們所愛的人，但無論我們身為臨床醫生、研究人員、家人、朋友或同事，或許都能在未來幫助到其他人。

在這一部，我將為你說明一些在支持有自殺風險之人方面，已被證明有效的介入措施。介入（Intervention）是一個術語，用來描述一種策略、技巧、工具或其他被設計來改變行為或健康狀況的構成要素。就當前目的而言，我在這裡討論的介入，目標是為了降低或消除自殺念頭和行為。其中一些是長期的臨床介入治療，如認知行為治療（Cognitive Behavioral Therapy, CBT），由訓練有素的心理健康專家實施。有些方法比較簡短，就像安全計畫，可以幫助人們為將來的艱難時期做好準備，保護自身安全。在第四部，我將提供有關支持容易自殺者的更多實用資訊。儘管針對個人層面的自殺預防很困難，但如果我們正面迎擊，還是可以做點事情降低風險。然而，遺憾的是，要完全防止所有自殺事件不可能。但做為一個人與人相互關聯的社會，我們還是能做很多事情防止這些悲劇。自殺防治仍必須是公眾健康的當務之急。

我會先簡短概述何謂介入，再逐步引導各位進行安全計畫。這一部將會以描述長期的介入措施做結。這些措施已被證明有效，並在緩解自殺痛苦的方面提供了最大的希望。

CHAPTER 9 簡短接觸介入 Brief Contact Interventions

在第八章中，我描述了自助技巧清單（VHS），這是一個可能有助於支持易感而且有自殺傾向之人的工具，能輕輕將他們從自殺行為之中推開（參見第一五一頁）。但最近幾年還有一些類似VHS的其他工具，吸引了相當可觀的研究和臨床關注，它們也為有自殺風險的人們提供潛在的支持途徑。這些工具常被統稱為「簡短接觸介入」，從名稱可知，它們實施歷時短暫，是與曾經有過、或當下有自殺傾向之人進行某種形式的接觸。這些介入措施也不一定需要由心理健康專業人士提供。這些類型的介入與更長期的心理治療或心理社會介入不同，我將會在第十一章討論後者。在這些簡短的介入裡，接觸的限度可以是最少的。例如，可以只是收到臨床醫生的後續追蹤信件，或在患者出院後與之聯繫。這樣的方式愈來愈受重視，部分原因是有太多自傷或企圖自殺的病患出院後，除了一封給他們家庭醫生的信件之外，沒有給予後續的關照。對於那些不想接受持續正式門診照護的人，或是一開始沒有尋求幫助的人，這種方式也有幫助。

考慮到這些介入措施的強度很低，它們可能會如何運作呢？有幾種不同的可能解釋，可說明為什麼這樣簡短的介入能夠提供保護。之前我提過，收到一張自助技巧清單可能會減少自殺風險，因為它能觸發「如果—那麼」計畫，從而在自殺想法轉變為自殺行為時做為阻斷。[1]但那只是其中一種潛在機制。注重與此人保持聯繫的低強度介入，例如透過書信，也可能具有保護作用。因為保持接觸的單純行為可能培養出一種聯繫感，可以預防自殺。這些信件也可以做為求援的提醒信號，透過「單純提醒收信者他們很重要，他們不是負擔，如果遇到困難，他們可以得到幫助」這件事敞開幫助的大門。以連結性為目標，提醒人們他們很重要，有其意義。因為根據大量的研究，我們知道社交斷聯、孤立、歸屬感受阻、羞愧、無價值感都會導致自殺風險。[2]因此，根據IMV模型和人際理論，如果我們能夠促進連結性和自我價值，應該能減少自殺念頭出現或升高的可能性。此外，我們需要考慮到，一些在嘗試自殺後接受急診的人對我們表示他們有很負面的經歷，離開急診室時，感覺比抵達時更糟。[3]他們可能會感到更加失去連結，被剝奪了人性，因為他們經常被認為是在浪費臨床時間，占用稀少的病床位，有些人覺得還有更值得被治療的患者。出院後的簡短後續接觸雖然無法替代人在醫院時的同理心、尊嚴、尊重，但這可能是讓此人感受到自己價值的方式，提醒對方他的人生值得活，而且可以得到幫助。有件重要的事要強調：我所遇到大部分提供一線臨床服務的人都富有同情心，非常關心他們所治療的人。

可以說，一項具里程碑意義的研究，引起了我對簡短接觸介入的興趣。該研究由加州大學舊金山分校的傑洛姆．莫托和艾倫．博斯特羅姆於二十多年前發表。[4]他們的研究設計直接了當，患者出院後三十天後，曾經憂鬱或有自殺傾向，但出院後未持續接受治療的患者被隨機分配，有的接受簡短介入措施，有的則沒有。一半的患者收到了「關懷信件」，另一半則沒有收到進一步的聯繫。在關懷信件中，臨床醫生僅是表達對收信者的關心，問候他們是否安好，並告訴他們若有需要可與醫生聯繫。這是其中一封信的例子[5]：

親愛的約翰：

離你出院已經好些時日了，我們希望你一切順利。如果你想簡單回個信給我們，我們樂意聽到你的消息。

最初的四個月，這些信件是每月一封，然後接下來八個月，改為每兩個月一封。接下來四年，又改為每三個月一封。因此，這個研究計畫五年來總共給每位收信人寄出二十四封信。研究结果令人印象深刻。在這五年研究期間之內，相較於未收到信的人，收到信的人較不容易自殺身亡。然而，更詳細的分析顯示，儘管在這五年期間內效益存在，但自殺率的下降大部分發生在前兩年。這值得我們再次停下來思考。純粹只是與痛苦的人保持聯繫，能產生強大的自殺保護效果。

如果我們將這些發現應用在我們的日常生活中，你察覺有人正在苦苦掙扎，就伸出援手，傳個訊息，關心一下他們的情況。有時候，這可能便足以幫助他們認知到狀態不好沒關係，尋求幫助也沒關係。札赫拉與我聯絡，因為她熱切地想參加我們的一項研究調查。她告訴我，若不是因為有位鄰居定期關心她，她現在可能已經不在人世。她七十出頭，獨居在公寓裡，喜歡獨處，不常與人交談，只會與鄰居寒暄。然而，過去一年對她來說非常困難，因為她失去了唯一的姐姐，而且經歷疾病折磨。用她自己的話來說就是，去年「把我的生命給吸乾了」。她變得憂鬱，而且當她離開自己的公寓，她變得相當忐忑不安。她不明白自己為什麼擔心外出，但結果是她感到非常孤單。她姐姐去世後的那個冬天，有許多黑暗的日子。她感到非常沮喪，不知道自己能不能繼續堅持下去，她「頗具自殺傾向」。然而一天傍晚，一位鄰居突然塞一張紙條進她公寓門縫底下，上面只寫著：「你好嗎？最近都沒看到你。希望你沒事。讓我知道你想不想出來喝杯咖啡。」就那樣。沒了。而且這張紙條來自一個她幾乎不認識的人——她和對方只是點頭之交。她形容這個簡單的舉動是「真正地拯救了生命」，因為使她暫時不再感到絕望，感到被重視。這對札赫拉來說意義重大，因為有人真的花時間關心她。

溝通的力量也反映在「關懷信件研究」中。有幾個受訪者寫信給研究人員，表示收到信件讓他們感到被重視和連結感，就像札赫拉一樣。其中一人表示：「你永遠不會知道你的小紙條對我多重要。即使家人把我趕出去了，我仍覺得有人會關心我的遭遇。我非常感激。」另外一位補充說：「你的紙條給了我一種溫暖、愉悅的感覺。」只要知道有人在乎，對我而言就意義非凡。」。[6]

儘管這些研究結果鼓舞人心，令人失望的是，沒有其他關懷信件研究能證明對後續自殺率有如此的影響。然而，這很可能是因為大多數簡短介入研究並不是設計用來檢測自殺率的變化。更準確地說，這些研究往往專注在減少自傷或非致命的自殺行為。事實上，在過去的五至十年中，學界已經發表了一些有關心理社會介入的系統性回顧研究，包括簡短接觸介入在內。[7]儘管這些研究各運用不同的準則，它們全都指出了心理社會介入的一些益處。有用的是，這些回顧研究之一由流行病學家艾莉森．米爾納領導。（她在二〇一九年發生悲劇意外，不幸身亡，卒年三十六。）這項研究特別專注在簡短接觸介入的效果。[8]它包括了對急診室或任何醫療保健機構接診後的電話聯繫評估，以及緊急危機卡、明信片或信件介入的評估。危機卡有時是做為常規照護的一部分使用，並且會在患者出院時提供攜回，在有需求時提供危機入院服務，或其他形式的緊急支援。明信片介入與關懷信件作用相似。

在米爾納及其同事的回顧研究中，當研究者從不同研究中整合結果時，接受簡短介入並沒有減少自傷或嘗試自殺的總人數，但這麼做確實減少了他們自傷或嘗試自殺的「次數」。

你可能還記得這和我們在蘇格蘭的VHS研究中的發現相似。[9]因此，這種介入很可能無法完全阻止人從事自殺行為，但這些簡短的介入可能有助於減少自傷的頻率。如果我們將這篇回顧研究的結果，與我們的VHS研究結果整合起來，從中會得出主要結論：支持能提供保護作用。這種支持可以是許多不同形式，包括電話聯繫、自助技巧清單或信件。這樣微小的行動，在一些人不希望繼續進行更正式的臨床接觸時，可能尤其重要。對於我們每一個人來說，我要傳達一項更普遍的訊息，即透過表達關懷，我們就可以拯救一條生命。

CHAPTER 10 安全計畫
Safety Planning

史蒂芬妮·杜普尼克及其同事在二〇二〇年發表了一篇回顧研究，內容從簡短接觸介入再往前推進。[1]這次他們聚焦於所謂的「短暫急性照護自殺預防介入」，旨在評估這些方法是否減少了後續的自殺企圖。他們的回顧研究包含了在前一章討論過的簡短接觸介入，以及照顧協調、安全計畫、危機應對計畫和其他簡短的治療介入，如功能分析（一種了解一項行為何以發生的方式）、療性評估、問題解決技能和動機式晤談，以及我們的VHS。當杜普尼克和同事綜合了所有研究的結果之後，他們發現這些短暫急性照護自殺預防介入，與患者出院後數週和數月內企圖自殺行為減少有關。他們還發現，接受這些急性介入的人更有可能參與後續追蹤的心理健康照護。七項有關企圖自殺的研究中，有四項包含了安全計畫的部分。因此，研究顯示的自殺保護效應很大一部分可能由安全計畫所驅動。此外，安全計畫已被自殺預防資源中心——美國預防自殺基金會的聯合登記處認定為「最佳臨床實踐」（Best Practice）。[2]

安全計畫是通常由病人和心理健康專業人員共同創建的結構化介入措施。[3]目標是識別警示信號，並提供技巧幫助保障個人的安全。簡單來說，安全計畫是設計來防止人們採取自殺行動的「緊急計畫」。如對頁的圖三所示，安全計畫包含六個步驟，通常自殺危機發生之後，會由某個人來完成這個計畫。[4]

我第一次接觸到安全計畫時，必須承認我很驚訝（或說驚艷）於它的簡單性和務實性。我聽說過很多像安全計畫的技巧，而且也知道很多臨床同事在他們的日常工作中都在使用。然而，我也擔心大家使用它的方式各不相同，有些人是在患者出院時提供攜回，並鼓勵他們回家後完成。這並不是最佳臨床實踐，因為這樣就不可能與出院患者談到他們對每一個步驟的建議。一些人正在與出院患者密切合作，將安全計畫納入他們持續的臨床照護中。這是最佳臨床實踐。在那個階段，我也意識到沒有隨機對照試驗（RCT）證明這個方法在減少自殺行為方面的功效。[5]自那時起，證據基礎已經增長。儘管我們仍在等待一項決定性的隨機分派臨床試驗的結果，各種不同類型研究的發現，確認了它有助於保護有自殺傾向者的安全。[6]

具體來說，來自美國的臨床心理學家芭芭拉．史丹利和格瑞戈里．布朗是安全計畫介入的原始設計者，他們在二〇一八年發表了一項極具說服力的研究，顯示了安全計畫的實用性。[7]他們進行了一項所謂的世代比較研究，調查了在美國的退伍軍人醫院急診科就診的患者中，安全計畫以及後續電話聯繫是否與減少自殺行為有關。他們比較了兩組不同的醫院（世代比較），一組患者接受安全計畫、電話支持以及常規治療（介入組），另一組患者只接

第一步驟

危機可能發展的警示信號（想法、圖像、情緒、情況、行為）：

1. ....

2. ....

3. ....

第二步驟

內在應對策略—在不與他人接觸的情況下，
我可以做一些事情來轉移注意力（放鬆、體育活動）：

1. ....

2. ....

3. ....

第三步驟

能分散注意力的人和社交場合

1. 姓名............ 關係............ 電話............

2. 姓名............ 關係............ 電話............

3. 場合............

4. 場合............

第四步驟

我可以尋求幫助的人：

1. 姓名............ 關係............ 電話............

2. 姓名............ 關係............ 電話............

3. 姓名............ 關係............ 電話............

第五步驟

危機時刻我可以聯絡的專業人士或機構：

家庭醫生診所............ 電話............

家庭醫生姓名............

1. ....

2. ....

第六步驟

確保環境安全：

1. ....

2. ....

3. ....

受常規治療（對照組）。研究結果極度正面，接受安全計畫和電話支持介入的患者所在的醫院，自殺行為的次數減少了四五%。與對照組相比，提供上述支持的醫院，自殺行為的可能性在追蹤的六個月內減少了一半。在這個研究中，無法將安全計畫與電話支持的相對影響分開。患者在出院後至少接受兩次電話聯繫，並且通話時會針對自殺風險進行監測。患者有機會回顧和修改他們的安全計畫，並探討進一步參與治療的障礙。

在英國，我們還進行了一項名為「關心話」（SAFETEL）的安全計畫研究，其中包括後續的電話支持，旨在確定將安全計畫介入納入英國國家醫療服務系統（UK NHS）是否可實行、可接受。[8]我們與芭芭拉、格瑞戈里共同進行了這項工作，而這也是研究準備的一部分。他們對我們進行了黃金標準的安全計畫提供培訓。訓練的一部分，是我扮演一個企圖自殺的病患，而芭芭拉則擔任專業的心理健康專家。這個角色扮演連同訓練的其他部分啟發性十足，讓人獲益良多。這一點強調了安全計畫遠遠不僅是表格而已。儘管芭芭拉和我只是在角色扮演，我們共同擬定安全計畫時，我能感受到芭芭拉的同情心、同理心、溫暖——安全計畫的三大基石。安全計畫是一種工具，用於幫助兩個人共同思考自殺觸發原因，組織減輕未來風險的方法。要完成這件事需要對話，雙向的對話。通常是易感之人先講述他們的故事，訴說是什麼讓他們嘗試自殺。在心理學術語之中，以人為中心重要。要專注在眼前的人身上，而不是只顧程序，全神貫注在填寫表格。同時，重要的是記住：處於困苦中的人，是他們自己生活和經歷的專家。我在本章中大量借鑑了芭芭拉和格瑞戈里的培訓，以及他們開發的素材。[9]他們的培訓還強調了什麼「是」安全計畫——或許更重要的，是什麼「不是」安全計畫。

安全計畫是設計做為短期介入措施的，以分散一個人自殺的念頭，直到他們的情緒好轉為止。自殺念頭興衰不定，時來時去。[10]因此，在自殺念頭的急性期，也就是念頭最強烈的時刻，安全計畫是保護個人不可或缺的因素。我們很難確切知道急性自殺念頭會持續多久，不管在任何時刻都是這樣。這樣的念頭往往短暫而零星，但對於一些人來說可能會持續更久但程度較低。[11]對於大多數人來說，在這些短暫的高強度自殺念頭爆發期間，確保人們的安全相當關鍵。在這些迫在眉睫的時刻，我們希望阻止個人從動機階段跨入意志階段。我擔心的是，當這樣的時刻出現時，象徵著自殺的門就打開了，處於危險中的人或許會走進去，導致他們離世。這就是安全計畫的作用。我繼續沿用相同的隱喻：安全計畫並非直接把門關起來。相反地，它在使人分心，或是促使他們聯絡其他人，或做點其他事，而非直接走進這扇門。安全計畫會阻礙他們，不要從念頭跨越門檻到實際行動，讓他們在念頭消退、門關上之前，保護他們的安全。而當那扇門再次打開，對許多人而言，他們已經做好準備，準備好再次應對以保護自己的安全。換句話說，安全計畫可以增強個人對自殺衝動和想法的自我控制感。

安全計畫不是一塊固定不變的模版，它被設計成一份動態的文件，可以隨時更新。在我們的「關心話」研究中，我們結合了安全計畫與後續的電話支持，這和芭芭拉和格瑞戈里在退伍軍人醫院中做的類似。我們發現，大約有二〇%在醫院內完成安全計畫的人，在追蹤電話的支援期間修改了他們的安全計畫。

安全計畫應該要列出可分散注意力的人事物，包含內在的和社交的，以及在危機中可以求助之人的名字和詳細資訊。永遠要記住，安全計畫是給當事人使用的計畫，不是你的計畫。它應該要容易閱讀，而且以個案自己的話語書寫，這樣做應該能培養出自我掌控感。關鍵在於，這是兩個人之間的合作，通常是心理健康專業人員和有自殺傾向者之間的合作。它往往會填補後者在照護過程中或照護結束時的重要空缺。芭芭拉和格瑞戈里開發安全計畫介入時，背後有股原動力，是要在出院與後續治療之間的間隙，保護個人的安全。合作這個元素對有效完成安全計畫而言很基本。而協作的過程，無論在什麼環境下進行，都應該傳達尊重與同情，此將有助於促進人們參與治療。

國家心理健康合作中心（NCCMH）與英國健康教育局（HEE）共同開發了預防自殺和自傷的核心能力架構，使非臨床人員和臨床人員都能夠在提供安全計畫給任何可能受益的人時，同等地感到自信。[12]這些框架適用於廣泛的工作人員群體，包括教師、青年工作者、警察、志工，以及心理健康專家。它們還超出了安全計畫的範圍，並強調了在自殺風險中區分動機階段和意志階段的實用性。我很高興能成為成人專家諮詢小組的一員。在我們努力讓更多團體具備自殺預防介入技能的過程中，為這個架構的發展提供建議。

雖然風險評估和情緒檢查通常包含在安全計畫的執行中，但安全計畫不是情緒監測或管理的長期工具，也不是為了緊急危難設計的。記住，如果有人出現嚴重自殺傾向，應該要遵循標準風險評估程序，包括必要時向緊急服務聯絡。最後，除非安全計畫經過適當調整之後被證明合適，否則它不應該用於認知功能障礙者。同樣地，標準安全計畫對自閉症患者等具有不同神經發展特質的人，其可行性多大尚不清楚。然而，我參加了由新堡大學的賈姬・羅傑斯帶領的一項研究，我們正在測試一種為自閉症患者調整過的安全計畫[13]，希望很快就能爲自閉症青年量身訂做。

安全計畫的六個步驟

安全計畫六個步驟中的各個組成部分，都源於以證據為基礎的自殺防治策略。[14]其中包括促進問題解決和應對的技能、確認和利用社會支持，以及緊急聯絡人。這六個步驟也著重在保持環境安全，主要透過限制致死手段、推動服務連結、強化動機以促進社區參與治療。

通常，安全計畫應由個案和心理健康專業人士共同制定。然而，如果做不到這件事，而你又正在支持處於危機中的人，以下內容應該也能幫助你完成安全計畫。除了上述的能力架構之外，「4心理健康」（4 Mental Health）這個組織機構還開發了極有幫助的線上安全計畫資源（參見第二八三頁）。如果您擔心某個人有傷害自己的迫切危險，請聯繫家庭醫生、精神健康專業人員或緊急服務。

在完成安全計畫之前，你應該試圖獲取最近幾次自殺危機發生之前、期間、事後之事件的準確描述。這個描述可能會包含啟動或觸發危機的事件，以及此人對這些事件的反應。這些初步討論有助於明確識別警示信號，以及可能緩解危機的具體策略或行為。安全計畫可做為模板，準備應對未來的風險情況，並提供了排練安全行為的機會。這對於處在緊急危機中，問題解決能力受影響之人很有用。

為了使安全計畫達到最佳效果，我們需要了解這個人的故事，梳理出前推二十四小時發生的事情。我們尤其需要知道以下事項：

- 自殺念頭和行為的核心因素為何？
- 是什麼引發了自殺的念頭？
- 為什麼自殺嘗試會在那個時機點發生，而不是在其他時候？

定期確認對方狀態如何也很必要。在完成安全計畫時，保持彈性非常重要。雖然安全計畫被編號為步驟一到步驟六，但並不一定要按照順序完成。然而，還是建議完成所有六個步驟。由於它的結構是圍繞著對話展開，所以當他們講述自身故事時，要對對方的需求保持敏感度。他們可能會發現分享內心的想法很困難，所以試著不要壓抑或限制他們。當然，溫和地引導和提示他們可能有幫助。可利用動機晤談中被廣為使用的、以人為中心的互動技巧。這種技巧著重於探索和運用當事人的價值觀、目標、動機、關注。[15]通常我們會把這些技巧或原則的開頭字母組在一起變成OARS：

- **O代表開放式問題**（Open questions）。設定問題時，盡量避免「是」或「否」答案的提問，例如「你有自殺傾向嗎？」而是邀請人們述說他們的故事，了解對他們來說什麼事情重要，以及影響他們自殺危機的原因。
- **A代表肯定**（Affirmations）。使用口頭和非口頭的回饋方式來肯定努力和進步，無論多麼微小都可以。認可的言辭和手勢、認可可能帶來積極變化的優點和行為，將會建立「改變有其可能」的信心。這些技巧也將有助於認可此人的經歷。許多嘗試自殺的人都有艱難的成長經歷，因此他們的想法、感受、行為可能沒有得到認可，所以試著認同他們很重要。毋須多言，這些認可必須真摯可信。
- **R代表反映式聆聽**（Reflective listening）。好的做法是向對方反映你對他們所述內容的理解，並透過「轉述」的方式反饋給他們。這給了他們確認你能理解的機會，同時也促進互動和信任。

- S代表做摘要（Summaries）。這類似反映式聆聽，偶爾以簡明的方式提供摘要，概述對方提出的關鍵問題。這是確認理解情況的另一個機會，同時也能在複雜或冗長的討論後提供重點。它也有助於轉換到新的主題或方向。

• 步驟一：識別警示信號

> 我的脾氣變得非常、非常暴躁易怒，一心想著我是個這麼壞的人。而且我睡很多，因為我對自己的自私感到羞愧。

當穆罕默德被問到他最近企圖自殺的警示信號，他給出的答案就是這個。他以前曾嘗試自殺，對警示信號有很多想法，因此他能迅速給出警示念頭（「我是壞人」）、感受（「我感到羞愧」）、行為（「我睡得很多」）。

在填寫安全計畫時，應該要共同探討自殺危機出現之前產生的警示信號，並以當事人自己的措辭記錄下來。詢問此人，當他們開始感到有自殺傾向時，他們會注意到哪一類的事情，產生了什麼想法或情緒，也許兩者皆有。對一些人來說，他們對於觸發因素有明確的想法，但一些人可能不清楚警示信號是什麼，特別是在他們似乎不曾有過太多計畫的情況下。始終要以同理心回應。探尋特定的想法、情緒或行為可能有所幫助。思考一些例子也有幫助，例如：

- 想法：「我完全是個廢物。」
- 感受：不抱希望、困頓、不知所措、絕望、麻木。
- 行為：冒險行為、與他人孤立、自我忽視。

在第一九七頁的安全計畫中，只有三個填寫警示訊號的空間，但可以再多寫，因為有些人可能會生成多個警示訊號，有些人可能只能想到一、二個。在「關心話」的研究中，警示信號包括缺乏睡眠、噩夢、偏執、思緒雜亂、酗酒、焦躁不安、生活習慣改變、悲傷、過度思考、不被認真對待、與前任伴侶聯繫、負面思考、孤立感等等。

當此人出現這些警示信號，就是尋求安全計畫的好時機——光是討論可能也有幫助。在那樣的時刻，他們可能會想要透過自己的方式保護自己的安全，直到自殺念頭消散為止。人們會用不同的方式使用安全計畫，有些人會把安全計畫寫下來，摺好放在錢包或手提包中。有些人會貼在冰箱上，還有些人會拍下來，保存在手機裡。有些人認為，當他們感覺到危機升級時，逐步從第一步做到第六步對他們來說有幫助。其他人可能會跳過一些步驟，或是他們開始感到安心之後，就在某個步驟停下來。我再說一次，這樣沒問題——重點是要以適合此人的方式使用安全計畫。

• 步驟二：確定內在因應策略

第二步驟是要和對方共同探索內部因應策略。這些是一個人可以單獨使用的策略，為的是更好地因應自殺的念頭／衝動。整體來說，這些都是不分地點時間都能輕鬆取得的事物。為了引出這些訊息，你可以詢問當他們開始經驗到自殺念頭時，他們能使用哪些事物轉移注意力，可能是能讓他們感到愉悅的事物、能讓他們享受的東西，或是能將他們「傳送」到一個平靜地方的事物。因應策略的例子包括：

- 聆聽喜愛的音樂
- 繪畫
- 泡個放鬆的澡
- 打電動
- 看電視
- 遛狗
- 做瑜伽
- 去釣魚

填寫安全計畫的一個關鍵部分，是探索因應策略的可行性和安全性。這包括了探測他們在使用策略上是否有障礙，以及在危機期間實際使用的可能性有多大。檢視因應策略的障礙和促進因素，可能是我從芭芭拉和格瑞戈里的培訓中，學到的最重要的一課。以茱麗葉為例，她企圖自殺之後在醫院接受治療。她想到「去跑步」可以做為她的一項內在因應策略。表面上看來，這是一個合理的建議。然而，她被問到她的自殺念頭在一天中哪個時刻會加劇時，她說通常是在夜裡很晚的時候，接近就寢時間。所以她仔細思考後，覺得在很晚的時候去跑步可能不是最明智的應對策略，因為可能危及人身安全。她想到的另一個策略是「閱讀」。可是對我來說，我感到苦惱的時候就會無法集中注意力。所以再強調一次，別忘了探詢他們在危機時刻是否能夠運用該策略。不過，茱麗葉很肯定，不管什麼事情都無法阻止她閱讀，所以這對她來說是一個很好的內在因應策略，可以列入她的安全計畫中。盡可能地具體描述也有幫助，例如，如果有人建議閱讀或觀看Netflix，不妨探索一下他們可能會閱讀或觀看的內容，這或許可以溫和地引導他們遠離會激起高度強烈情緒或會令人沮喪的內容。

在一項令人振奮的新研究中，芭芭拉和同事使用了生態瞬間評估法（ecological momentary assessment），研究顯示近期有自殺傾向的人發現分散注意力／以活動為基礎的積極策略（例如保持忙碌、正面思考、做些對自己有益的事），以短期來說有助於減輕自殺念頭的強度。[16]受試者也表示，他們發現以正念為導向的策略，例如讓自己冷靜下來、與感覺待在一起直到感覺過去都很有效，但這些方法似乎無法降低自殺傾向的強度。生態瞬間評估法是一種技術，受試者被要求即時告訴我們他們當下正在做什麼和感受到什麼，並記錄在行動裝置上。[17]這麼做能允許研究人員找出隨時間變化的自殺想法如何受到其他因素影響，例如他們正在採取什麼方式應對自己的情緒。

•步驟三：辨識能分散注意力的人和社交環境

在這個步驟，我們試圖辨識出能夠分散此人的自殺念頭或衝動的人與社交環境。由於這裡的重點在於分散注意力，所以不需要和參與者討論感受或情緒。再次探討可行性、使用可能性和任何障礙。在這個步驟內被提及的人，是不是他們會經常聊天的人？他們是否樂意打電話給他們，或是同意與他們見面，也許兩者皆有？透過討論，你正試圖釐清這些人和社交環境是否適合。如果聯想到的是去健身房，要確認健身房的開放時間，這樣此人需要去時，健身房才會是開放的。顯然，最好避免酒吧和供應酒精的地方。

人與社交場景的例子包括：

- 朋友、家人、熟人
- 社交環境，如咖啡廳、公園、健身房、宗教場所、博物館、電影院、圖書館應避開的地方包括：

- 酒吧、夜店
- 使用／可得到毒品的環境
- 賭博場所（投注站、賭場）

- **步驟四：聯繫已選擇的家人朋友，以獲得支持**

現在的焦點在於，當事人遇到危機時，他可能會找人傾訴。這些都是安全可靠的人選，他們會讓此人感到舒適放心，能向他們表明自己的自殺想法。我們走過以上步驟，等於從監控危險跡象和情況，一路移往為確保某人安全的主動回應措施。至此一步驟，表示此人覺得其他步驟已經無法、或即將無法確保他們的安全。我們和此人合作擬出此步驟計畫時，要鼓勵他們思考這個人選是否會讓他們減輕煩惱。例如，納入可能加劇困擾的前任伴侶或許並不明智。被選出來的家人或朋友應該年滿十八歲，並且正如前兩步驟所建議的，應該要仔細考慮使用的可能性和實際聯繫的任何障礙。雖然這沒有強制性，但詢問此人是否願意與這個步驟中列出的人分享一份他們的安全計畫，是個很好的做法。至少，這些聯絡人應該要同意自己被加入安全計畫，並且知道此人可能對他們有什麼期望。許多有自殺傾向的人通常也感到社交上的孤立或斷連，所以我們要敏感地體察到在這些人需要幫助時，他們或許沒有人能求助的事實。然而，向他們強調這一點是我們最不希望做的事，所以這部分可能無法完成。

‧步驟五：聯繫專業人士尋求幫助

這裡有個專業人士和機構的名單，是危機發生時可以聯繫的對象。如果之前的步驟不足以減少他們的自殺想法和衝動，而且他們很擔心自己的安全，這些組織或專業人士將會是他們可以求助的對象。這些組織和專業人士將因國家而異，但關鍵的專業人員和機構包括：家庭醫生／家庭醫生、精神科醫生、社區精神科護士、危機處理和家庭治療團隊、社工、危機專線（如撒瑪利亞會）、NHS 111*†或緊急服務。一如既往，重要的是闡明當自殺危機發生時此人使用這種服務的可能性和障礙。例如有些人覺得，將專業人士和機構的電話號碼存在手機裡很有幫助，這樣他們就能在危機時隨時使用。需要牢記，尋求幫助是一種行為，因此行為實施的原則與其他行為相同。換句話說，為了提高我們參與這些活動的可能性（特別是在危機期間），我們必須仔細思考觸發因素、障礙和促進因素。從本質上來說，這就如同自助技巧清單，安全計畫的目的是在危機升級時，增加求助行為戰勝自殺行為的可能性。

‧步驟六：確保環境安全

然而，既然之前的安全計畫步驟與辨識警示信號和因應策略相關，並列出了在危機狀況下要聯絡的人，最後一步就集中在確保環境安全。可以說，這正是我們做為伴侶、父母或朋友能發揮最大影響力之處，我們可以幫助所愛之人營造一個安全的環境。在第六步驟，我們確實需要與此人共同合作，以消除或限制致死的自殺方法（例如大量處方藥物或其他的環境觸發因素）。與其他步驟相比，或許這個步驟的合作性質更重要，因為它需要當事人同意改變他們所處的環境。這步驟的對話可能會從討論開始，討論自殺危機發生時他們可能用來傷害自己的物品，並探討這些物品的取得性。這也可能包含，我們要體認到在危機期間保護他們安全的重要方法之一，是提前布署，移除或限制他們接觸可能為之帶來傷害的事物。打探我們如何能夠讓一切更安全，特別是試著讓當事人同意。計畫愈具體，實施的可能性愈大。

我們回過頭來看實施意圖，我們要的是確保雙方能就如何、何時、何地保持環境安全這幾點達成一致。例如，如果他們擔心自己會過量服藥，他們可能會同意回家立刻把所有有毒藥物處理掉，或者放進上鎖的盒子裡，或者請他人（例如伴侶）負責看管藥物。釐清計畫，仔細思考任何障礙，並且——如同之前談到過的障礙——嘗試解決問題的方法。

有些人表示第六步驟可能最難完成，因為在限制致死手段這一點會涉及可行性和敏感

* 譯者註：在英格蘭、蘇格蘭、威爾士部分地區運營的免費、非緊急單一號碼醫療求助熱線。

† 編按：在臺灣有安心專線 1925 與生命線 1995。更多相關資源另列於書末。

性。的確，我和美國的同事交談時，限制獲取槍械方面的議題特別敏感。解決這些困難的方法，包含試圖增加這些人與他們家中槍械的距離，或者同意將彈藥和槍械分開存放。[18]此外，第六步的另一個挑戰，是極難限制這些人進入令人擔憂的區域（例如橋上），或者極難限制自殺手段（例如自縊）。儘管困難，要規劃避開這類令人擔憂的區域依然可能（例如，下班回家時選擇不同的路線，避開危險地帶），或限制使用常見的自殺方式（例如，移除或鎖上所有領帶或其他能用於綁縛的物品）。

當安全計畫完成後，結束對話的方式是回顧安全計畫，並徵求當事人的回饋，確保他們希望納入的所有內容都已經記錄下來。毋庸置疑，完成安全計畫不能保證個人的安全，但這確實能在他們面臨自殺危機時，增加不去執行的機會。

○安全計畫小卡

在我們繼續討論更長期的介入之前，格瑞戈里和芭芭拉還開發了一個安全計畫小卡——安全計畫的5R。這對執行安全計畫的人來說是一個很好的備忘錄，逐字轉載如下[19]：

安全計畫小卡
安全計畫的基本原理 解釋： • 自殺危機是如何出現與消失的，以及識別警示信號（與個人自身經驗相連結） • 安全計畫如何幫助預防此人依照自殺情緒行動 • 安全計畫是如何由一系列步驟組成的——如果目前的步驟沒有幫助，就進入下一個步驟（不是線性的也沒關係！）
應對危機，降低自殺風險 合作： • 了解每個步驟的理由 • 為每個因應策略或資源集思廣益 • 要具體 • 提高可行性／消除障礙
移除獲得致死手段的途徑 共同發展行動計畫，是為了： • 限制使用偏好的自殺方法或計畫 • 限制獲取槍械
回顧安全計畫，以解決關切的問題 獲取評估的回饋： • 使用安全計畫的有用性和可能性 • 安全計畫的保存地點，以及何時使用安全計畫 • 安全計畫是否有助於防止你產生自殺念頭？如果沒有，為什麼？ • 如何修訂安全計畫，才能讓它更有幫助？
Gregory K. Brown and Barbara Stanley (2017)

CHAPTER

11

長期介入

Longer-Term Interventions

在過去的二十五年裡，為減少自殺的長期心理社會介入的隨機分派臨床試驗的數量，大幅增加了。如前所述，這些長期介入通常會涉及到一位心理健康專業人士，他／她會提供某種依循操作手冊來進行的心理治療。如果我們看看考科藍圖書館系統文獻回顧庫，儘管這些隨機分派臨床試驗的數量增長了，但研究不足這件事顯而易見。考科藍圖書館是證據文獻回顧的黃金標準，被用來為醫療決策提供資訊。二〇一六年，他們發表了兩篇有關心理社會介入的證據回顧研究：一篇是針對成年人的治療，另一篇則是針對兒童和青少年的治療。[1]這兩篇評論都是由牛津大學的霍頓領導，集中在所有形式的自殺行為之上，包括自傷者和企圖自殺者。儘管這些回顧研究包括了簡短接觸介入和長期介入，但只有五十五項試驗涵蓋一萬七千六百九十九名成人，十一項試驗涵蓋一千一百二十六名兒童和青少年。

考科藍文獻回顧納入研究時，傾向使用嚴格的標準。自從這些回顧研究發表以來，試驗數量一直在增長，但仍然不夠。確實，心理健康被重視的程度和身體健康並不對等。舉例來說，慈善組織MQ心理健康研究估計，對每個受影響的人而言，花在癌症研究上的經費是花在心理健康研究上的二十五倍。[2]更糟糕的是，自殺預防研究只能獲得其中一小部分的資金。當然，我不是指要停止資助癌症研究，我只是想尋求改善。

本章中，我描述了主要的心理社會介入措施，它們在預防自殺行為方面提供了最大指望。正如我在其他地方指出的，儘管有許多科學回顧研究顯示，這些介入措施能夠減少自殺的想法和行為，卻沒有證據表明它們能夠預防自殺，但這不意味著真的不行。相反地，要證明自殺率下降所需的樣本數如此龐大，以致於在大多數情況下，必要的規模研究實際上尚未進行。

當我為各位逐一說明每種治療時，試著思考每種介入方式中的積極要素，並思考它們如何利用IMV模型的不同構成要素。你應該能夠看見，不同的方法中其實有許多共同的特點。不幸的是，接觸到每一種治療方式的機會可能很受限。而且令人遺憾地，等候治療的名單很長不是什麼罕見的狀況。我建議你，首先與你的家庭醫生或家庭醫生聯繫，因為他們會知道你所在的地區有哪些可用的治療方法，以及如何獲得。不過要再次強調，如果你認為某人自殺的風險迫在眉睫，不要猶豫，立即聯絡緊急服務。

• 辯證行為治療

由美國華盛頓大學的心理學家瑪莎・萊恩漢開發的辯證行為治療（Dialectical behaviour therapy, DBT），是一種公認的針對自殺行為和邊緣型人格障礙（borderline personality disorder, BPD）的治療方法。BPD是一種心理健康診斷，特徵包括情緒不穩定、思維模式混亂、衝動行為，以及與他人之間關係強烈但常常不穩定。幾十年來，萊恩漢在心理治療領域始終地位卓著。她畢生奉獻給精神健康治療，而且在六十八歲時首次公開了自己在精神方面的苦戰。包括了她在十七歲時曾經因此住院二十六個月，而在那之後幾年，曾經多次企圖自殺和自傷。但隨著時間過去，她進行了一系列的治療，然後康復了。正如她在二〇一一年接受《紐約時報》訪問時所提，她將自己的康復歸功於她學會接受自己本來的樣子，以及認識到改變的必要性。[3]確實，這雙重歸因成為了DBT的基石，這是一種認知行為療法，結合了一系列其他概念，如接受和覺察（mindfulness，又譯正念）。

「辯證法」（Dialectical）一詞源自於dialectic，意指研究矛盾及其解決方法。因此，在DBT中的目標，是透過在實現接受和改變需求之間找到平衡，解決人們生活中的矛盾問題。其中一個目的，是直接鎖定自殺行為或任何可能干擾治療的行為，以及其他危險、破壞性的行為。後者可能包括一些邊緣型人格障礙的症狀。DBT是一項密集介入方法，結合了每週的心理治療、團體技能培訓、電話支持以及與多位治療師的諮詢，通常會在十二個月之內完成。萊恩漢對近期有自殺傾向和非自殺行為的女性，進行了隨機分派臨床試驗，研究結果令人印象深刻，影響重大。兩年的研究包括了一年治療和一年追蹤，接受DBT的人嘗試自殺的機率只有一半，她們也較不容易因自殺念頭入院。[4]最近還有愈來愈多證據表明，有種調整過的DBT版本——青少年辯證行為治療（DBT－A），對有反覆自傷和自殺行為史的青少年可能有效。[5]在適應方面，用於青少年的介入措施期程被縮短了，為期十九週。然而，如同成人的版本，DBT－A也包括每週的個別治療、家庭技能訓練、家庭治療，和根據需要提供給個人治療師的電話指導。整體而言，當不同研究的結果整合在一起，成年人和青少年的DBT似乎能有效地減少自傷或自殺行為的頻率，但不會降低人數的比例。

•認知療法和認知行為療法

在所有針對自殺行為的心理社會介入中，大部分研究工作都集中在認知治療（CT）和認知行為治療（CBT）上。我一直都不太清楚兩者之間的差別，因爲據我所知，這兩種經常被交互使用。在這個部分，我選擇沿用該試驗作者所用的術語，視其原來使用的是CT還是CBT。CBT是由美國精神科醫生暨諮商心理師亞倫·T·貝克在一九六〇年代所開發，是一種將憂鬱症概念化並加以治療的新方法。他此一開創性成就奠基於憂鬱症的認知模型之上。[6]認知模型的中心前提，是憂鬱症患者的訊息處理系統運作失調，導致他們對自己、世界、未來的看法被扭曲了。這種認知三要素使他們相信自己不值得愛，周遭的人認為他們一無是處，而未來只會變得更糟。根據貝克的觀點，這些信念是透過一系列的認知偏差形成的，例如負面自動思考。當我們感到壓力，這些負面自動思考尤其成問題，因為它們已成習慣，而且對我們的情緒和行為產生了不良影響。當我們相信最糟糕的事情即將發生，我們視事物非黑即白的可能性增加，「認為事情不是好就是壞」，這些負面自動思考能導致我們變得更容易自我批評，促成災難性想法。如果你回想一下IMV模型的核心要素，很容易看出這些負面的自動思考（以及其他認知偏差）如何促使人感到失敗、羞愧、負累、無法忍受的受困感。

循著認知模型的脈絡，貝克開發了認知行為治療，以挑戰功能失調的想法和行為，以改善情緒調節能力並發展解決問題的策略，最初是用於治療憂鬱症，然而現在已經擴展到一系列的心理健康狀況，包括自殺行為。[7]認知行為療法透過一系列的治療階段，幫助人們重新構想他們的想法和行為方式，獲取新的技能以減輕痛苦，並通過未來的挑戰。

預防自殺的決定性試驗由格瑞戈里．布朗帶領，並於二〇〇五年發表結果。他在與貝克合作的過程中，發現曾經嘗試自殺的成年人如果接受了專門設計來預防再次行動的認知治療，在接下來十八個月內再次自殺的可能性，比常規照護組的參與者低五〇％。[8]在這十次的CT療程期間，參與者確定了在自殺嘗試之前被活化的立即想法、圖像、信念，發展出認知和行爲策略，幫助這些人應對後續的壓力源和自殺觸發因素。其他的易感性因素，例如問題解決能力不足、衝動控制、社交孤立，也在治療末期得到了處理，加強預防復發。

最近，臨床心理學家大衛．路德和克雷格．布萊恩以及同事表明，在一個軍人樣本中，與單獨接受常規治療的人相比，有種簡短版本的認知行為療法可使自殺企圖減少六〇％。[9]只有時間才能告訴我們這種簡短版本的CBT，在其他群體中是否同樣有效。回到之前提及的回顧研究，在不同群體和不同研究團體之中所呈現最有力的證據是CBT。確實，考科藍文獻得出的結論，與常規治療相比，「以CBT為基礎的心理治療具有顯著效果」。然而，我們目前還不清楚CBT在減少兒童和青少年自殺行為方面的效果有多大。而這種不確定性很大的原因，是因為針對年輕人做的試驗很少。然而有些證據顯示，心智化治療（mentalisation-based treatmen）（一種為期十二個月的心理動力治療）在減少青少年自傷方面可能有效。[10]這項介入包括每週個別晤談，和每月家庭治療，關注在衝動性和情緒調節，旨在幫助年輕人在困難境況下更好地表達自己的感受以及他人的感受。此外，倫敦國王學院的丹尼斯．烏格林及其同事對青少年企圖自殺和自傷的治療介入進行了另一次回顧研究。[11]他們得出結論，有證據表明治療介入有效，這主要是基於DBT、CBT、心智化療法的研究所得出。

綜上所述，在每一種不同的心理介入方法之中，明顯地，儘管它們可能具有不同的焦點或指導基本原理，但同樣的關鍵過程一次又一次浮現，成為治療的目標。確實，這些常見的元素——衝動性、自我批評、因應、意象、問題解決、自我價值——都可以映射到IMV模型之上。

• 合作型自殺評估與處遇方案

合作型自殺評估與處遇方案（CAMS）由華盛頓特區美國天主教大學的臨床心理學家大衛．喬布斯於九〇年代開發[12]，其重點是辨認和定位自殺思想、衝動、行為，將它們視為治療的「優先」目標，而不是先考慮潛在的精神病理學。這是一個用於評估和治療自殺念頭和行為的治療框架。CAMS的指導哲學是讓易感的病人穩定下來，並使他們迅速參與自身安全的管理。[13]我和喬布斯認識多年，也熟悉他的工作成果，我們是好友，但我仍然記得二〇〇八年他在格拉斯哥舉行的歐洲自殺和自殺行為研討會上的一次演講，讓我留下了深刻的印象。該次演講中，他重申了構成CAMS發展的想法，有兩個要點使我特別印象深刻，雖然是直接對應CAMS，但它們同樣適用於自殺預防的每一個方面。

首先，為了改善臨床照護，喬布斯長期以來始終主張，我們需要擺脫將自殺視為精神疾病的症狀或副產品的簡化論點。要減少自殺的念頭和行為，需要進行更多的精神疾病治療。他明確地表達了自己的觀點，而我也認同，也就是要緩解自殺相關的精神痛苦，需要的不僅僅是藥物。這並不意味著藥物沒有幫助，而是，當我們與有自殺傾向者合作時，自殺行為的治療應該是核心的臨床目標。這一點，連同更廣泛的心理痛苦，都應該成為核心的治療目標。

其次，喬布斯對傳統的「克雷佩林式方法」（Kraepelinian approach），也就是患者與臨床醫生之間的關係提出了挑戰。該方法以極具影響力的德國精神科醫生埃米爾・克雷佩林（一八五六－一九二六）命名，他被許多人視為現代精神醫學的奠基者。克雷佩林式方法的支持者，傾向於將臨床醫生視為專家，病人或客戶則被動地回答他們的問題，接受他們的診斷。喬布斯則熱中於改變「關係動態」（relational dynamic），遠離說教式的方法，轉向合作，因此在CAMS中包含了「協同合作」（collaborative）一詞。使用的方法若是CAMS，患者就是他們照護的積極合作夥伴，與臨床醫生一起努力尋找解決方法。臨床醫生帶著同理心直接處理自殺問題，承認病患的死亡渴望，但協助他們探索並協議替代方案。這不僅僅是一個概念上的合作，實務也是如此——臨床醫生會在評估和治療計畫中坐在病人旁邊，試圖傳達出一個訊息：他們將會一起努力找到解決方案。

CAMS的核心是自殺狀態量表（Suicide Status Form, SSF），這是一個在整個治療過程中使用的臨床工具，從評估、穩定計畫到治療計畫。在初始評估過程中，SSF橫跨了三個部分，這個量表被用來了解一個人所承受的精神痛苦程度。針對與他們的痛苦相關的情況、全面的風險評估，以及他們對於當時自殺整體風險的評定，都要進行。量表的結構也設計成希望引出個案想活下去的原因，而非想死的原因，並且找出一件能幫助個案不再感覺想自殺的事情。量表的最後一部分，是設計來促進治療計畫的談判協商。治療計畫圍繞著一系列需要解決的問題組織起來，連同目標的細節、目的，以及旨在解決問題的介入措施。

據我所知，就研究證據而言，CAMS已進行了五個隨機分派臨床試驗，還有其他試驗正在進行中。[14]在這些研究中，有一致的證據表明CAMS對社區門診患者、來自精神病專科照護中心的患者、學生、士兵，在減少自殺意念方面的效果都很顯著。不過迄今為止，每項研究的樣本規模相對較小，這使得判斷CAMS在減少自殺行為方面是否有效更加困難。

● 自殺嘗試短期介入計畫

儘管有愈來愈多的證據基礎，長期治療介入的一個主要挑戰，即是治療連貫性不佳。許多患者覺得他們的臨床醫生不理解他們，或者他們的治療不夠以患者為中心，或不夠共同合作（顯然上述的CAMS和其他心理社會介入是例外）。為了應對這些擔憂，瑞士伯恩大學的康拉德．米歇爾和安雅．吉辛—梅拉特開發了名為自殺企圖短期介入計畫（Attempted Suicide Short Intervention Program, ASSIP）的計畫，其臨床研究結果於二〇一六年首次發表。[15]其理論基礎是自殺是一種目標導向的行為。根據這個觀點，要了解自殺，就需要了解一個人的故事、信念、意圖、渴望。確實，我在發展IMV模型時，將自殺視為目標導向的行為這個觀點，對我的思考影響重大。我在演講中仍然常常引用米歇爾的話，因為他是我所知道的第一位將自殺視為有意識的行為，而不僅僅是疾病和病理跡象的人。他多年來一直抱持著這種觀點，早在他與其他學者共同開發ASSIP很久以前即是如此。

在臨床影響方面，ASSIP優先考慮的是治療聯盟（therapeutic alliance），即臨床醫生與患者之間的關係。它也大量取材於國際工作團隊「埃希團體」（Aeschi Group）所制定的臨床指南。這個團體由一群臨床醫生組成，他們於約二十年前首次聚集在一起，因為他們憂心嘗試自殺後患者緊急評估的品質。這個工作小組在瑞士的埃希也舉辦過半年一次的會議，討論針對有自殺傾向病患治療方法的新思路。我正好有幸在二〇〇二年參加了他們的第二次會議。

我對於會議工作坊記憶鮮明，當時康拉德播放了錄影，影片裡的病人述說他們自殺念頭和行為的故事。我們對病人和他們臨床醫生之間的對話進行分析，以確定最佳實務做法，反思並從這些對話中學習。埃希工作團體為改善治療方法而協定的六項原則值得強調，而且這些原則至今顯然仍然適宜[16]：

1. 與個案一同努力，共同理解個案想自殺的這件事。
2. 要知道，大部分想自殺的個案都處於精神痛苦之中，而且缺乏自尊心。
3. 不做批評，給予支持。
4. 在心理社會評估中，從個案自己的敘述開始。
5. 本次會診的目的是與個案建立治療關係。
6. 自殺行為的新模型，對於就個案的自殺狀態達成共識這點很重要。

雖然我們還有一段路要走，但令人欣慰的是，上述大部分新的心理社會介入措施，無論是短期還是長期的，都符合這些原則。即使是如安全計畫這種短暫的會診，若想取得成效，也必須共同合作，從對自殺痛苦的共同理解之中誕生。確實，這需要快速確立一種支持性的治療關係。

讓我們回到ASSIP（自殺嘗試短期介入計畫）。它由三個臨床晤談組成，並會在兩年內透過半標準化的信件進行後續追蹤。[17]第一個晤談中會確立治療關係，並進行敘述性訪談，詳細講述導致病人企圖自殺的故事。這個訪談在病人的同意下進行錄製，然後會在第二次晤談中重新播放。目標是取得對自殺危機的共識，重點放在從自殺念頭到自殺行為的轉變上。患者還會收到一份心理教育講義資料，並要求他們在述說和反思自己情況時，對這份講義提出意見。第三次晤談中將會討論講義，並共同商定警示信號和個人化的安全策略，並將這些討論好的事項與一份危機聯繫電話號碼和支持清單，一起提供給患者。然後，在接下來二十四個月內，會使用類似關懷信件的方式。患者將會在第一年每三個月收到一封含簽名的信件，然後在第二年每六個月收到一封信件。這些信件包含了一些由醫療專業人員親筆寫下的句子，但內容大部分是標準格式，提醒他們自殺危機的長期風險以及安全策略的重要性。

迄今，ASSIP只有一篇已發表的隨機分派臨床試驗研究，但研究結果極度振奮人心。在後續追蹤的兩年期間，只有五起企圖自殺，而對照的常規治療組則有四十一起。[18]這相當於自殺再嘗試的風險降低了八三％。此外，在追蹤期間，接受此介入計畫的患者住院天數減少了七二％。在國際上，還有其他研究團體正在他們的國家進行ASSIP試驗，所以，讓我們一起盼望研究結果也一樣是正面的吧。

•數位介入措施

到目前為止，我都專注在面對面的介入措施之上。然而，這忽略了一個事實，那就是大部分的自殺者在去世之前的十二個月內並未接受臨床照護。[19]因此，他們不太可能從上述量身訂制的治療中受益。此外，正如我所強調的，面對面治療的可用性往往十分有限，至少要排隊預約，因此我們需要考慮替代的治療模式。除此之外，還有一種現實情況，許多死於自殺的人過去可能從未尋求過幫助。因此，數位介入措施代表的是一種可接觸到那些不尋求幫助或目前被排除之人的重要方式。這些介入措施可以有不同的形式：有些提供針對失眠或憂鬱症自我引導的認知行為治療，而其他方式則包括正念或安全計畫。[20]雖然數位介入措施並不適合每個人，但它們將會被廣泛使用，尤其是在後疫情的世界。那麼，在數位介入措施的自殺預防特性這方面，有什麼證據可以說明？

一般而言，針對自殺念頭和行為的數位介入措施的證據，落後於針對憂鬱和焦慮等心理問題的其他線上支持。然而，有幾位澳洲的同事近年來一直在帶頭開發和評估創新的自殺預防數位介入措施。例如，二〇一九年，精神健康研究者蜜雪兒・托洛克，與雪梨黑犬研究所（Black Dog Institute）的首席科學家海倫・克里斯汀生及其同事共同發表了一篇回顧研究，內容是針對有自殺風險的人進行自我導引（Self-guided）的心理介入。[21]他們發現了十種直接介入措施，這些措施被稱為「直接」是因為它們針對的是自殺。還有六種間接介入措施，因為它們針對的是憂鬱症而不是自殺。整體而言，他們發現這些介入措施與其後自殺意念的立即減少有關。

他們還發現，最有效的是直接介入，而非間接介入。因此，不太可能單純依靠應用程式或網站的線上憂鬱症治療，就產生自殺預防的益處。這強化了喬布斯的觀點，也就是無論是面對面提供支持，還是透過數位方式提供支持，自殺行為都需要在治療中被直接處理。

還值得強調，自我導引的數位介入措施，其治療效果的重要性與面對面治療的效果相當接近。然而，關於數位介入的效果，仍有許多未解的問題。與面對面治療類似，數位介入對於男性與女性、年輕人與老年人、不同民族背景的人，或生活在世界不同地區的人（例如高收入、低收入、中等收入國家）而言，是否皆具有相同的功效，我們仍不清楚。我們也不知道起作用的構成要素是什麼，它們的保護效果能持續多久，以及最重要的，它們是否真的能減少自殺嘗試。事實上，針對自殺防治的數位介入科學仍處於剛起步的階段。但這項研究的前景是有希望的。儘管我們對於它們的有效性還有很多要學習的地方，但迄今的證據仍大有前途。

簡而言之，提供有證據基礎的心理社會介入給有需要的人，無論是數位的還是面對面的，都至關重要。很多時候，因自殺危機前往急診的人會在沒有治療計畫或適當支持的情況下就出院了。證據清楚顯示——我們需要做得更好，以確保照護的持續性得到優先的考量。這可能包括安全計畫的規畫、迅速轉介、結構化的追蹤和支持，讓患者從危機過渡到康復。[22]

PART 4

支持有自殺傾向的易感之人和自殺者遺族

Supporting People Who Are Vulnerable to Suicide or Bereaved by Suicide

做為國內和國際自殺防治討論的一部分，像我一樣的人們始終在高聲呼籲：「如果你擔心一位朋友或家人可能有自殺傾向，請直接詢問他們。」在這本書的最後一部分，我們聽取了曾如此直接詢問之人的見解——以及這麼問如何幫助我們拯救生命。然而，提出自殺相關的問題很困難，因此我將描述如何做到這一點，並且提供清晰的指導／提示，同時以最佳實務做法為行動基礎。希望能給你信心問出問題——我稱之為「大寫的S」的問題。

我還為家庭成員提供指導，幫助他們支持家中正處於自殺念頭或正在自傷的兒童或青少年。此外，我將會以不同的處理方法支持有該傾向的朋友或同事。考慮到創傷在有自殺傾向者中非常普遍，我們需要更加了解創傷，對因此可能受創傷影響的家庭成員、朋友或同事的需求保持敏感的態度。在最後一章裡，我會探討自殺的毀滅性衝擊——對家庭、同事、朋友，以及病人死於自殺的臨床醫生。

CHAPTER 12 詢問人們自殺的問題
Asking People About Suicide

你可能記得，沒有證據表明詢問自殺問題會在一人的腦袋裡種下這個想法（參見第五八頁）。然而，這可能成為一次拯救生命對話的開端。因此，如果您關心某人的福祉，請直接問他們是否動念自殺。這也許能為他們提供他們急需的幫助和支持。除了研究證據之外，我還遇到許多發生在真實生活中的例子。有些人曾經問過朋友或同事，是否曾經想過要自殺，而這便成了他們尋求幫助的催化劑。

數年前，一部我參與的紀錄片播出了。在那之後，一個名叫傑克的年輕人透過電子郵件告訴我，觀看這部片讓他有了信心，他開口詢問一位朋友是否正在考慮自我結束生命。這部BBC節目是《格林教授：自殺與我》，主持人就是節目名中的這位英國饒舌歌手「格林教授」。他進行了一趟探索男性自殺的個人之旅。[1]他對此的興趣部分源自於他試圖更理解自己父親的自殺。而且他對英國自殺案中有四分之三是男性這個統計數據震驚不已。儘管他用自己的饒舌歌曲講述了父親之死的故事，比如暢銷金曲〈人們就能讀懂〉*，但這部紀錄片是他第一次向親近的家人坦述有關父親之死的情況。這是一部情感豐沛的片，尤其是他和奶奶相處的片段。他年紀很小的時候，大部分由奶奶照顧。

這部片除了訪問我以了解自殺心理學，格林教授還與直接受自殺影響或曾嘗試過自殺的人會面。其中一個是班，他是位曾經企圖自殺的前橄欖球選手，後來康復了，而且情況良好。這正是讓傑克覺得獲益匪淺的一段。傑克「以前從未真正花心思去思考人們為何自殺」，班的例子使他對自殺和心理健康產生了不同的看法。觀看這部紀錄片之前，他只是覺得自殺「太可怕」而不去思考，而且他相信自殺的人「精神都有問題，沒人能幫助他們。」他也曾認為，他們和他「不是同一種人」，直到他在紀錄片中看到班。班讓他想起自己的哥哥——他們長得很像，一樣的習慣動作。這讓傑克意識到，有自殺傾向的人和其他人沒什麼兩樣。然後，過了幾個星期，他和好夥伴阿卜杜勒出去喝了幾杯酒，他剛和女友分手，明顯地心情低落，但他們不太習慣談論感情，所以傑克一開始先讓對話氛圍保持輕鬆愉快。

這次分手是阿卜杜勒傷痕累累的感情史中最近的一次。當晚因為看了格林教授的紀錄片，傑克壯起膽子，問他是否想自殺。他回憶當時，他的努力顯得笨拙，因為他不知道該說什麼，但他的努力還是起了作用。一開始，阿卜杜勒似乎對這個問題感到吃驚，但接下來，他不發一語就開始哭泣。傑克事後得知，那些淚水是解脫的眼淚，因為阿卜杜勒以前從來沒有大聲說過「我精疲力盡，只想死了算了」的話。所以，當傑克結結巴巴地提問時，對阿卜杜勒來說彷彿卸下了重擔。他也很激動，因為有人意識到他並不好。他覺得很難解釋，但他覺得更安全了。第一次和別人分享了他的「黑暗想法」之後，他覺得稍微能控制自己了。第二天，阿卜杜勒聯繫了他的家庭醫生。不久之後他去見一位諮商心理師，對方真正幫助到他逐漸接受他所經歷的失去，包括他破裂的感情。他在接下來的幾個月仍然苦苦掙扎，但是傑克和阿卜杜勒有個協議，就是如果阿卜杜勒再想自殺，就聯絡傑克。他們初次針對自殺展開對話的幾週後，他聯繫他了。阿卜杜勒感到情緒極為低落，並且擔心無法保護自己的安全。但只是與傑克坦率地聊天，就足以讓阿卜杜勒渡過危機，直到下一次與他的諮商心理師見面。

幸好，像傑克和阿卜杜勒這樣的故事變得愈來愈普遍。的確，在蘇格蘭，我們最近推出了一個名為「同心預防自殺」的嶄新自殺防治公眾宣傳活動。[2]這項活動的目標是讓一般大眾掌握談論自殺的知識、技能、信心，並支持有需要的人獲得幫助。這項活動是面向我們所有可能有自殺傾向的朋友、熟人、同事或家人。我們正在建立一場自殺防治的社會運動，基礎是「自殺防治，眾人之事」的口號。事實就是如此。我們戰勝自殺災難的唯一途徑，就是我們每個人都在自殺預防中扮演好自己的角色，無論多麼微不足道。這個角色可以簡單帶給人微笑，向處於困苦的人伸出援手，或是在我們看到心理健康污名時大聲反對。

*〈Read All About It〉，此曲由英國歌手艾蜜莉・珊黛（Emeli Sande）負責演唱。

幾年前，心理健康慈善機構撒馬利亞會發起一場提高公眾意識的運動「小小談話，拯救生命」，也是讓我們每個人都參與自殺防治的出色範例。[3]這個活動的主要目標是告訴一般大眾，一點小小的談話可以打斷一人的自殺念頭，從而拯救生命。這個活動與英國交通警察局、英國鐵路公司、英國境內的鐵路相關產業合作，為的是鼓勵人們在火車站或其他任何地方，就「那件事」與他人開始對話。他們的要求很簡單：「如果你覺得有人可能需要幫助，相信你的直覺，開始對話。」然而，他們在制定這項活動時，關鍵是請教了過去曾有自殺傾向的人們，並深入瞭解了密德薩斯大學心理學家麗莎・馬札諾的研究。[4]雖然這類活動帶來多巨大的影響可能很難量化，但在活動發起後的十五天內，這項多媒體宣傳活動已經觸及了超過一千萬人。史蒂芬・弗萊和動爵艾倫・舒格等知名人物的支持認可，也幫助這個活動擴大影響力。澳洲有另一個喚起公眾意識很好的活動例子，一個叫「你還好嗎？」的社會運動，讓成千上萬的澳洲人學到，當有人回答他們不好，自己該說些什麼。這個活動提供的是指點和資源，這樣一來，更多的人就能進行或許能拯救生命的對話。[5]

蘇格蘭是國際公認多年來將自殺防治放在政府政策前沿和核心的國家。主要原因是蘇格蘭在過去幾十年中，一直是英聯王國四個構成國中自殺率最高的。我在九〇年代末搬到蘇格蘭時，那裡的自殺率是英格蘭的兩倍，而蘇格蘭高地的自殺率更高。回看那時，現在情況大幅改善，自殺率在這十至十五年期間減少了二〇％。雖然無法確定自殺率減少的原因，但是自二〇〇二年以來，國家制定了策略和行動計畫防治自殺。[6]確實，該策略的一項關鍵部分，就是強調談論自殺和求助的重要性。該行動計畫還讓數千人接受了自殺防治介入培訓，以及使數千位處在痛苦中的個案接受簡短的減酒介入活動。而且，蘇格蘭每個地方政府也都制定了為當地社區量身訂製的自殺防範行動計畫。政策的核心理念是自殺防治需要採取公共衛生的方法，需要地方和全國層面都採取行動，我們每個人都可以發揮自己的作用。

○詢問自殺的指導提示

詢問自殺相關的問題可能很難，所以我將提供一些提示，希望各位覺得有用。做為蘇格蘭國家自殺防治響應的一部分，蘇格蘭國民保健服務開發了「對話的藝術」（Art of Conversation）——是一項資源，也是活動，旨在指導人們如何談論、傾聽、減少自殺相關的污名。[7]這是一個極好的資源，也許在傑克與阿卜杜勒談論自殺時，會發現它很有用。理念標語道盡一切：「問吧，說吧，挽救生命吧。」它在宣導：詢問一人的感受可以帶來積極的改變。不過，這項資源遠比其理念標語重要。它包含了有關迷思的資訊，概述了有關自殺的關鍵事實，並凸顯了一些可能表明某人有自殺傾向的警告信號。我已在其他章節提過這些警示信號，但在這裡全部集中回顧一下也很值得，連同其他我認為也很重要的警示信號。

•傾聽

在我的經驗當中，問及自殺念頭或自傷時會面臨一個主要障礙，如果朋友或家人回答「是的，我正在考慮自殺」，人們會不知該說什麼。當然，如果有人這麼回答，引起一陣恐懼和焦慮可以理解。你可能會感到害怕，擔心自己說錯話會讓情況變得更糟，或者不知道接下來該怎麼辦。其中有些焦慮可能與你非常渴望幫助他們解決問題有關。但是有時候傾聽就足夠了，而且傾聽使他們有力量尋求幫助。解決他們的問題並不是你的責任。這是我常犯的毛病，我沒在傾聽，

以下警示信號可能意味著一人有自殺傾向

如果有人出現以下情況，他／她可能正在考慮自殺：

- 他們談到被困住的感覺、對別人造成負擔，以及對未來感到絕望。
- 他們經歷了失去、拒絕或其他壓力龐大的人生事件，並且正苦於掙扎應付。
- 他們正在處理生活事務，例如贈送珍貴物品或整理遺囑。
- 他們的情緒改善了，原因卻無法解釋。這可能是因為他們已經決定了自殺是解決問題的方法。
- 他們在睡眠、進食、喝酒、吸毒或其他冒險行為方面出現明顯改變。
- 他們有自傷的歷史或曾經嘗試過自殺。
- 他們的舉止或行為變得不可預測或不符合本性。

而是回到了解決問題的模式。在這樣的情況下，我可能會錯過對方陳述的關鍵要素，因為我忙於思考下一步該做什麼改善情況。雖然我是出於好意，但這可能不是朋友或家人此刻所想要或需要的。永遠不要低估傾聽的力量。單純地傾聽非常重要，尤其當我們能透過開放性問題輕柔探問的時候，這種類型被稱為「主動傾聽」(active listening)，因為聽者正專注在對方的話語之上，試圖理解對方所說的內容並作出回應。這使得對方可以自行決定他們感到舒適的透露內容，同時保持對話的掌控權。回想一下第二〇三頁討論過的動機式晤談技巧——這個OARS技巧應該可以促進有效、支持性、積極的聆聽。在這個情境中，考慮控制的概念也非常重要，因為許多有自殺傾向的人感到無力和失去控制。

因此，即使是一些微小的控制實例也能產生巨大的改變，甚至為重新掌控人生中的事件和重新掌控自己的情緒奠定基礎，這並不令人意外。

•展現同情心

在蘇格蘭，我們發展了遇險簡短介入措施(Distress Brief Intervention)。[8]這是一項多機構的危機應對服務，針對處於痛苦中的人。由蘇格蘭政府做為先鋒，參與其中的合作夥伴範圍廣泛，有國民保健服務、教育、社會部門、志願部門、警察等。之前我非常榮幸能與在格拉斯哥大學的同事傑克·梅爾森和韋瑟羅一起，由我負責領導，三人一併負責發展這項服務的介入培訓。在此提及這項介入措施，是因為它的使命是為處於危機之人提供相互連結、充滿同情心的支持。在我看來，當我們與有自殺念頭的人交談，我們所有人應該努力做到的是：幫助他們感到連結，被同情心支持。

「遇險簡短介入措施」中慈悲心概念的形成，奠基於英國臨床心理學家暨作家吉爾伯特的研究成果，他是全球慈悲焦點治療*的權威之一。在他對慈悲（compassion）的定義中，他主張慈悲不僅僅是友好或關心的表現。[9]確切地說，它還包括有勇氣理解他人受苦的原因，並具備智慧知道如何解決。顯然，在雙方初次交談時，重點很可能在釋出善意和關懷。然而，思考勇氣和智慧的構成要素也確實很有幫助。提供慈悲回應的基礎，是能夠從處於痛苦之人的角度看待事物。這需要同理心，即能夠同時辨認和理解他人感受的能力。

我們應該將這些原則同樣應用於自己身上，因為自我慈悲對我們自己的福祉至關重要。在我開始自己的個人治療之前，我對自我的批評嚴厲，而且不太能接受自己的失敗，我花了太多時間在譴責自己之上。然而，在接下來的數月和數年的治療中，我能夠培養自我慈悲中勇氣和智慧的面向，而我的心理健康毫無疑問受益良多。你不需要採納我這番話，然而正如前面所提，我的同事克利爾回顧了研究文獻，發現在自我慈悲程度較高的人之中，較少出現自傷和自殺意念。[10]因此，下次當你有自我批評的想法時，或許你也能想想看，當天你說過或做過的一些好事。

‧建立信任和合作

當你試圖與有自殺傾向的人接觸，一件事很有幫助，要記住：他們可能有創傷史，或在人生早期經歷了逆境。正如我們在第七章中所看到的，童年時期經歷的創傷尤其有害，而且已被確定為自殺的風險因素。此外，這種創傷可能也會衝擊到他們成年後建立人際關係的能力。因此，他們可能會對他人抱持懷疑態度，這可能會表現為有人提供支持時，他們不願伸手或不願接受。這可能在一定程度上解釋了為什麼他們缺乏臨床服務，以及為什麼曾有自殺傾向的人常常被形容為最難接觸到的一群人。我不喜歡「難以接觸」這個詞，因為它不準確，有誤導性。這些人並不難以接觸，準確地說，是我們沒有成功接觸到他們。在參與治療這方面，等候的名單往往很長，或者存在著其他的障礙，有自殺傾向之人時常覺得服務不符合他們的需求，或服務機構讓他們失望了。

有鑑於這些參與治療的挑戰，人們愈來愈認知到這些障礙的存在，以及克服它們的策略。事實上，蘇格蘭是世界上最早發展出相關知識和技能框架的國家之一，以確保蘇格蘭的整體勞動人口意識到創傷的衝擊力，並具備適當的應對能力。由蘇格蘭國家衛生教育部、蘇

* 慈悲焦點治療（compassion-focused therapy）為一種心理治療方法，強調發展自我慈悲心、同理心、對他人的慈悲心，強調個人將關注焦點從自我批評和自我否定，轉向自我同情和自我慈悲，以改善心理健康和幸福感。

格蘭政府、有親身經驗的人，一起合作開發的「轉型心理創傷框架」旨在將了解創傷情況的做法，納入所有勞動領域。[11]對於未來的展望，是期望能理解並滿足任何年齡層受創傷影響的成年人和兒童的需求。這個框架的基本原則值得在此重新強調，因為它們在與經歷創傷者合作時，是有用的速記指南。實際上，我會再進一步，它們該是與需要幫助或支持之人進行對話的基石。這些原則可以用五個詞彙概括：

1. 合作
2. 賦權
3. 選擇
4. 信任
5. 安全

正如我在第三部中試圖明確指出的，針對自殺風險，最有效的介入措施都是合作式的。無論我們是家庭裡的一員、朋友還是醫護專業人員，當我們考慮經歷創傷之人的需求，相同的原則仍然適用。雙方討論可能很艱難的主題時，各退一步通常最好，試著從他們的角度看事情。或許，先詢問他們需要什麼，然後嘗試共同合作以滿足他們的需求。透過與他們逐步解決各種問題，幫助他們感到有能力和自主權，使他們能夠決定他們需要什麼。如果你正在試圖鼓勵他們考慮取得支持，在他們思考可及服務的利弊時，你是否有辦法支持他們？如果你是一名醫療專業人員，為他們的支持提供選擇吧。當然可能會存在限制因素，但是好比，在爲受虐被害人提供治療或支持時，人選上提供性別選擇可能格外重要。在整個過程中，試著透過誠實和清晰建立信任，最後確保隱私和保密性。當然了，建立信任的一部分包括清楚地傳達保密性的限制，即如果此人對自己或他人構成危險，可能需要打破保密原則。

我思考問出自殺問題的最好方法時，我腦海中浮現出一句關鍵的話：做個有人性的人。

CHAPTER

13

為有自殺傾向之人提供支持
Supporting Those Who Are Suicidal

有件我們都認同該關心的事情，如何以最好的方式支持一位有自殺傾向或可能自傷的家人、朋友或同事。當然，基於你與此人或家庭之間的關係，支持的類型將有所不同。在這個章節中，我將會利用最佳實務做法，強調需要留意的事項，並提供指導，幫助你在這些潛在的困難情況中確定方向。這份指導以上一章有關詢問自殺問題的提示為基礎，同時涵蓋了前面章節中試圖解釋人們最初為何會有自殺傾向的資訊。我會先從為家人提供支持的部分開始，然後再來談支持朋友和同事。

○為有自殺念頭或自傷行為年輕人的家庭提供支持

當一個家庭裡有年輕成員出現自殺傾向或自傷行為，支持這類家庭的第一步，是了解他們可能正在經歷的困境。當然，你試圖提供支持的家庭可能是你自己的家庭，或朋友的家庭。

然而，這章我以一般普遍的家庭書寫，因為我想這有助於我們所有人後退一步，思考我們如何才能以最好的方式支持他人，不分遠近。

你的家庭，或者有同樣情形的另一個家庭，將會試圖理解正在發生的事情，並逐漸接受這對他們和他們最親密的人意味著什麼。當年輕人出現自殺傾向或自傷情況時，父母和家庭成員經常會感到失敗、羞愧、內疚、震驚、憤怒。身爲父母，我們最彌足珍貴的任務就是保護孩子免於傷害。而通常我們在思考此事時，著重的是保護他們不要受到外在潛在的傷害，或盡力確保他們的身體健康。孩子可能會傷害自己的想法，對多數人來說是一種奇異的概念。但如同我在其他章節指出的，青少年自傷程度是一記響亮的警鐘。至少有十分之一的青少年在十六歲之前曾經自傷，其中五分之一是女孩，而且他們很可能在十二個月前就開始了。[1]還有更多的人會表達自殺的念頭，有些人會因自傷入院。性少數*的青少年，也面臨著自我傷害的想法和行為增加的風險。[2]

這樣的家庭經歷的污名和無助可能令人難以承受，不知道如何是好，或向誰求助。幾年前，牛津大學的安妮．費雷和霍頓發表了一項研究，訪談有兒女自傷的父母。[3]研究結果令人動容，強調了支持這些家庭渡過難關的急迫性。這些父母談到他們發現孩子自傷對他們所造成的立即衝擊：震驚、不敢置信，還有這件事對他們自己心理健康的持續影響。一些父母表示，他們變得憂鬱、心力交瘁、過度警覺、過度保護。對手足的衝擊也是多方面的，一些父母表示，家中沒有自傷的其他孩子感到憤恨和生氣，另一些父母則表示手足給出了支持。還有研究指出，一些手足對於自己的兄弟姐妹自傷感到有責任，其他人則感覺擁有這樣的兄弟姐妹帶來了污名。總的來說，這些訪談凸顯出家有自傷或自殺傾向的孩子，對家庭造成鋪天蓋地痛苦的衝擊。毫不奇怪，家庭單位中的張力也暴露出早已存在的緊張或關係中的裂痕，這可能進一步導致家庭中所有成員的情感負擔。因此，這些是你在努力支持這類型的家庭時，可能需要牢記在心的問題。如果你是處在這種情況下的父母，認識到你將會經歷許多不同的、經常相互矛盾的情緒很重要。正如我前面所提到的，不要太苛求自己，並且要善用家人、朋友、專業人士提供的支援。

另一個從這些採訪當中浮現的明顯主題，是許多父母都體驗到了深刻的孤立感，以及社會支持的價值和需要。一些父母發現朋友提供的非正式支持非常有幫助，對其他父母來說，他們感覺參加支持團體會有幫助。很不幸就我所知，這樣的支持團體非常少。不論你是住在格拉斯哥、北京還是紐約，在提供這類支持方面的選項都很有限。總的來說，這些研究結果和多年來我與許多這類家庭見面的經驗相互呼應。一旦他們克服了最初的震驚，他們腦中會有很多盤旋的問題需要答案：我如何保護我孩子的安全？我可以向誰尋求支援？我怎麼能

* 泛指對天生生理性別不適，或性取向、性向認同或性行為與周圍社會多數人不同的群體。

辜負我的孩子？別人會怎麼看我和我的家人？我如何在保護孩子隱私的同時獲得幫助？事實是，這些問題沒有簡單的答案。但若要試圖應對這類型家庭的大量未滿足需求，這些就是基礎的問題。這些是本章節想解決的一些關鍵問題。

這種情況的家庭試圖應對如此艱難的情況時，會出現許多張力。我記得幾年前我遇見一個家庭，我們在對話進行中出現過一些緊張的局面。當時我剛結束一場關於青少年自殺和自傷的公開演講，正式的問答環節已經結束，其他人都離開之後，有一對夫婦在等我。當晚稍早我已經注意到他們了，因為那位父親在我演講途中情緒激動起來，而當我迎上他的目光，他點點頭像是在說：「我沒事，沒問題。」所以，我很高興他們留了下來，因為這給我機會與他聯繫，確定一切是否都好。

在那個時候，他們仍然活在被這名父親形容為「一場徹頭徹尾的惡夢」中。他們的十五歲兒子亞倫，自小學以來就一直在友誼困擾中掙扎。他已經成為一個「個性孤僻的人」，而且自尊心已經「降到谷底」。亞倫一直覺得沒有人喜歡他，主要是因為他與同儕有些不同。即使到現在，他仍然沒有一個他可以稱之為好朋友的人。當青春期來臨時，情況更糟了，他也開始掙扎於自己性方面的問題。他十三歲生日之後不久，經歷了一段極度「黑暗的時期」，但他的父母最近覺得情況改善了。他似乎對獨自一人的生活感到滿足，大部分的空閒時間都花在玩 PlayStation 遊戲上。他的表現和其他許許多多的青少年似乎沒有太大差異，所以他們未多加留意。但在那之後，就在我遇到他們的兩個月之前，亞倫的睡眠變得極度混亂。突然一天晚上，完全沒有預兆下，他們發現他因服藥過量而昏迷不醒，最終入院。儘管病情嚴重，但亞倫非常幸運，並未留下任何後遺症，兩天後出院了。但這個家庭受到重擊。他的父母感到極為內疚，非常羞愧，因為他們辜負了他，而且對於他可能會再次嘗試而驚嚇不已。亞倫說這次服藥過量是一時衝動，他無法解釋自己為什麼會這樣做，他只是「承受不住」了。一如費雷研究中受訪的許多父母，他們非常震驚。這讓感覺像是對他們身為父母的一次襲擊。感覺像是兒子藉由傷害自己在攻擊他們。當然他不是，但他們無法克制地對兒子感到憤怒和憎恨。支持這樣的家庭時，關鍵情緒和不難理解的反應如下：

亞倫的父母只是無法理解事情為何如此迅速升級，或者他們怎麼會沒有預料到這件事會發生。當他們倒帶回想，他們在前幾個星期對兒子感到焦慮不安，因為他的行為有些無法預測，而且具有攻擊性。但他們從未想過他會過量服藥。他們將他的躁動不安歸因於青春期的風暴，他試圖理解自己的性別認同和睡眠紊亂。他們來參加我的講座，希望能幫助自己理解發生了什麼事情。他們知道我無法給出具體的答案，但他們渴望分享他們的故事，想知道還有什麼別的方法可以保護兒子的安全。我解釋，我不是臨床醫生。我鼓勵他們再次找兒子的家庭醫生，確保制定適當的安全計畫。他們感到無助，對國民健康服務（NHS）感到失望。即便他們的兒子服藥過量，因為他否認自己有任何自殺意圖，他未被視為高風險患者。這家人被告知，等待治療的名單很長。在他們眼中，他們的兒子需要國民保健服務提供的安全網時，它卻消失了，這讓他和他的家人在沒有支持的情況下面對這一切。我希望這本書能幫助正在經歷這種可怕磨難的家長，在他們奮力保護孩子安全和健康的過程中，為他們帶來一些希望和建議。

遺憾的是，他們的經歷並不罕見。在英國和許多其他的國家，兒童和青少年心理健康治療的等待名單，長得令人無法接受。這不是盡心盡力的第一線醫療人員的錯，以我的經驗，他們和我一樣對治療延誤感到沮喪。我們常常聽到政治家談到確保心理與身體疾病並重的重要性，治療的等待期就是一個例子。儘管近年我們在這方面取得了一些進展，悲傷的是這更偏理想而非現實。亞倫的家庭在汪洋中迷失，不確定怎麼做才最能支持和保護孩子，反映了無數人的經歷。我們需要更努力，提供及時的支援給這樣的年輕人和他們的家庭。永遠記住，如果你擔心某位年輕人的自殺風險迫在眉睫，切勿猶豫，立即聯繫緊急救援服務。

我們還需要思考在學校管理自傷和自殺行為的風險。儘管挑戰重重，一項由瑞典卡羅林斯卡學院的達努塔·沃瑟曼領導的大型歐洲研究發現，一個名為「孩童心靈健康關懷計畫」的結構化方案能夠有效地減少青少年的自殺企圖和念頭。[4]這項方案是一個同儕支持計畫，鼓勵年輕人談論他們的心理健康，並討論他們認為重要的議題。即使無法全面實施，學校也應該努力遵從此計畫原則，為年輕人創造安全的空間，鼓勵他們進行角色扮演，討論他們的心理健康與福祉。

在過去幾年中，有些優良的線上資源已經被開發出來，以幫助父母和照顧者應對孩子的自傷行為。舉例來說，費雷和霍頓在與許多家庭的訪談基礎上，製作了一個名為「應對自傷：給父母和照顧者的指南」的線上資源。[5]這項資源首先解釋了什麼是自傷，以及成因，並強調了盡早處理的重要性。在接下來的部分，我借鑑他們的指導，概述家長或照顧者可以採用來應對的實際行動。

- **溝通，溝通，溝通！**

良好的溝通是支持你孩子的起點、中間、終點。應對自傷毫無疑問非常重要。然而，有時候要有效地做到不容易，尤其是當你受到驚嚇、對孩子生氣，或者他們對你生氣時。正如我們之前所看到的，亞倫的父母非常矛盾——他們愛他，但也很憤怒和驚恐。那麼，有什麼方法可以使溝通更有效？「應對自傷」資源提供了一些有用的提示，我將在接下來的幾段中總結概述，並加入一些我自己的想法。然而，考慮到應對孩子自傷所面臨的挑戰，我特意將其中許多提示塑造為你應該嘗試的事情。這等於肯認應對自傷很困難，所以當你無可避免地變得不耐煩、感到害怕或挫折時，盡量不要苛責自己。出現這樣的反應可以理解。

試著開啟對話，但要溫和地進行。如果孩子願意，緩和地提出自傷這件事。為了減輕緊張感，或許可以安排進行其他的活動——散步或開車，再進行對話。亞倫的父母住在海邊，他們在他服藥過量幾天後去海灘散步，談論發生的事情。年輕人可能一開始會試圖否認，或者他們可能不知道該說些什麼。他們可能會有很多情緒在作用著，可能會感到羞愧、尷尬或憤怒，甚至三種情緒並存。如果他們否認自傷，沒關係，或許以後再試一次。但是當你問他們任何難以回答的問題，一定要給他們一條出路。如果他們感到被困住或被逼到絕境，你很難問得更深入，也可能引起他們的憤恨。這也可能會增加受困感。盡可能給予他們解釋的機會，明確表示你會聆聽。試著不帶偏見地告訴他們，你愛他們，而且無論他們說什麼，始終都愛。告訴他們，自傷的行為不會改變你對他們的愛。

如果他們不想和你說話，試著不要被惹怒。建議他們不妨找其他人談談——可以是專業人士，像家庭醫生或其他健康專業人員。也要考慮到他們可能不想面對面交談，但他們可能願意接受簡訊、WhatsApp 訊息或電子郵件。問到他們為什麼要自傷時，試著以「你遇到了什麼事？」的方式提問。儘量避免含有負面詞語的陳述，比如「你哪裡有問題」。

你的孩子可能正在掙扎著理解為什麼他們有這種感覺，尤其他們正處於青春期的困惑中，試圖找出自己是誰。他們也可能正在「嘗試」不同的身分。盡可能地向你的孩子傳達肯定、同理心、同情心。確認他們的感受非常重要。即使你不能理解為什麼他們有這種感受，對年輕人來說，現實就是這樣。不要淡化他們的感受。你也應該告訴他們你理解，而且願意幫助他們減少痛苦。即使他們在你眼中看來可能沒問題，他們顯然內心正在苦苦掙扎，而且要記住，他們是最了解自己感受的人。有些父母覺得很難接受，認為自己懂最多。

一旦溝通建立起來，試著幫助他們辨識自傷的觸發因素。使用VHS（第一五一頁）或安全計畫（第一九七頁）——如果他們有這些觸發因素，這些工具用於辨識可能非常有用。同時，用組織、計畫、安排的方式思考，下次遇到這些觸發因素時如何做出不同的反應。如同我在安全計畫章節裡建議的，試著一起思考自傷的潛在替代方案（見下一頁）。

• 識別因應策略

試著不要以自傷定義你的孩子。提醒孩子他們的優點，告訴他們，他們不是失敗者，他們的掙扎會過去的。對於年輕人來說，要看到眼前危機之外的事物，可能特別困難。讓他們放心，告訴他們將來情況會好轉。即使他們現在還不知道怎樣做，他們可以繼續努力，而且可能會發現向醫生詢問有幫助。

讓思考超越目前的自傷事件，試著考慮其他選擇。幫助孩子思考其他應對情緒和感受的方法。替代方法可以是分散注意力的技巧，例如看電影或聽音樂，或者是舒緩的方式，例如洗澡、畫畫或做些其他有創意的活動。思考不同的情緒釋放方式也有幫助。對一個年輕人有效的方法，對另一個年輕人可能不適用。然而，緊握著冰塊直到它融化，或者拿橡皮筋繞在手腕上彈，可能會帶來一點宣洩感。一些年輕人說，運動或鍛煉、用筆在皮膚上繪畫，或用拳頭打柔軟的物品，例如枕頭，也可以做為有效的減壓活動。

• 該告訴誰呢？

要知道可以告訴誰這件事很棘手。重要的是要考慮到對方的反應。他們會害怕嗎？他們能夠理解嗎？這些決定總是在隱私需求和支持需求之間，取得一個良好的平衡。同樣地，和孩子討論清楚，詢問他們是否要告訴其他家庭成員（如兄弟姐妹）。我再說一次，沒有正確或錯誤的答案，這個情況就是需要認真思考保密與告知的利與弊。其他兄弟姐妹可能也需要一些支持處理自己的情緒，因為，即使自傷行為沒有暴露，他們可能已經察覺到某些事情不太對勁。

該告訴誰這點，還可能包括數位世界裡的人。這位年輕人可能已經在網路上分享過自己的經驗，或者正在考慮。喬．羅賓森和她來自澳洲墨爾本青年心理健康中心的幾位同事，與青年人際網絡共同開發了#chatsafe。這是一個相當有幫助的年輕人指南資源，可以讓他們安全地在網路上討論自殺和自傷。[6]這些資源已經過調整，可在不同國家使用，也提供了在網路上發文的實用工具和支持。具體而言，#chatsafe描述年輕人在線上分享自己的想法和感受時需要反思的事情，包括了提醒他們貼文可以在網路如病毒般迅速傳開，而且貼文一旦發布很難刪除，以及發布後監控貼文的有用小技巧。他們還為年輕人提供了一些照顧自己的實用建議。#chatsafe 也提供年輕人自殺身亡悲劇事件後紀念網站相關的指導原則。

• 家庭醫生的角色

家庭醫生在處理自傷或自殺風險方面的角色不應該被低估。事實上，他們通常是我們接受醫療照護的守門人。儘管大多數自殺身亡者在死亡前一年內並未與心理健康服務接觸，但在三十五歲以下的該族群中，至少有六〇至八〇%在自殺前十二個月內看過家庭醫生。[7]此外，超過一半自傷的青少年在前六個月內接觸過家庭醫生。[8]家庭醫生在辨識和管理自殺風險方面有巨大潛力，這不僅適用於年輕人，也適用於任何人生階段的人。

當然，家庭醫生確實面臨許多挑戰，首先，他們的諮詢時間通常被限制成不到十分鐘，因此要在這段時間內進行詳細的心理社會評估，可能很困難。其次，雖然許多自殺身亡者在死前十二個月內曾向家庭醫生或初級護理師求助，但他們並不常透露自己的自殺傾向。為了處理後者，我呼籲每位家庭醫生直接詢問每位他們擔心的病患是否有自殺念頭。若有，再進一步了解他們是否有所計畫，然後依此做出相應的回應。

雖然以下部分是針對家庭醫生寫的，但如果你是家長，孩子有自傷或自殺傾向，這也會為你提供一些指導原則，讓你了解對家庭醫生能有哪些期望。這裡的關鍵原則是讓家庭醫生與患者對話，不依賴風險評估量表或工具。透過與患者交談，家庭醫生可以匯集有關患者過去的資訊，並將這些資訊與患者目前的生活環境結合，以建立患者需求和風險的圖像。根據英國國家健康與照顧卓越研究院關於自傷管理的指南，我再次強調，家庭醫生不應該只是依賴臨床風險工具和量表確定自殺風險。它們就是起不了作用。正如我多年來的好友兼同事納夫・卡普爾（他是英國曼徹斯特大學的國家自殺保密調查與心理健康安全〔National Confidential Inquiry into Suicide and Safety in Mental Health〕的負責人）所說，沒有證據表明這類工具或量表能預測自殺。確實，使用它們可以提供一種虛假的安心感。簡而言之，臨床照護絕對不應該只是基於這些工具做決定。[9]當然，做為全面心理社會評估的一部分，或者做為繞著自殺風險展開討論的一種方法，使用這些工具可能有幫助，它們可以提供很有價值的訊息給家庭醫生和家人支持年輕人。

羅賓遜、印迪亞・貝萊爾斯—沃爾什及其同事，不是自己臆測自傷或有自殺傾向的年輕人希望從家庭醫生獲得什麼，而是實際詢問澳洲一群年輕人的看法。[10]再說一次，如果你是家長或家庭醫生，這些見解都非常寶貴。因為這些訊息將會幫助你準確地了解年輕人就醫時想要和需要什麼。這些討論引發了五個相互關連的主題：

第一個主題是希望進行合作式對話。我現在開始像跳針唱片一樣反覆重申，但是合作是我們管理自傷或預防自殺一切工作的核心。家長式觀點的日子——譬如，健康專業人士最了解他人的心理健康——那個年代已經過去了。此外，年輕人希望家庭醫生能夠積極主動詢問他們心理和生理健康的問題。有些年輕人表示，家庭醫生並未充分探討他們的自殺傾向，錯失了幫助的機會。我們需要從這些發現中學習。合作式對話還應該延伸到治療選項，包括不同決定的利益和風險。根據年輕人的觀點，這對提倡患者自主權和知情決定非常重要。如果你是一名家長，這可能是你要與孩子和家庭醫生一起討論的事情。

第二個主題是擔心在透露自殺風險時失去隱私。這點成為一些年輕人傾吐個人關於心理健康和自殺想法的阻礙。家長和家庭醫生需要考量到年輕人可能會擔心這點。在澳洲的研究中，年輕人關心他們的醫療記錄會留下哪些訊息，以及這些訊息可能流向何方，尤其是在醫療記錄日益數位化的情況下。這個主題突顯了病人對家庭醫生透明度和清楚度的需求，也就是關於病人個資將如何處理，以及會被透露給誰。

第三個主題聚焦於家庭醫生使用的標籤。舉例來說，有些年輕人不喜歡「有風險」這個詞彙。這被視為負面和嚇人的字眼，他們鼓勵家庭醫生考慮使用更正向的語言，或許著重在健康幸福而非風險之上。他們還希望醫生更關注他們的症狀和經歷，將他們視為一個完整的人，而不僅僅是簡化為診斷而已。傳統醫學認為，人不是健康就是生病，這種觀點也引發了反彈。年輕人認為這有問題，在一些案例中這還是錯誤的。這是給我們所有人的寶貴建議——要記住，不要侷限於任何標籤或診斷，試著透過他們的眼睛看待這個世界和年輕人的掙扎。

接續前一個主題，第四個主題則強調醫生態度的重要性。可以理解，如果家庭醫生給人的印象是冷漠，或表現出不近人情，年輕人將會對看診這件事反感，這肯定會成為吐露心理問題的障礙。無需多言，這個主題的內容同樣適用於所有支持年輕人的人，從家人到朋友，從教師到健康和社會照護專業人士皆然。年輕人也不喜歡墨守成規、「打勾」式的醫病互動方式。年輕人在討論關於自殺傾向或自傷時，也提到積極聆聽、良好的眼神接觸、參與感十足的態度都很重要。我們都應該牢記，當年輕人吐露隱私時會感到脆弱，因此我們應該避免評判、輕忽對待，也不應淡化他們的擔憂。

最後一個主題，年輕人都意識到了家庭醫生在提供實際支持這方面的重要性。他們認為家庭醫生在危機時刻是寶貴的資源，而且有些醫生覺得提供後續支持很重要。後者不令人意外，因為許多自傷或有自殺傾向的年輕人都感到自己不受重視，所以有家庭醫生——或其他專業人士長期關心他們的福祉，可以非常強而有力。

• 好好照顧自己

正如費雷和霍頓的研究所顯示，這些事對父母和照顧者的情感衝擊相當大。因此，這一部的最後一個重點：如果你是父母或照顧者，請記得要照顧自己的健康幸福。當然，在危機之中可能很難做到這點，但這至關重要。為自己留點時間。如果你不照顧自己的需求，你就無法滿足孩子的需求。

○對有自殺傾向的朋友或同事的支持方式

我曾經失去兩位朋友兼同事，他們都是自殺，所以我不確定自己在這點上，是不是適合給意見的人。不過，自從我朋友克萊兒去世，我花了很多時間反思自己的經歷。克萊兒曾經和我討論過她的自殺念頭許多次，我清楚地記得，我們最後一次深談她痛苦的那天。她確實感到困境重重，心力交瘁。那次對話以眼淚結束，我們給彼此大大的擁抱，此時，我當時還在蹣跚學步的女兒打斷了我們的對話，在克萊兒身上跳來跳去。她們喜愛彼此，而且克萊兒覺得早上很難熬，所以每次來訪，她和我女兒都會起得比我們其他人都早。這讓她們有很特別的情感連結。

我和克萊兒最後一次討論精神痛苦這個話題，是在她去世前幾個月，但我過去常想，我本來可以做出不同選擇的。當然，我無法改變過去，但有個想法在我腦海裡揮之不去，那就是我不夠直接。雖然我

> 如果你覺得孩子的安全受到威脅，請務必尋求專業的幫助，可以找你的家庭醫生或心理健康專家，或者聯繫諮詢熱線求助。如果你認為孩子的性命有立即的危險，別猶豫，立刻與緊急服務聯繫。書末附上了一份資源清單，包括可以尋求幫助的地方。

們談論過她的無助情緒，但在我的記憶中，我們從未討論過她是否會將想法付諸行動。我絞盡腦汁想找出答案，想不到為什麼我們沒有這麼談。是因為我認為她不可能付諸行動，所以才沒問嗎？或者我只是太害怕問出口，她會回答「是」？或者，克萊兒是不是不想討論這個問題，而我隱約察覺到這一點了？坦白說，我真的不知道為什麼我沒問。我至今仍然帶著這個遺憾生活，我覺得我本來可以給予克萊兒更多支持的。在我重播回憶裡，我應該要更認真看待她的精神痛苦，但我當時沒有。因此我的建議是，如果你正在支持一個不停表達自殺想法的人，請直接問他們：「你考慮過將這些想法付諸行動嗎？」如果他們的回答是肯定的，那麼請和他們一起探索求助和制定安全計畫。正如我之前所說，如果你擔心他們的安全，要督促他們聯繫專業人士。如果他們不情願，問問看你能否替他們聯繫。但是最終，如果他們不同意，而你認為他們的自殺風險迫在眉睫，你可能需要聯繫緊急服務。

很難察覺一個人是否有自殺的傾向，因為很多人努力保密他們的感受，表現得一切無恙。但要留心他們正在掙扎、難以應付的警示訊號。我在第二三六頁上做了概述，但這些內容值得再次重申。警示訊號可能包括了感到被困住或絕望、情緒焦躁、從事危險行為、表示自己感到孤獨，並且認為自己對他人是負擔，這些都是值得探討的示警紅旗。我已經提到孤獨幾次，但沒有說明孤獨與自殺風險有關的具體證據。我的同事海瑟・麥克萊藍在我們的一次文獻綜述中，就著重討論了這個問題，結果很明確。[11]孤獨感預測了隨時間增長的自殺念頭和行為，要解釋這種關聯，可能是由於孤獨者的憂鬱加重。然而，由於我們找不到任何相關的長期調查研究，無法就孤獨與自殺本身之間的關係發表任何言論。

如果你回頭看ＩＭＶ模型（第一〇六頁），你將會找到更多潛在的警示信號。毫無疑問，如果你有位朋友或同事表示自己有自殺傾向，請一定要認真看待。正如我在本書開頭所說，大約四〇％的自殺身亡者，在過世之前已經向某人透露過他們的自殺傾向。向別人透露自己的自殺傾向是件好事，因為這表示他們在尋求幫助。而且，這也是勇敢的舉動，因為他們可能一直以來都不願意透露自己的感受。他們可能焦慮於你的反應。因此，如果有位朋友或同事確實表達他們有自殺的念頭，試著不要帶批判的態度。不要表現驚訝、沮喪或不相信的反應。同情心和同理心是必需的，否則他們可能會在情感上再次封閉起來。

CHAPTER

14

自殺餘波下的倖存之道
Surviving the Aftermath of Suicide

因自殺喪失親友衝擊巨大。正如我在第一部開頭所寫，每出現一位自殺身亡的人，就可能有多達一百三十五人認識亡者。在這一類的最大型研究中，英國自殺喪親協會的雪倫．麥克唐納領導了一項對英國逾七千一百五十名自殺者遺族的調查。[1]她詢問了自殺事件對他們的衝擊，以及他們對支持服務的接觸情況。這些研究結果於二〇二〇年以報告形式發表，名為《從悲傷到希望：喪失親友或受自殺影響者的集體聲音》。有五分之四的受訪者回應道，親友逝世對他們的生活造成了重大或中等的衝擊。有超過三分之一的人表示出現心理問題，而有三八%的人考慮過結束自己的生命。長期以來，人們一直都沒有聽到自殺者遺族的聲音，他們也始終沒有得到足夠的支持。幸好這正在改變，但前方仍然有漫長的路要走。

二〇一七年，英國電台DJ兼電視節目主持人柔伊．波爾失去了她的伴侶比利，他自盡了。我記得在英國國家媒體上讀過她失去伴侶的消息。她感到無比悲痛，如同許多因自殺喪失親友的人，她一直在掙扎探問一個問題：「為什麼？」她為什麼不能拯救她所愛的人？

隨著時間過去，她說，她已經接受自己做什麼都沒辦法救他了。她知道比利的痛苦已經結束後，稍微感到安慰了點。這份失去激勵了她展開了艱苦的三百五十英里情緒減壓（Sport Relief）募款單車之旅，以提高人們對心理問題的認識，揭示男性自殺問題的規模，以及男性在情緒方面的廣泛需求並未得到滿足。她的英勇努力絕對不是徒勞，因為她在英國為心理健康組織籌集了超過一百萬英鎊。在二〇一九年的世界防止自殺日，蘇格蘭體育節目主持人艾美．艾恩斯在失去伴侶韋恩（亦是自殺身亡）九個月之後，談到了她在對抗自己的心理問題時，所經歷的無法忍受和可怕的痛苦。她當時在推特上的貼文非常強而有力，貼文強調了她的痛苦，並激勵人們伸出援手，最後的訊息以希望作結[2]：

> 韋恩自殺，我失去了他。這件事使我對生命本身產生了質疑。如果我能在#世界自殺防治日（#WorldSuicidePreventionDay）說些什麼，那就是，請與人聊聊，不要感到羞愧或隱藏自己的感受，你並不孤單。最重要的，請堅持等待更好的日子，我很高興自己這麼做了。

她的推特貼文本身就是一個簡短的介入。它具有我在第一九一頁所描述關懷信件的幾個特點，帶來讓事情可以好轉的希望。幾個星期後，英國廣播公司的蘇格蘭分部，就蘇格蘭公布最新自殺數據一事採訪我，而我在接受採訪時遇到了艾美。她對促進心理健康的熱情令我印象深刻，尤其是呼籲男性尋求幫助的訊息。毫無疑問，她的貼文將會幫助無數人，無論是每天努力活下去的人，還是因自殺喪失親友的人。的確，她貼文下面的留言證明了她訊息所提供的幫助和支持。

可惜的是，幾個月後，我在BBC蘇格蘭廣播電台聽到艾美的聲音。但她不是在談論運動。在那次的廣播之中，她情緒激動地談到了網路上的惡意評論。有個惡意的匿名Instagram帳號傳訊息給她，問：「你男朋友自殺是不是你的錯？」這真是卑劣至極，完全無法容忍，但她無能為力。雖然大多數失去摯愛的自殺者遺族並不是大眾眼中的焦點，但這個匿名帳號傳給她的訊息突顯了一個更廣泛的問題，超越了網路上的酸言惡語。我已經數不清有多少次——喪慟的丈夫、妻子、伴侶或其他家庭成員透露了他們無法忍受的痛苦，因為他們認為所愛之人自殺「就是」他們的錯。因此，很容易理解為何這樣令人厭惡的訊息會如此難以抵抗，因為對許多悲痛欲絕的人來說，他們已經在責怪自己了。我在書中前幾個章節寫到了這個問題：他們已經感受到的痛苦，又因為想到或許其他人也把摯愛的自殺歸咎於自己，而進一步加劇了。

來看看安迪吧，他的故事說明了許多自殺者遺族在親人過世後（尤其是剛離世幾天）所感受到的內疚和責備。安迪和麥可都年近三十歲，他們已經認識好幾年，但才交往九個月，同居了約四個月。然後麥可突然去世，晴天霹靂。兩人自從青春期後期起，就有相當廣泛的心理問題史。一天下午，安迪打電話給我時告訴我，他們曾經開玩笑說過，兩人當中比較有可能自殺的是他，絕對不是麥可。安迪在他二十出頭時，因為反覆自傷，常常手臂上綁著繃帶。相反的，儘管麥可從十八歲開始就因為注意力不足過動症和焦慮而服藥，但就安迪所知，他從來沒有自傷或嘗試自殺過。在去世前，麥可一直在與過去搏鬥。他在社福照護系統長大，最近他連絡上了他的生母。這次重逢讓麥可非常不安。這不是他所期望的，而且這似乎導致他開始酗酒。安迪不愛喝酒，因此麥可的飲酒習慣引發了不少爭吵。從安迪觀察到的來看，麥可似乎只是對這個世界感到憤怒。彷彿和母親相見這件事，釋放了他潛伏多年的一生隱痛。安迪最後一次看到麥可的時候，他們大吵一架，導致麥可哭著衝了出去。這種情況以前發生過，所以安迪沒有太過擔心。他上床睡覺，期待第二天早上醒來能看到麥可在他身邊。

但麥可再也沒有回來。他在隔天被通報失蹤，又過了三天，他的遺體才在離他們居住地不遠的荒地被發現。我和安迪談話時，距離麥可去世已經快滿一年。他告訴我，他現在好心情的日子遠多過不好的，這對他來說是很大的進步。但是壞日子降臨時，它們就和麥可剛去世時一樣可怕。即使他不斷告訴自己，他沒辦法做出什麼不一樣的事情，在那些黑暗的日子裡，他的思緒仍然不斷被最後一次爭吵吸引，然後就是我之前提到過的痛苦疑問：「為什麼？」那天晚上他為什麼沒有閉嘴忍住，而是和麥可爭吵？為什麼他對麥可的需求不夠敏感？為什麼麥可離開公寓後他沒有打電話給麥可？當然，在感覺好的日子裡，他對這些問題的回答不一樣：「爭吵是兩個人的事，不是一個人的事。」他始終非常支持麥可，但這就是不夠。麥可本來可以打電話給他的。為什麼兩人吵架之後總是他先求和呢？

這些都是我們在人際關係中掙扎的問題，但幸運的是，對我們大多數人來說，在親近之人死後，我們不需要重新思考這些問題的答案。當安迪感覺自己最黑暗的時候，他開始執迷於一個想法，那就是其他人都在為了麥可的死亡怪罪他。他覺得這十分難以忍受，因為他內心有部分認為自己難辭其咎，而且他堅信自己曾經偶然聽到幾個麥可的同事在談論，說他要為麥可自殺負責。但是當我們進一步討論，似乎沒有任何證據表明麥可的同事說過他以為的那些話。

失去麥可後的最初六個月裡，安迪不想跟直系親屬以外的任何人談論他的心情，更不願意向任何「善意的支持團體吐露心聲」。不過，在家庭醫生的建議和幾位朋友的輕輕勸導之下，他勉強開始參加一個自殺喪親倖存者（SOBS）團體。他發現這極其有幫助。SOBS是英國的一個全國性組織，為十八歲以上因自殺而喪失親友的每個人提供支持。這讓他能夠逐漸接受自己的內疚，也接受他不用為麥可的死負責。這也幫助了他處理自己感受到的強烈孤立感和污名感，現在他是這些團體堅定的倡議者。然而，我認識的每個人之中，有些人覺得這樣的團體很有幫助，但我也能想到有些人選擇不走這條路。對我來說，重要的是這些人應該有選擇的權利。需要這種支持的人都應該要能獲得。不幸事實並非如此。喪慟的支持多半由慈善機構提供，這些機構的存在則大多依靠募款的收益，經常無法滿足需求。專門的自殺喪親支持沒有常規性配置在全英國，這實在羞恥。確實，英國自殺喪親協會報告中有兩項建議與此相關。第一項建議呼籲實施至少最低標準的全國性喪慟支持服務，另一項則籲請為自殺喪親者或受到自殺影響者建立全國性的線上資源。

○ 支持自殺者遺族

自殺死亡發生後，每個人對悲傷的經歷都是獨特的，但有一些想法、感受、情緒，如內疚、憤怒、絕望是普遍的。有許多出色的書籍由自殺喪慟者所撰寫，或是由自殺喪慟者提出意見而寫成，這些書籍可以提供有用的幫助。[3]但就像一位最近失去妻子的丈夫告訴我的，這些相關書籍都很好，但在喪偶初期他實在無法長期間集中精力閱讀。因此，他通常會藉助網路搜尋，時常迷失在自助網站的虛擬兔子洞裡。然而，在一次短暫瀏覽網頁時，他發現了意外的黃金。他偶然發現了由牛津大學的霍頓開發的線上資源「幫助近在咫尺」（Help is at Hand）。[4]這個出色的線上資源得到了英國公共衛生部和英國國家自殺預防聯盟的支持。這項資源全面、詳盡，而且不會令人難以承受，提供了關於人遇到這些事可能會有何種感受的訊息，並提供關於如何告知死亡事件、以及該告訴哪些人的實際支援。它提供針對性的建議幫助與逝者有不同連結的人。

這部分內容是針對一個頗具挑戰性的環節：若孩子的父母或親近之人死於自殺時，應該怎麼告訴孩子？人們會產生一個自然的反應，保護孩子不讓他知道真相。當然，這取決於孩子的年齡和理解程度，而且這個決定顯然取決於父母或照顧者，但通常告知真相會更好。這麼做能避免他們從其他方式意外得知的風險，也給了他們機會提問，由他們信任的成年人使他們安心下來。他們可能正在經歷各種感受和情緒——從被拋棄，到內疚，到震驚或不信任。你可能也需要決定孩子是否應該觀看遺體或參加葬禮。再次強調，這些都是艱難的決定，取決於孩子的年齡和理解能力。如果可以，給孩子提供選擇是件好事。以我來說，克萊兒過世時，我們決定不帶我年幼的女兒去參加葬禮。我對這個決定感到後悔。我和女兒在那之後討論過，她希望她去參加了葬禮。因為她內心感覺像是，克萊兒明明這天還在，忽然某天就再也見不到了。女兒對這次經歷感到迷惘，同時失去克萊兒讓她感到無比悲傷——對她而言這件事沒有結束。

如果你最後決定，孩子太小，無法告訴他們真相，你可以在他們年紀大一點之後再去回溯，溫和地解釋實際上發生了什麼事，告訴他們為什麼你先前會告訴他們一個不同的版本。市面上也有一些好書，比如《紅色巧克力大象：寫給自殺喪慟的孩子》，這可以幫助支持父母或其他成年人與孩子一起進行敏感的對話。[5]對於因自殺而喪慟的兒童，還有特殊的服務專員和其他組織，家庭醫生應該能夠為你提供相關指引。如果過世的是手足，除了上述提到的反應，孩子可能會留下未解決的問題，尤其是當他們與過世的手足關係不好的時候。這可能需要細心的支持幫助年輕孩子逐步解決這些擔憂。

還有件事很重要，要留意逝者的朋友和同事，因為他們可能會感到被忽略了，或覺得自己沒有悲傷的權利。即使他們可能與逝者認識了一輩子，但由於他們不是親戚，他們可能會感到被排除在外。他們可能感到錐心的痛苦，悲傷不已，也在努力掙扎著理解發生了什麼事情，因為他們也失去了生命中重要的人。如果他們需要的話，絕對要為他們提供支援。這一點在英國自殺喪慟協會的調查中也凸顯了出來。那些失去朋友的人通常表示自己有被剝奪的感覺，或隱藏著悲痛，連帶還有社交孤立和被相關服務忽略的感覺。

自從克萊兒去世，我很認真思考朋友的死亡帶來的衝擊。不過我很幸運，她去世後，我得以立刻飛往巴黎，支持她的丈夫戴夫，並在接下來一週和她的幾位家人待在一起，試圖克服法國的官僚體系規範，以便將她的遺體運回國。儘管，我希望我在那週為戴夫、克萊兒的兄弟以及姐夫提供了支持，但對我和我自己的悲痛來說，也是如此重要。我在巴黎與他們共度的時光給了我許多安慰。在那五天裡，我們在哭泣的淚水和難以置信之中分享了回憶，既慶祝了克萊兒的生命，也悼念了她的離去。雖然那週的大部分時間我都不大記得了，但我記憶中最重要的，是在最後一天清晨拜訪葬儀業者。因為克萊兒將要最後一次搭乘飛機旅行，回家。

克萊兒去世之後，我幸運能夠幫忙處理她的身後事，許多其他喪失親友的人表示他們的經歷不同。在一個自殺喪慟的研討會上，因自殺而失去大學好友李的琳達，告訴我她仍然對李的家人生氣。她覺得他們把她排除在葬禮的種種安排之外。一部分的她明白，一個人去世時就是這樣，葬禮就是需要由家人安排。但她仍很生氣，因為在她看來，他們是最好的朋友，更重要的，李和他的家人關係非常差。在他艱難地掙扎度過大學時光時，是她撿起了他人生的所有殘破碎片。即使在喪友兩年後我與琳達交談時也是如此，她仍然為李的離世悲痛，並堅定不移地認為李離世之後的餘波妨礙了她的哀悼能力。不論琳達的具體經歷如何，更大的重點，是我們應該留意與已故之人有不同關係的人。不論關係為何，他們可能都需要關心和支持。

回到《幫助近在咫尺》指南，我總結了其中一些關鍵訊息支持大家，連同一些我與喪失親友者交談時得出的反思。如果你認識的人因自殺失去至愛，以下每一點都值得記住：

- 我們每個人都獨一無二，因此每個人對於悲傷的經歷也獨一無二。
- 走過喪慟沒有固定的途徑。
- 盡量不要告訴別人他們應該如何感受。如果失去親友的是你，當別人這麼對你說，盡量有耐心一點，他們是好意。

- 自殺的痛苦喪失感，那些與已逝者看似關係較遠（例如朋友和同事）的人也可能深刻感受。
- 悲傷的情緒可能令人難以承受，但也可能與平靜的時刻交織。
- 在親友逝世後的幾個星期、幾個月裡，很難預測情緒的強度。唯一可預測的是哀傷的不可預測性。
- 感受可能從憤怒到震驚、內疚、羞愧、拒絕、恐懼、孤獨、受困、污名感。
- 悲傷可能會對人的身體產生影響，可能會包括心悸、頭暈、頭痛。
- 心理健康可能受到影響，喪失親友者表示自己出現憂鬱、焦慮、創傷後壓力和自殺念頭。
- 在痛苦中，有些人表示會出現能接受了的感覺，因為他們所愛的人不再受苦了，而且結束生命是他們的選擇。

在實際幫助這方面，正如麥可的發現，談論想法和感受很有益。當然，每個人都會在自己的時刻找到自己的道路。起初，麥可在聯繫自殺喪親倖存者協會之前，先與他的密友和家人談過。與參加支持小組相比，尋求哀傷輔導的心理諮詢師或心理學家的幫助，可能更適合一些人。一些人也發現，花時間回憶所愛之人有幫助，這可以有很多不同的形式，包括寫日記、創造記憶盒、或參觀特別的地點。有些人則是試著保持活躍，並參加自我照顧的活動。

若要我說什麼是無益的——壓抑情感、大量飲酒、不尋求幫助，都可能是「最好避免」清單上的項目。

陪伴親戚或朋友是幫助喪失親友之人的關鍵，讓他們清楚知道，只要他們想傾訴，你隨時都會在他們身邊。嘗試不帶偏見，抱著同理心和慈悲心。如上所述，試著不要告訴他們「他們應該如何感覺」，因為每個人對悲傷的體驗都不同。他們應該順其自然。在支持他們的方面，他們可能只需要一個對死亡困惑有共鳴的人，或者一個分享回憶的空間。若是在特殊日期，例如忌日和假期，日子可能特別難過。你可能會覺得情緒上非常強烈，或耗盡精力，所以重要的是也要照顧好自己。如果喪失親友的人是同事，當他在事件之後重返工作崗位，提前找他們談話，了解他們在「讓其他同事知道」方面希望你做些什麼，可能有幫助。再一次地，指導原則是尊重意願。當其他人知道這件事時，一些人可能希望其他同事知道並瞭解。相反地，有些人可能希望隱私受到尊重。

雖然每年有數百萬人因親友自殺而悲慟，但令人吃驚，如何有效地支持這些悲痛親友的研究證據很缺乏。此外，許多事後介入研究的品質仍然低下，數量很少。事後介入，是為那些因自殺喪失親友者提供支持的介入措施。二〇一九年，墨爾本大學的卡爾・安德里森及其同事發表了一項回顧研究，針對因自殺喪失親友的人進行了介入措施，同時也包括了悲傷、心理健康或自殺相關的結果。[6]在三十五年的時間裡，他們只找到了十一個符合他們準則的研究。令人沮喪，研究結果並不一致。雖然一般的自殺後悲傷介入得到了一些支持，但針對自殺後複雜性悲傷（complicated grief）介入的效果並不佳。這些介入方法通常大不相同，很難確定哪種方法可能有效。有些介入措施是小組形式，其他的則是心理治療，次數也從單次到十六次都有。然而有個正面資訊，這些作者辨認出，在有效的介入措施之中，有幾項特點。他們得出結論，即採用支持性、治療性、教育性方法的介入措施似乎最具潛質。他們還強調了由受過培訓的引導師帶領的重要性，並認為使用介入手冊可能有益。

儘管大家樂見有這項回顧研究，但它對於哪些措施有效引出的問題多過答案。例如，目前尚不清楚在臨床環境中實施，還是有需求者家中，哪裡更好。或者，這些介入措施是否適用於不同生命階段、不同文化背景、來自高收入國家或中低收入國家的人。有鑑於我們已知因自殺喪失親友之人的自殺風險會增加，我懇請讓此領域獲得其向來亟需的資金支持。[7]

○因自殺而失去個案或患者

如果你是心理健康專業人員，你也會感受到病患或個案自殺身亡帶來的衝擊。最近在研究文獻的回顧研究之中，我們探討了這部分。在我的同事大衛．桑福德的帶領下（他同時也是位經驗豐富的諮商心理師），我們確認了五十四項研究，報告了病人自殺對心理健康專業人員的衝擊。[8]這對與家人和朋友的影響類似，在基於訪談的研究中，臨床醫生最常見的反應是內疚、震驚、悲傷、憤怒、責怪。有些人也疑惑，為什麼他們沒有預見死亡的到來。這種衝擊不僅僅局限於個人反應，這種經歷也造成了職業上的自我懷疑。有些心理健康專業人員表示，他們採取了謹慎和戒備的方法管理自殺風險。在一項研究中的證據顯示，有多達一半的臨床醫生因為患者自殺的創傷，產生了臨床上顯著的痛苦。所有研究都一致得出結論，即需要開展更多自殺影響相關的培訓，而且非正式的支持往往有益。

做為這個研究計畫的一部分，桑德福與心理健康專業人士進行深度訪談，親耳聆聽一位病人去世對他們造成的衝擊。[9]例如，蘇珊是一位有六年經驗的認知行為治療師——她強調發現最近的臨床合作個案自殺，對她帶來的創傷性質和震驚：

> 我當時十分震驚，然後突然哭出來……就像你經歷的任何一種創傷性事件，感覺像才是昨天的事。我能清楚記得得知消息的那天……這確實讓我覺得有責任，即使我知道我沒有，但你確實感覺自己像是接受了審判。

或是伊莎貝爾，她的個案自殺時她已經從業三年，她也感到震驚不已：

這真的很震撼，我發現這讓我非常苦惱，比我預期的還沮喪……我記得當時顫抖的感覺，身體很不舒服。

她感受到的責任也顯而易見：

他是我的個案，我的病人，我認為……我對這個年輕人有責任……我對這個年輕人出現強烈的責任感。我深深為他的母親遺憾，當然也因為他年紀還那麼小。我的天，這太可怕了。他們會追究我的責任，把我撕成碎片。

儘管桑德福的研究只有女性從業人員參與，但從我自己與男性臨床醫生交談和我們回顧研究的結果得知，男性從業人員也表示自己有相同的經驗。一件事很重要，要記住自殺的原因很複雜。因此，人的死亡永遠不該是一個人的責任。這些反應雖然可以理解，卻也凸顯出自我照顧的重要。以及，需要為患者自殺的心理健康從業者提供支援。正是為了這個目的，已有為精神科醫生開發的資源，但適用於所有個案自殺的心理健康專業人士。這項資源由牛津大學自殺研究中心開發，強調了一系列可能有幫助的策略，建議從業人員在死亡事件發生後，近期之內與周圍的人保持連結。[10]這應該有助於減少他們感到孤立的風險，並讓他們有機會獲得信任之人的支持。資源內描述的其他策略，包括提醒從業人員要自我慈悲，不要過度自我批評，也不要責怪自己，並強調專注在自己的情緒和身體健康的重要性，尋求非正規和正規幫助的價值。這也表示如果有必要，從業人員應該考慮暫時調整他們的工作模式，可能有助於他們從死亡的震撼和創傷中恢復。悲傷的事實是，大部分的心理健康專家在他們的職涯中，都可能會在某個階段因自殺失去一位個案。雖然每個從業人員的反應不同，如果他們不照顧自己，他們就比較沒辦法幫助那些最易感的人。

處理自殺的餘波並不侷限於心理健康的照顧場所。此處確認的原則和焦點，也適用於在生理健康、法醫、社會照護、教育環境中工作的專業人士。老師、社會工作者、監獄看守員的創傷，痛苦程度可能不亞於精神健康的臨床醫生。我們需要確保任何因自殺而失去個案、病人、學生、囚犯的人，都有人提供他們必要的、富有同情心的支持。

結語
Epilogue

在這本書中，我試圖提煉出我在自殺防治研究中，在個人層面和專業層面迄今所學到的一切。當我回顧過去十二個月的寫作，我一再被自己個人治療的經驗拉過去。規劃這本書的早期，我就是無法決定想表達些什麼。我感覺拘束又挫敗，努力掙扎尋找自己的聲音。那些感覺讓我回想起，初期我每週早上八點都會到諮商心理師的辦公室。當我走上位於格拉斯哥這座宏偉維多利亞式連動房屋的樓梯，我覺得緊張。我會一再問自己：「接下來的五十分鐘我要說些什麼？」因此，我很快就學會了自己編劇，這樣一來進入治療室時我已經準備好了，感覺自己受到保護，免於被人探問，並能安全地與沉默保持距離。顯然這是一種自我限制的策略，但是在那個時候，這是我感到安全並且保留對自己分享內容控制感的方法。

我花了幾個星期才放下在心裡編劇的保護策略，允許自己有空間讓思緒自然冒出。一旦這麼做，我就更有辦法處理是什麼造成我的不滿，並試著找到自己空虛感的核心。這個過程的感覺和我寫這本書的方式非常相似。起初，我發狂地讓字句落於書頁，沒讓自己停下來喘口氣，允許重要的思緒湧至表面。我專注在一些自殺預防的關鍵事實之上，因為這對我來說是安全的領域。然而，寫了幾天到幾週，幾週變成了幾個月，我變得較有自信。有了這種自由，我才得以突破我的個人經驗。

每晚，我會坐在電腦前，只準備幾句描述概況的句子，然後等待，看看自己會寫出什麼。偶爾，我會想起以前遇見的某位有過自殺傾向的人，或因自殺喪失親友的人，這會幫助我講述如何或為何有些人會突然產生自殺念頭，有些人不會。或者，相關的記憶會突然出現，讓我能夠傳達我們需要做的事情，以防止不必要的生命逝去，或者如何支持被留下來的人。我希望，藉著將這些個人回憶與研究證據結合，我能夠讓讀者感受到自殺者在最黑暗的時刻所經歷的想自殺的痛苦。自殺不是自私的行為，對大多數自殺者來說，這是最終極的絕望行為。

我也嘗試驅散關於自殺的種種迷思，說明從念頭到行為的複雜路徑，以及如何有效預防後者。我這麼做的過程中，試著提供希望，為曾經有自殺傾向的人帶來希望，為曾因自殺喪失過親友的人帶來希望。雖然我們無法讓逝去的人回到身邊，但我們可以支持留下來的人。如果我們一起努力，我們可以挽救更多生命。我最終企盼，處在一個社會，如果我們對自己和身邊的人更善良、更有同情心，我們將會在保護我們所有人免受自殺的摧殘這條路上，走得更遠。

謝辭 Acknowledgements

如果沒有家人、朋友、同事的支持和鼓勵，提供見解和啟發，這本書將無法實現。我特別感謝安迪・登霍姆、羅南・歐卡羅、戴羅・奧康納、蘇茜・奧康納、珍・皮爾基斯、亞歷山德拉・皮特曼、史蒂夫・普拉特、凱蒂・羅伯，在我寫作過程的不同階段閱讀了部分內容，給予了寶貴而建設性的回饋，或為我核實事實。不用說，若有任何不正確之處都是我的責任。西歐奈德・克利爾和卡倫・韋瑟羅在我思考全書結構時，他們在早期階段提供了很棒的意見。同樣感謝威爾・斯托爾，他慷慨地給了我有關作家事業的建議。

我也幸運能夠與許多出色的人合作，他們影響了我的思想，許多人也是我長期的合作夥伴。我要感謝克里斯・阿米蒂奇、克萊爾・卡西迪、德瑞克・德布爾斯、伊蒙・費格森、大衛・岡奈爾、基斯・霍頓、戴夫・喬布斯、納夫・卡普爾、奧利維亞・柯特利、馬修・諾克、羅南・歐卡羅、戴羅・奧康納、珍・皮爾基斯、史蒂夫・普拉特、蘇珊・拉斯穆森、諾爾・席希、艾倫・湯森德、馬克・威廉斯。特別感謝自殺行為研究實驗室的所有成員，從過去到現在，他們完成了我在本書中提到的許多研究；他們的活力、熱情、熱忱每天都激勵著我。

我也感激在旅途中遇到的所有人，尤其是那些喪親者或曾有自殺傾向的人。你們願意與我分享一些你們的故事，包括心碎和希望，使我深感謙卑。我還要感謝在過去二十五年參與我們研究的所有人。毫無疑問，我們所取得的任何進步，在很大程度上要歸功於你們慷慨地奉獻了你們的時間。

如果沒有一點點巧合，這本書可能永遠不會問世。正如我在前言中所說，我幾年來一直想寫這本書，但無法確定結構或形式。直到二〇一九年七月，在克里特島度假時，一個靈光乍現的時刻，我有了突破。我能夠想像出一條著手進行的道路，決定回到英國後立即聯繫潛在的出版商。如果沒有一些詭異／令人毛骨悚然／意外巧合（刪除不適用的部分），這本書可能不會問世。當我在返程當天瀏覽查看電子郵件時，其中一封來自企鵝藍燈書屋的編輯總監莎拉・西文斯基，看似平凡的郵件，標題是「來自出版社的邀約」。起初，我以為是要邀我審書。當時莎拉還在休育嬰假，但她發送了郵件，因為她渴望在收假後著手一些她想要探索的題目，其一就是有關自殺的書籍。我不敢相信這個巧合或時機，簡直心有靈犀。我非常感激莎拉，因為在接下來的幾週裡，她與我合作為這本書制定了結構，並向我介紹了Vermilion出版社的資深特約編輯山姆・傑克森。很幸運有山姆和馬爾塔・卡塔拉諾指導我完成出版。我也很幸運能夠有茱莉亞・凱勒威作為我的編輯，她敏銳但敏感的建議和編輯使這本書完善許多。

最後，這本書的問世也要感謝蘇茜、波比、歐辛的支持，他們不得不忍受我在二〇二〇年秋冬大部分晚上和週末都待在閣樓裡。

資源 Resources

檢附台灣自殺防治相關資源如下：

網站
- 台灣自殺防治學會 www.tsos.org.tw
- 珍愛生命數位學習網 www.tsos.org.tw/p/elearning
- 台北市政府自殺防治中心 tspc-health.gov.taipei

專線
- 生命線協談專線：1995
- 張老師專線：1980
- 24小時安心專線：1925
- 婦幼保護專線：113（家庭暴力、性侵害、性平心理支持和危機干預）

機構
- 馬偕醫院自殺防治中心
- 社團法人台灣失落關懷與諮商協會
- 桃園市生命線協會
- 衛福部心理衛生中心
- 各大醫院的心理衛生科或精神科

如果情況緊急，可以直接前往醫院的急診室或心理衛生科、精神科求助，接受專業的醫療輔助和心理治療。

英國自殺防治與急危救助資源（英語）：

UK Organisations

NHS 111 is available to provide urgent care, advice and mental health support, day or night.
Phone: 111, every day, 24 hours a day Website: www.111.nhs.uk

Samaritans is a voluntary organisation that offers support for anyone in distress.
Phone: 116 123, every day, 24 hours a day | Email: jo@samaritans.org | Website: www.samaritans.org

Young people in crisis

Childline is a free helpline for anyone under 19 in the UK with any issue that they are going through.
Phone: 0800 1111, every day, 9am to 3:30am (the number doesn't show up on the phone bill)
Website: www.childline.org.uk

The Mix is an information and support service for young people (25 years and younger). It operates via an online community, on social, through a free, confidential helpline or a counselling service.
Phone: 0808 808 4994, every day, 3pm to midnight.
Crisis messenger text service: text 85258, every day, 24 hours a day
Website: www.themix.org.uk

PAPYRUS is a national charity dedicated to the prevention of young suicide. It operates HOPELINEUK, which offers support and advice to young people (under 35 years) at risk of suicide.
Phone: 0800 068 41 41, every day, 9am to midnight | Text: 0786 003 9967

Email: pat@papyrus-uk.org | Website: www.papyrus-uk.org

Shout is a free, confidential, 24/7 text messaging support service for anyone who is struggling to cope, anywhere, anytime.
Text: Shout to 85258 | Website: www.giveusashout.org

YoungMinds aims to make sure all young people can get the mental health support they need, when they need it. The YoungMinds Crisis Messenger service is free 24/7 for young people experiencing a mental health crisis.
Text: YM to 85258
Phone: 0808 802 5544, Mon to Fri, 9.30am to 4pm, for parents needing help | Website: www.youngminds.org.uk

Adults in crisis

4 Mental Health is a group of professionals who have developed a range of mental health training programmes including safety planning resources.
Website: www.stayingsafe.net/home

Age UK provides services and support to older people. Phone: 0800 678 1602, every day, 8am to 7pm
Website: www.ageuk.org.uk

Breathing Space (Scotland only) offers a free, confidential phone service for anyone in Scotland over the age of 16 experiencing low mood, depression or anxiety.
Phone: 0800 83 85 87, Mon to Thur, 6pm to 2am; Fri 6pm to Mon 6am | Website: www.breathingspace.scot

CALM exists to prevent male suicide in the UK. The helpline is free, anonymous and confidential.
Phone: 0800 58 58 58, every day, 5pm to midnight | Webchat: www.thecalmzone.net/help/webchat

Email: info@thecalmzone.net | Website: www.thecalmzone.net

Lifeline is the Northern Ireland crisis response helpline service for people who are experiencing distress or despair.
Phone: 0808 808 8000, every day, 24 hours a day | Website: www.lifelinehelpline.info

Mind provides advice and support to empower anyone experiencing a mental health problem.
Phone: 0300 123 3393, Mon to Fri, 9am to 6pm | Email: info@mind.org.uk | Website: www.mind.org.uk

National Suicide Prevention Alliance (NSPA) is an alliance of public, private and voluntary organisations in England to reduce suicide and support those bereaved or affected by suicide.
Website: https://www.nspa.org.uk

SANEline offers a national out-of-hours mental health helpline for anyone affected by mental illness, including family, friends and carers.
Phone: 0300 304 7000, every day, 4.30pm to 10.30pm | Email: support@sane.org.uk | Website: www.sane.org.uk

Silver Line is a free confidential helpline providing information, friendship and advice to older people.
Phone: 0800 4 70 80 90, every day, 24 hours a day | Website: www.thesilverline.org.uk

Bereaved by suicide

Age UK provides services and support to older people.
Phone: 0800 678 1602, every day, 8am to 7pm | Website: www.ageuk.org.uk

The Bereavement Advice Centre supports and advises people on what they need to do after a death.

Phone: 0800 634 9494, Mon to Fri, 9am to 5pm | Website: www.bereavementadvice.org

Child Bereavement UK aims to help children and young people (up to age 25), parents and families, to rebuild their lives when a child grieves or when a child dies.
Phone: 0800 02 888 40, Mon to Fri, 9am to 5pm
Email: support@childbereavementuk.org | Website: www.childbereavementuk.org

Cruse Bereavement Care offers support, advice and information to children, young people and adults when someone dies. Phone: 0808 808 1677 – see website for operating times
Email: helpline@cruse.org.uk | Website: www.cruse.org.uk

Support After Suicide Partnership provides details of support for those bereaved or affected by suicide.
Website: www.supportaftersuicide.org.uk

Survivors of Bereavement by Suicide (SOBS) is a national charity providing dedicated support to adults who have been bereaved by suicide.
Phone: 0300 111 5065, every day, 9am to 9pm | Email: email.support@uksobs.org | Website: www.uk-sobs.org.uk

The Compassionate Friends provides support for those who lose a child from any cause.
Phone: 0345 123 2304, every day, 10am to 4pm and 7pm to 10pm
Email: helpline@tcf.org.uk | Website: www.tcf.org.uk

Winston's Wish provides support for bereaved children and families
Phone: 08088 020 021, Mon to Fri, 9am to 5pm | Email: chris@winstonswish.org.uk | Website: www.winstonswish.org.uk

國際組織

Befrienders Worldwide is an international network to provide emotional support services for people who are suicidal and/or in distress. The website includes useful information about international help and support.
Website: www.befrienders.org

The International Association for Suicide Prevention (IASP) hosts a database of organisations that provide crisis support in Africa, Asia, Europe, North America, Oceania and South America.
International Crisis Support: https://www.iasp.info/resources/ Crisis_Centres

Suicide.org also maintains a database of international crisis helplines.
Website: www.suicide.org/international-suicide-hotlines.html

其他網路資源（英文）

Building Suicide-Safer Schools and Colleges: A guide for teachers and staff.
www.papyrus-uk.org/save-the-class

#chatsafe: Tools and tips to help young people communicate safely online about suicide and self-harm.
www.orygen.org.au/chatsafe

Coping with Self-Harm: A guide for parents and carers.
www.psych.ox.ac.uk/news/newguideforparentswhoare-coping-with-their-child2019s-self-harm-2018you-are-notalone2019

Finding the Words: How to support someone who has been bereaved and affected by suicide.

https://hub.supportaftersuicide.org.uk/resource/finding-thewords

Help is at Hand: Support after someone may have died by suicide. A resource for people who have been bereaved by suicide. www.supportaftersuicide.org.uk/resource/help-is-at-hand

If a Patient Dies by Suicide: A resource for psychiatrists. www.rcpsych.ac.uk/members/supporting-you/if-a-patient-dies-bysuicide

National Collaborating Centre for Mental Health / NHS Health Education England: Self-harm and suicide prevention competency frameworks for supporting people who self-harm or are suicidal. www.hee.nhs.uk/our-work/mental-health/self-harm-suicideprevention-frameworks

Suicide Bereavement UK: Suicide bereavement training. www.suicidebereavementuk.com

Suicide Prevention Resource Center: Hosts extensive information and resources for training in suicide prevention. www.sprc.org

The Art of Conversation: A guide to talking, listening and reducing stigma surrounding suicide. www.healthscotland.com/documents/2842.aspx

Zero Suicide Alliance: Online suicide awareness training. www.zerosuicidealliance.com

英國交通警察局 British Transport Police
英國自殺喪慟協會 Suicide Bereavement UK
英國健康教育局 Health Education England, HEE
英國國家自殺預防聯盟 UK National Suicide Prevention Alliance
英國國家健康與照顧卓越研究院 National Institute for Health and Care Excellence, NICE
英國國家醫療服務系統 UK NHS
英屬哥倫比亞大學 University of British Columbia
倫敦大學皇家哈洛威學院 Royal Holloway, University of London
倫敦大學學院 University College London
倫敦高等法院 High Court in London
倫敦國王學院 King's College London
埃希團體 Aeschi Group
格拉斯哥大學 University of Glasgow
疾病管制與預防中心 Centers for Disease Control and Prevention
國家心理健康合作中心 National Collaborating Centre for Mental Health, NCCMH
國家自殺與心理健康安全機密調查 UK's National Confidential Inquiry into Suicide and Safety in Mental Health
國際 COVID-19 自殺預防研究合作團隊 International COVID-19 Suicide Prevention Research Collaboration
國際自殺防治協會 International Association for Suicide Prevention
密德薩斯大學 Middlesex University
曼徹斯特大學 University of Manchester
華盛頓大學 University of Washington
愛丁堡大學 University of Edinburgh
新堡大學 Newcastle University
維也納醫科大學 Medical University of Vienna
墨爾本大學 University of Melbourne
墨爾本青年心理健康中心 Centre for Youth Mental Health in Melbourne
撒馬利亞會 Samaritans
歐洲自殺和自殺行為研討會 European Symposium on Suicide and Suicidal Behaviour
諾丁罕大學 University of Nottingham
蘇格蘭國民保健服務 NHS Health Scotland
蘇格蘭國家衛生教育部 NHS Education Scotland

其他

#世界自殺防治日 #WorldSuicidePreventionDay
MQ心理健康研究 MQ Mental Health Research
十一鬍子月 Movember
小小談話，拯救生命 Small Talk Saves Lives
世界自殺防治日 World Suicide Prevention Day
生活方式與福祉研究 Lifestyle and Wellbeing Study
考科藍圖書館系統評論庫 Cochrane Library of Systematic Reviews
孩童心靈健康關懷計畫 Youth Aware of Mental Health, YAM
英國電影學院獎 British Academy Film Awards, BAFTA
國家醫療服務體系 National Health Service
最佳實況電視紀錄片心靈媒體獎 Mind Media Award for Best Factual TV documentary
愛丁堡國際書展 Edinburgh International Book Festival
幫助近在咫尺 Help is at Hand

經濟大衰退 Great Recession
預示 flash-forwards
維特效應 Werther effect
網路受害 cybervictimisation
認知可及性 cognitive accessibility
認知可用性 cognitive availability
認知行為治療 Cognitive Behavioral Therapy, CBT
認知束縛 cognitive constriction
調適障礙症 adjustment disorder
劑量－反應關係 dose-response relationship
戰或逃反應 fight or flight response
選擇性血清素再吸收抑制劑 selective serotonin reuptake inhibitors, SSRI
遺傳率商數 heritability quotient
隧道視野 tunnel vision
隨機分派臨床試驗 randomised clinical trial, RCT
靜坐不能 akathisia
壓力臨界點下降效應 stress-threshold lowering effect
舉證責任 burden of proof
轉型心理創傷框架 Transforming Psychological Trauma Framework
雙重歷程模型 dual process model
邊緣型人格障礙 borderline personality disorder, BPD
關係動態 relational dynamic
嚴重急性呼吸道症候群 SARS
蘇格蘭福祉研究 Scottish Wellbeing Study
辯證行為治療 Dialectical behaviour therapy, DBT
辯證法 Dialectical

組織機構

4心理健康 4 Mental Health
BBC蘇格蘭廣播電台 BBC Radio Scotland
匹茲堡大學 University of Pittsburgh
牛津大學 University of Oxford
牛津大學自殺研究中心 Centre for Suicide Research at Oxford
加州大學舊金山分校 University of California, San Francisco
卡羅林斯卡學院 Karolinska Institute
布里斯托大學 Bristol University
自殺行為研究實驗室 Suicidal Behaviour Research Laboratory
自殺喪親倖存者協會 Survivors of Bereavement by Suicide, SOBS
自殺預防資源中心—美國預防自殺基金會 Prevention Resource Centre-American Foundation for Suicide Prevention, SPRC-AFSP
西北大學 Northwestern University
伯恩大學 University of Bern
貝爾法斯特女王大學 Queen's University Belfast
哈佛大學 Harvard University
皇家檢察處及地方檢察官服務處 Crown Office and Procurator Fiscal Service
美國天主教大學 Catholic University of America
美國自殺學學會 American Association of Suicidology
英格蘭及威爾斯皇家檢控署 Crown Prosecution Service
英格蘭教會總會 General Synod of the Church of England
英國COVID-19心理健康與福祉研究 UK COVID-19 Mental Health and Wellbeing study
英國公共衛生部 Public Health England
英國心理學會健康心理學分會 British Psychological Society's Division of Health Psychology

《魔笛》*The Magic Flute*
伊斯蘭教法 Sharia law

專有名詞

ACSS-FAD 量表 ACSS-Fearlessness about Death scale
下視丘—腦垂腺—腎上腺軸 hypothalamic-pituitary-adrenal, HPA
介入 Intervention
內隱態度測試 implicit attitudes test, IAT
心理動力學心理治療 psychodynamic psychotherapy
世代比較研究 cohort comparison study
世界心理健康調查 World Mental Health Survey
主動傾聽 active listening
生命本能 eros
生物準備性 biological preparedness
生態瞬間評估法 ecological momentary assessment
皮質醇緊迫反應性 cortisol stress reactivity
立場書 position paper
同心預防自殺 United to Prevent Suicide
多向度完美主義量表 Multidimensional Perfectionism Scale
年齡標準化 age-standardised
死亡驅力 thanatos
百憂解 Prozac
自助技巧清單 Volitional Help Sheet, VHS
自殺人際理論 Interpersonal Theory of Suicide, IPTS
自殺行為的整合動機—意志模型 Integrated Motivational–Volitional Model of Suicidal Behaviour
自殺困境 suicidal entrapment
自殺狀態量表 Suicide Status Form, SSF
自殘卡片分類任務 Card Sort Task for Self-harm, CaTS
自傳性記憶偏差 autobiographical memory biases
克雷佩林式方法 Kraepelinian approach
克憂果 Seroxat
困境量表 Entrapment Scale
困境簡表 Entrapment Short- Form, E-SF
協同合作 collaborative
帕帕基諾效應 Papageno effect
治療同盟 therapeutic alliance
社會性仿效 social modelling
社會認知模型 social cognition models
阻礙逃逸模式 arrested flight models
青少年辯證行為治療 DBT-A
冒牌者症候群 imposter syndrome
後設認知 metacognition
相對可能性的衡量 the balance of probability
致死率 case fatality rate
計劃行為理論 theory of planned behaviour
負向急迫感 negative urgency
閃回 flashbacks
馬斯垂克急性壓力測試 Maastricht Acute Stress Test, MAST
問題導向因應 problem-focused coping
族群可歸因比例 population attributable fraction, PAF
梯度 gradient
傘式術語 umbrella term
替代效應 substitution effect
短暫急性照護自殺預防介入 brief acute care suicide prevention interventions
童年逆境經驗 adverse childhood experiences, ACE
意義建構 meaning-making
慈悲焦點治療 compassion-focused therapy
滑動門時刻 sliding doors moment

凱文・海因斯 Kevin Hines
凱思・霍頓 Keith Hawton
凱倫・韋瑟羅 Karen Wetherall
凱蒂・羅伯 Katie Robb
喬・羅賓森 Jo Robinson
提亞戈・左爾蒂亞 Tiago Zortea
普里安卡・帕德瑪納森 Prianka Padmanathan
湯瑪斯・喬伊納 Thomas Joiner
湯瑪斯・尼得爾寇特泰爾 Thomas Niederkrotenthaler
奧莉薇亞・柯特利 Olivia Kirtley
賈姬・羅傑斯 Jacqui Rodgers
達米安・巴爾 Damian Barr
達努塔・沃瑟曼 Danuta Wasserman
瑪莎・萊恩漢 Marsha Linehan
瑪蒂娜・迪・辛普利西歐 Martina Di Simplicio
瑪麗・海辛 Mari Hysing
蓋兒・霍尼曼 Gail Honeyman
蜜雪兒・托洛克 Michelle Torok
德里克・德・博爾斯 Derek de Beurs
潔西卡・黎貝洛 Jessica Ribeiro
勳爵艾倫・舒格 Lord Alan Sugar
穆赫辛・納哈維 Mohsen Naghavi
諾曼・克萊特曼 Norman Kreitman
諾曼・法伯羅 Norman Farberow
戴羅・奧康納 Daryl O'Connor
羅伊・鮑邁斯特 Roy Baumeister
羅南・歐卡羅 Ronan O'Carroll
麗莎・馬札諾 Lisa Marzano
蘇珊・拉斯穆森 Susan Rasmussen
蘿拉・麥克德莫特 Laura McDermott

地名

克里特島 Crete
貝爾法斯特 Belfast
德里 Derry
澳大拉西亞 Australasia

書報電影法案名

〈亞歷山大・漢密爾頓〉Alexander Hamilton
〈人們就能讀懂〉Read All About It
《公禱書》*Book of Common Prayer*
《少年維特的煩惱》*The Sorrows of Young Werther*
《心理學家》*The Psychologist*
《牛津英語詞典》*Oxford English Dictionary*
《刑法(自殺)法案》Criminal Law (Suicide) Act
《自殺之後的生活》*Life After Suicide*
《自殺法》Suicide Act
《自殺的線索》*Clues to Suicide*
《快思慢想》*Thinking, Fast and Slow*
《急診室》*Casualty*
《活著的理由》*Reasons to Stay Alive*
《紅色巧克力大象:寫給自殺喪慟的孩子》*Red Chocolate Elephants: For children bereaved by suicide*
《挺身而出》*Man Up*
《格林教授:自殺與我》*Professor Green: Suicide and Me*
《紐約時報》*New York Times*
《健康心理學最新消息》*Health Psychology Update*
《國際自殺預防手冊》*The International Handbook of Suicide Prevention*
《從悲傷到希望:喪失親友或受自殺影響者的集體聲音》*From Grief to Hope: The collective voice of those bereaved or affected by suicide*
《智能社會:進退兩難》*The Social Dilemma*
《痛苦的呼喊》*Cry of Pain*
《超越快樂原則》*Beyond the Pleasure Principle*
《漢娜的遺言》*13 Reasons Why*
《漢密爾頓》*Hamilton*
《論自我毀滅》*Essays in Self-destruction*

名詞對照表

人名

大衛・克朗斯基 David Klonsky
大衛・岡諾 David Gunnell
大衛・喬布斯 David Jobes
大衛・路德 David Rudd
大衛・桑福德 David Sandford
丹尼斯・烏格林 Dennis Ougrin
丹尼爾・康納曼 Daniel Kahneman
卡拉・理查森 Cara Richardson
卡洛琳・弗拉克 Caroline Flack
卡特琳娜・卡瓦利杜 Katerina Kavalidou
卡爾・門寧格 Karl Menninger
卡爾・安德里森 Karl Andriessen
史蒂夫・普拉特 Steve Platt
史蒂芬・弗萊 Stephen Fry
史蒂芬・艾倫 Steven Allan
史蒂芬妮・杜普尼克 Stephanie Doupnik
印迪亞・貝萊爾斯－沃爾什 India Bel-lairs-Walsh
安・約翰 Ann John
安妮・費雷 Anne Ferrey
安琪拉・薩馬塔 Angela Samata
安雅・吉辛－梅拉特 Anja Gysin-Maillart
安德魯・麥克勞德 Andrew MacLeod
朱莉・瑟雷爾 Julie Cerel
艾咪・艾恩斯 Amy Irons
艾倫・湯森 Ellen Townsend
艾倫・博斯特羅姆 Alan Bostrom
艾莉森・米爾納 Allison Milner
艾蜜莉・霍姆斯 Emily Holmes
艾德溫・史奈德曼 Edwin Shneidman
西奈德・克利爾 Seonaid Cleare
西蒙・拜倫－科恩 Simon Baron-Cohen
佛洛伊德 Sigmund Freud
克里斯・阿米蒂奇 Chris Armitage
克莉絲汀・查 Christine Cha
克雷格・布萊恩 Craig Bryan
坎蒂絲・比爾內瑟 Candice Biernesser
李奧・伯利 Leo Burley
亞倫・T・貝克 Aaron T. Beck
亞歷珊德拉・彼特曼 Alexandra Pitman
尚・巴許勒 Jean Baechler
尚塔・杜貝 Shanta Dube
林－曼努爾・米蘭達 Lin- Manuel Miranda
波魯蓋・西維特森 Borge Sivertsen
肯・諾頓 Ken Norton
芭芭拉・史丹利 Barbara Stanley
阿爾貝・卡繆 Albert Camus
保羅・吉爾伯特 Paul Gilbert
保羅・休伊特 Paul Hewitt
威爾・斯托爾 Will Storr
柔伊・波爾 Zoe Ball
珍・皮爾基斯 Jane Pirkis
約翰・多恩 John Donne
埃米爾・克雷佩林 Emil Kraepelin
格瑞戈里・布朗 Gregory Brown
海倫・克里斯汀生 Helen Christensen
納夫・卡普爾 Nav Kapur
馬克・威廉斯 Mark Williams
馬修・諾克 Matthew Nock（Matt Nock）
康拉德・米歇爾 Konrad Michel
莎拉・卡西迪 Sarah Cassidy
雪倫・麥克唐納 Sharon McDonnell
麥特・海格 Matt Haig
麥特・施皮塔爾 Matt Spittal
傑洛姆・莫托 Jerome Motto

Dec. 2020).

2 Irons, A. (10 Sep. 2019). Twitter. Retrieved from https://twitter. com/AmyJIrons/status/1171460355798601731 (accessed 3 Feb. 2021).

3 Wertheimer, A. (2013). *A Special Scar.* Routledge; Fine, C. (2002). *No Time to Say Goodbye: Surviving the Suicide of a Loved One.* Bantam Doubleday Dell Publishing Group: Lukas, C., & Seiden, H.M. (2007). *Silent Grief: Living in the Wake of Suicide.* Jessica Kingsley Pub.

4 Support After Suicide Partnership (Sep. 2015). Help is at hand. Retrieved from https://supportaftersuicide.org.uk/resource/help-is-at-hand (accessed 13 Dec. 2020).

5 Sands, D. C. (2010). *Red Chocolate Elephants: For Children Bereaved By Suicide.* Karridale Pty Ltd.

6 Andriessen, K., Krysinska, K., Hill, N., Reifels, L., Robinson, J., Reavley, N., & Pirkis, J. (2019). Effectiveness of interventions for people bereaved through suicide: A systematic review of controlled studies of grief, psychosocial and suicide-related outcomes. *BMC Psychiatry, 19*, 49.

7 Pitman, A., Osborn, D., King, M., & Erlangsen, A. (2014). Effects of suicide bereavement on mental health and suicide risk. *Lancet Psychiatry, 1*, 86–94.

8 Sandford, D. M., Kirtley, O. J., Thwaites, R., & O'Connor, R. C. (2020). The impact on mental health practitioners of the death of a patient by suicide: A systematic review. *Clinical Psychology & Psychotherapy.*

9 These interviews were conducted as part of David Sandford's PhD research at University of Glasgow.

10 Department of Psychiatry, University of Oxford (11 Aug. 2020). New resource for psychiatrists: Patient suicide. Retrieved from https://www.psych.ox.ac.uk/news/new-resource-for-psychiatrists-patient-suicide (accessed 27 Jan. 2021).

of self-injurious thoughts and behaviors in sexual and gender minority adolescents. *Journal of Abnormal Psychology,* 129, 114–21.

3 Ferrey, A. E., Hughes, N. D., Simkin, S., Locock, L., Stewart, A., Kapur, N., Gunnell, D., & Hawton, K. (2016). The impact of self-harm by young people on parents and families: A qualitative study. *BMJ Open, 6,* e009631.

4 Wasserman, D., Hoven, C. W., Wasserman, C., . . . & Carli, V. (2015). School-based suicide prevention programmes: The SEYLE cluster-randomised, controlled trial. *Lancet, 385*(9977), 1536–44.

5 Researchers at the University of Oxford (26 Nov. 2015). Coping with self-harm: A guide for parents and carers. Retrieved from https://www.psych.ox.ac.uk/news/new-guide-for-parents-who-are-coping-with-their-child2019s-self-harm-2018you-are-not-alone2019 (accessed 5 Dec. 2020).

6 Robinson, J., Teh, Z., Lamblin, M., Hill, N., La Sala, L., & Thorn, P. (2020). Globalization of the #chatsafe guidelines: Using social media for youth suicide prevention. *Early Intervention in Psychiatry*; chatsafe (n.d.). Tools and tips to help young people communicate safely online about suicide. Retrieved from https://www.orygen.org.au/chatsafe (accessed 27 Jan. 2020).

7 Luoma, J. B., Martin, C. E., & Pearson, J. L. (2002). Contact with mental health and primary care providers before suicide: A review of the evidence. *American Journal of Psychiatry, 159,* 909–16; Rhodes, A. E., Khan, S., Boyle, M. H., Tonmyr, L., Wekerle, C., Goodman, D., Bethell, J., Leslie, B., Lu, H., & Manion, I. (2013). Sex differences in suicides among children and youth: The potential impact of help-seeking behaviour. *Canadian Journal of Psychiatry, 58,* 274–82; National Confidential Inquiry into Suicide and Safety in Mental Health (Dec. 2019). Annual report 2019: England, Northern Ireland, Scotland and Wales. Retrieved from https://sites.manchester.ac.uk/ncish/reports/annual-report-2019-england-northern-ireland-scotland-and-wales (accessed 5 Jan. 2021).

8 Sayal, K., Yates, N., Spears, M., & Stallard, P. (2014). Service use in adolescents at risk of depression and self-harm: Prospective longitudinal study. *Social Psychiatry and Psychiatric Epidemiology, 49,* 1231–40.

9 Quinlivan, L., Cooper, J., Meehan, D., Longson, D., Potokar, J., Hulme, T., Marsden, J., Brand, F., Lange, K., Riseborough, E., Page, L., Metcalfe, C., Davies, L., O'Connor, R., Hawton, K., Gunnell, D., & Kapur, N. (2017). Predictive accuracy of risk scales following self-harm: Multicentre, prospective cohort study. *British Journal of Psychiatry, 210,* 429–36.

10 Bellairs-Walsh, I., Perry, Y., Krysinska, K., Byrne, S. J., Boland, A., Michail, M., Lamblin, M., Gibson, K. L., Lin, A., Li, T. Y., Hetrick, S., & Robinson, J. (2020). Best practice when working with suicidal behaviour and self-harm in primary care: A qualitative exploration of young people's perspectives. *BMJ Open, 10,* e038855.

11 McClelland, H., Evans, J., Nowland, R., Ferguson, E., & O'Connor, R. C. (2020). Loneliness as a predictor of suicidal ideation and behaviour: A systematic review and meta-analysis of prospective studies. *Journal of Affective Disorders, 274,* 880–96.

CHAPTER 14 —— 自殺餘波下的倖存之道

1 McDonnell, S., Hunt, I. M., Flynn, S., Smith, S., McGale, B., & Shaw, J. (2020). From grief to hope: The collective voice of those bereaved or affected by suicide. Suicide Bereavement UK. Retrievedfromhttps://suicidebereavementuk.com/the-national-suicide-bereavement-rport-2020 (accessed 12

21 Torok, M., Han, J., Baker, S., Werner-Seidler, A., Wong, I., Larsen, M.E., & Christensen, H. (2020). Suicide prevention using self-guided digital interventions: A systematic review and meta-analysis of randomised controlled trials. *Lancet Digital Health, 2*, e25–36; Tighe, J., Shand, F., Ridani, R., Mackinnon, A., De La Mata, N., & Christensen, H. (2017). Ibobbly mobile health intervention for suicide prevention in Australian Indigenous youth: A pilot randomised controlled trial. *BMJ Open, 7*, e013518.

22 Stapelberg, N., Sveticic, J., Hughes, I., Almeida-Crasto, A., Gaee-Atefi, T., Gill, N., . . . & Turner, K. (2020). Efficacy of the Zero Suicide framework in reducing recurrent suicide attempts: Cross-sectional and time-to-recurrent-event analyses. *British Journal of Psychiatry*, 1–10; Zortea, T. C., Cleare, S., Melson, A. J., Wetherall, K., & O'Connor, R. C. (2020). Understanding and managing suicide risk. *British Medical Bulletin, 134*, 73–84.

CHAPTER 12——詢問人們自殺的問題

1 BBC Three (2015). *Suicide and Me* [documentary]. Retrieved from https://www.bbc.co.uk/programmes/b06mvx4j (accessed 21 Nov. 2020).

2 United to Prevent Suicide: https://unitedtopreventsuicide.org.uk (accessed 22 Nov. 2020).

3 Samaritans (n.d.). Small Talk Saves Lives. Retrieved from https://www.samaritans.org/support-us/campaign/small-talk-saves-lives (accessed 22 Nov. 2020).

4 Marzano, L., Mackenzie, J. M., Kruger, I., Borrill, J., & Fields, B. (2019). Factors deterring and prompting the decision to attempt suicide on the railway networks: Findings from 353 online surveys and 34 semi-structured interviews. *British Journal of Psychiatry*, 1–6.

5 R U OK? (9 Sep. 2019). Working together to prevent suicide. Retrieved from https://www.ruok.org.au/working-together-to-prevent-suicide (accessed 22 Nov. 2020).

6 Platt, S., McLean, J., McCollam, A., Blamey, A., Mackenzie, M., McDaid, D., Maxwell, M., Halliday, E. & Woodhouse, A. (2006). *Evaluation of the First Phase of Choose Life: The National Strategy and Action Plan to Prevent Suicide in Scotland*. Scottish Executive.

7 NHS Health Scotland (22 Aug. 2019). The art of conversation: A guide to talking, listening and reducing stigma surrounding suicide. Retrieved from http://www.healthscotland.com/documents/2842.aspx (accessed 1 Dec. 2020).

8 Distress Brief Intervention: https://www.dbi.scot/ (accessed 1 Dec. 2020).

9 Gilbert, P. (2010). *The Compassionate Mind*. Little, Brown Book Group.

10 Cleare, S., Gumley, A., O'Connor, R. C. (2019). Self-compassion, forgiveness, suicidal ideation and self-harm: A systematic review. *Clinical Psychology & Psychotherapy. 26*, 511–30.

11 Scottish Government (13 Jul. 2020). Adverse childhood experiences (ACEs). Retrieved from https://www.gov.scot/publications/ adverse-childhood-experiences-aces/pages/trauma-informed-workforce (accessed 3 Dec. 2020).

CHAPTER 13——為有自殺傾向之人提供支持

1 Hawton, K., Saunders, K. E. A., & O'Connor, R. C. (2012). Self-harm and suicide in adolescents. *Lancet, 379*, 2373–82.

2 Smith, D. M., Wang, S. B., Carter, M. L., Fox, K. R., & Hooley, J. M. (2020). Longitudinal predictors

6 Beck, A., Rush, A. J., Shaw, B. E., & Emery, G. (1987). *Cognitive Therapy for Depression*. Guildford Press.

7 Information and resources for CBT are available via the Beck Institute: https://beckinstitute.org.

8 Brown, G. K., Ten Have, T., Henriques, G. R., Xie, S. X., Hollander, J. E., & Beck, A. T. (2005). Cognitive therapy for the prevention of suicide attempts: A randomized controlled trial. *JAMA*, *294*, 563–70.

9 Rudd, M. D., Bryan, C. J., Wertenberger, E. G., Peterson, A. L., Young-McCaughan, S., Mintz, J., Williams, S. R., Arne, K. A., Breitbach, J., Delano, K., Wilkinson, E., & Bruce, T. O. (2015). Brief cognitive-behavioral therapy effects on post-treatment suicide attempts in a military sample: Results of a randomized clinical trial with 2-year follow-up. *American Journal of Psychiatry*, *172*, 441–9.

10 Rossouw, T. I., & Fonagy, P. (2012). Mentalization-based treatment for self-harm in adolescents: A randomized controlled trial. *Journal of the American Academy of Child and Adolescent Psychiatry*, *51*, 1304–13.e3.

11 Ougrin, D., Tranah, T., Stahl, D., Moran, P., & Asarnow, J. R. (2015). Therapeutic interventions for suicide attempts and self-harm in adolescents: Systematic review and meta-analysis. *Journal of the American Academy of Child and Adolescent Psychiatry*, *54*, 97–107.e2.

12 Jobes, D. A. (2016). *Managing Suicide Risk: A Collaborative Approach*. Guilford Press.

13 Jobes, D. A. (2012). The Collaborative Assessment and Management of Suicidality (CAMS): An evolving evidence-based clinical approach to suicidal risk. *Suicide & Life-Threatening Behavior*, *42*, 640–53; Comtois, K. A., Jobes, D. A., O'Connor, S., Atkins, D. C., Janis, K., Chessen, C., Landes, S. J., Holen, A., & Yuodelis Flores, C. (2011). Collaborative Assessment and Management of Suicidality (CAMS): Feasibility trial for next-day appointment services. *Depression and Anxiety*, *28*, 963–72.

14 A list of all of the research studies for CAMS is available at: CAMS-Care Preventing Suicide. Retrieved from https://cams-care.com/ about-cams/the-evidence-base-for-cams (accessed 27 Jan. 2021).

15 Gysin-Maillart, A., Schwab, S., Soravia, L., Megert, M., & Michel, K. (2016). A novel brief therapy for patients who attempt suicide: A 24-months follow-up randomized controlled study of the Attempted Suicide Short Intervention Program (ASSIP). *PLOS Medicine*, *13*, e1001968.

16 The Aeschi Working Group: http://www.aeschiconference.unibe.ch (accessed 30 Jan. 2021).

17 Attempted Suicide Short Intervention Program (ASSIP): https://www.assip.ch (accessed 27 Jan. 2021).

18 Gysin-Maillart, A., Schwab, S., Soravia, L., Megert, M., & Michel, K. (2016). A novel brief therapy for patients who attempt suicide: A 24-months follow-up randomized controlled study of the Attempted Suicide Short Intervention Program (ASSIP). *PLOS Medicine*, *13*, e1001968.

19 National Confidential Inquiry into Suicide and Safety in Mental Health (Dec. 2019). Annual report 2019: England, Northern Ireland, Scotland and Wales. Retrieved from https://sites.manchester.ac.uk/ncish/reports/annual-report-2019-england-northern-ireland-scotland-and-wales/ (accessed 9 July. 2020).

20 Perry, Y., Werner-Seidler, A., Calear, A. L., & Christensen, H. (2016). Web-based and mobile suicide prevention interventions for young people: A systematic review. *Journal of the Canadian Academy of Child and Adolescent Psychiatry*, *25*, 73–9.

Planning Intervention Manual. Unpublished; O'Connor, R. C., Lundy, J. M., Stewart, C., Smillie, S., McClelland, H., Syrett, S., Gavigan, M., McConnachie, A., Smith, M., Smith, D. J., Brown, G. K., Stanley, B., & Simpson, S. A. (2019). SAFETEL randomised controlled feasibility trial of a safety planning intervention with follow-up telephone contact to reduce suicidal behaviour: Study protocol. *BMJ Open, 9*, e025591.

15 Miller, W. R., & Rollnick, S. (2013). *Motivational Interviewing: Helping People Change.* Guilford Press, third edition.

16 Stanley, B., Martínez-Alés, G., Gratch, I., Rizk, M., Galfalvy, H., Choo, T. H., & Mann, J. J. (2021). Coping strategies that reduce suicidal ideation: An ecological momentary assessment study. *Journal of Psychiatric Research, 133*, 32–7.

17 de Beurs, D., Kirtley, O., Kerkhof, A., Portzky, G., & O'Connor, R. C. (2015). The role of mobile phone technology in understanding and preventing suicidal behavior. *Crisis, 36*, 79–82; Nuij, C., van Ballegooijen, W., Ruwaard, J., de Beurs, D., Mokkenstorm, J., van Duijn, E., de Winter, R., O'Connor, R. C., Smit, J. H., Riper, H., & Kerkhof, A. (2018). Smartphone-based safety planning and self-monitoring for suicidal patients: Rationale and study protocol of the CASPAR (Continuous Assessment for Suicide Prevention And Research) study. *Internet Interventions, 13*, 16–23.

18 18 Stanley, I. H., Hom, M. A., Rogers, M. L., Anestis, M. D., & Joiner, T. E. (2017). Discussing firearm ownership and access as part of suicide risk assessment and prevention: 'Means safety' versus 'means restriction'. *Archives of Suicide Research, 21*, 237–53; Anestis, M. D. (2018). *Guns and Suicide: An American Epidemic.* Oxford University Press.

19 Brown, G. K., & Stanley, B. (2017). *Safety Plan Pocket Card.* Unpublished.

CHAPTER 11——長期介入

1 Hawton, K., Witt, K. G., Taylor Salisbury, T. L., Arensman, E., Gunnell, D., Hazell, P., Townsend, E., & van Heeringen, K. (2016). Psychosocial interventions for self-harm in adults. *Cochrane Database of Systematic Reviews*, (5), CD012189; Hawton, K., Witt, K. G., Taylor Salisbury, T. L., Arensman, E., Gunnell, D., Townsend, E., van Heeringen, K., & Hazell, P. (2015). Interventions for self-harm in children and adolescents. *Cochrane Database of Systematic Reviews*, (12), CD012013.

2 MQ Transforming Mental Health (Apr. 2015). UK mental health research funding. Retrieved from https://b.3cdn.net/joinmq/ 1f731755e4183d5337_apm6b0gll.pdf (accessed 20 Nov. 2020).

3 Carey, B. (23 Jun. 2011). Expert on mental illness reveals her own fight. *New York Times.* Retrieved from http://archive. nytimes.com/www.nytimes.com/2011/06/23/health/23lives.html (accessed 31 Jan. 2021).

4 Linehan, M. M., Comtois, K. A., Murray, A. M., Brown, M. Z., Gallop, R. J., Heard, H. L., Korslund, K. E., Tutek, D. A., Reynolds, S. K., & Lindenboim, N. (2006). Two-year randomized controlled trial and follow-up of dialectical behavior therapy vs therapy by experts for suicidal behaviors and borderline personality disorder. *Archives of General Psychiatry, 63*, 757–66.

5 Mehlum, L., Tørmoen, A. J., Ramberg, M., Haga, E., Diep, L. M., Laberg, S., Larsson, B. S., Stanley, B. H., Miller, A. L., Sund, A. M., & Grøholt, B. (2014). Dialectical behavior therapy for adolescents with repeated suicidal and self-harming behavior: A randomized trial. *Journal of the American Academy of Child and Adolescent Psychiatry, 53*, 1082–91.

3 Stanley, B., & Brown, G. K. (2012). Safety planning intervention: A brief intervention to mitigate suicide risk. *Cognitive & Behavioral Practice*, *19*, 256–64.

4 Ibid.

5 O'Connor, R. C., Ferguson, E., Scott, F., Smyth, R., McDaid, D., Park, A., Beautrais, A., & Armitage, C. J. (2017). A randomised controlled trial of a brief psychological intervention to reduce repetition of self-harm in patients admitted to hospital following a suicide attempt. *Lancet Psychiatry*, *4*, 451–60.

6 Stanley, B., Brown, G. K., Brenner, L. A., Galfalvy, H. C., Currier, G. W., Knox, K. L., Chaudhury, S. R., Bush, A. L., & Green, K. L. (2018). Comparison of the safety planning intervention with follow-up vs usual care of suicidal patients treated in the emergency department. *JAMA Psychiatry*, *75*, 894–900; Stanley, B., Chaudhury, S. R., Chesin, M., Pontoski, K., Bush, A. M., Knox, K. L., & Brown, G. K. (2016). An emergency department intervention and follow-up to reduce suicide risk in the VA: Acceptability and effectiveness. *Psychiatric Services*, *67*, 680–3; Doupnik, S. K., Rudd, B., Schmutte, T., Worsley, D., Bowden, C. F., McCarthy, E., Eggan, E., Bridge, J. A., & Marcus, S. C. (2020). Association of Suicide Prevention interventions with subsequent suicide attempts, linkage to follow-up care, and depression symptoms for acute care settings: A systematic review and meta-analysis. *JAMA Psychiatry*, *77*, 1021–30.

7 Stanley, B., Brown, G. K., Brenner, L. A., Galfalvy, H. C., Currier, G. W., Knox, K. L., Chaudhury, S. R., Bush, A. L., & Green, K. L. (2018). Comparison of the safety planning intervention with follow-up vs usual care of suicidal patients treated in the emergency department. *JAMA Psychiatry*, *75*, 894–900.

8 O'Connor, R. C., Lundy, J-M., Stewart, C., Smillie, S., McClelland, H., Syrett, S., Gavigan, M., McConnachie, A., Smith, M., Smith, D. J., Brown, G., Stanley B., & Simpson, S. A. (2019). Study protocol for the SAFETEL randomised controlled feasibility trial of a safety planning intervention with follow-up telephone contact to reduce suicidal behaviour. *BMJ Open*, *9*(2).

9 Stanley, B., & Brown, G. K. (2017). *Safety Planning Intervention Manual.* Unpublished.

10 Bryan, C. J., Rozek, D. C., Butner, J., & Rudd, M. D. (2019). Patterns of change in suicide ideation signal the recurrence of suicide attempts among high-risk psychiatric outpatients. *Behaviour Research and Therapy*, *120*, 103392.

11 Kleiman, E. M., & Nock, M. K. (2018). Real-time assessment of suicidal thoughts and behaviors. *Current Opinion in Psychology*, *22*, 33–7.

12 Health Education England (HEE), & National Collaborating Centre for Mental Health (NCCMH) (n.d.). Self-harm and suicide prevention competency frameworks. Retrieved from https://www.hee.nhs.uk/our-work/mental-health/self-harm-suicide-prevention-frameworks (accessed 27 Jan. 2021).

13 Rodgers, J., Kasim, A., Heslop, P., Cassidy, S., Ramsay, S., Wilson, C., Townsend, E., Vale, L., & O'Connor, R. C. (Sep. 2020). Adapted suicide safety plans to address self harm, suicidal ideation and suicide behaviours in autistic adults: An interventional single arm feasibility trial and external pilot randomised controlled trial [ongoing research study funded by National Institute of Health Research]. Retrieved from https://fundingawards.nihr. ac.uk/award/NIHR129196 (accessed 9 Dec. 2020).

14 Stanley, B., & Brown, G. K. (2012). Safety planning intervention: A brief intervention to mitigate suicide risk. *Cognitive & Behavioral Practice*, *19*, 256–64; Stanley, B., & Brown, G.K. (2017). *Safety*

self-harm in patients admitted to hospital following a suicide attempt. *Lancet Psychiatry, 4*, 451–60; Gollwitzer, P. M., & Sheeran, P. (2006). Implementation intentions and goal achievement: A meta-analysis of effects and processes. In: Zanna, M. P. (ed.) (2006), *Advances in Experimental Social Psychology*. Elsevier Academic Press, vol. 38, 69–119.

2 O'Connor, R. C., & Kirtley, O. J. (2018). The integrated motivational–volitional model of suicidal behaviour. *Philosophical Transactions of the Royal Society B., 373*, 20170268; van Orden, K., Witte, T. K., Cukrowicz, K. C., Braithwaite, S., Selby, E. A., & Joiner, T. E. (2010). The interpersonal theory of suicide. *Psychological Review, 117*, 575–600; Sheehy, K., Noureen, A., Khaliq, A., Dhingra, K., Husain, N., Pontin, E. E., Cawley, R., & Taylor, P. J. (2019). An examination of the relationship between shame, guilt and self-harm: A systematic review and meta-analysis. *Clinical Psychology Review, 73*, 101779.

3 Saunders, K. E., Hawton, K., Fortune, S., & Farrell, S. (2012). Attitudes and knowledge of clinical staff regarding people who self-harm: A systematic review. *Journal of Affective Disorders, 139*, 205–16; Taylor, T. L., Hawton, K., Fortune, S., & Kapur, N. (2009). Attitudes towards clinical services among people who self-harm: Systematic review. *British Journal of Psychiatry, 194*, 104–10.

4 Motto, J. A., & Bostrom, A. G. (2001). A randomized controlled trial of postcrisis suicide prevention. *Psychiatric Services, 52*, 828–33.

5 Ibid.

6 Ibid.

7 Milner, A. J., Carter, G., Pirkis, J., Robinson, J., & Spittal, M. J. (2015). Letters, green cards, telephone calls and postcards: Systematic and meta-analytic review of brief contact interventions for reducing self-harm, suicide attempts and suicide. *British Journal of Psychiatry, 206*, 184–90; Hetrick, S. E., Robinson, J., Spittal, M. J., & Carter, G. (2016). Effective psychological and psychosocial approaches to reduce repetition of self-harm: A systematic review, meta-analysis and meta-regression. *BMJ Open, 6*, e011024; Hawton, K., Witt, K. G., Salisbury, T., Arensman, E., Gunnell, D., Hazell, P., Townsend, E., & van Heeringen, K. (2016). Psychosocial interventions following self-harm in adults: A systematic review and meta-analysis. *Lancet Psychiatry, 3*, 740–50.

8 Milner, A. J., Carter, G., Pirkis, J., Robinson, J., & Spittal, M. J. (2015). Letters, green cards, telephone calls and postcards: Systematic and meta-analytic review of brief contact interventions for reducing self-harm, suicide attempts and suicide. *British Journal of Psychiatry, 206*, 184–90.

9 O'Connor, R. C., Ferguson, E., Scott, F., Smyth, R., McDaid, D., Park, A., Beautrais, A., & Armitage, C. J. (2017). A randomised controlled trial of a brief psychological intervention to reduce repetition of self-harm in patients admitted to hospital following a suicide attempt. *Lancet Psychiatry, 4*, 451–60.

CHAPTER 10——安全計畫

1 Doupnik, S. K., Rudd, B., Schmutte, T., Worsley, D., Bowden, C. F., McCarthy, E., Eggan, E., Bridge, J. A., & Marcus, S. C. (2020). Association of Suicide Prevention interventions with subsequent suicide attempts, linkage to follow-up care, and depression symptoms for acute care settings: A systematic review and metaanalysis. *JAMA Psychiatry, 77*, 1021–30.

2 Suicide Prevention Resource Center. Provides useful resources for training in suicide prevention: https://www.sprc.org.

from those who attempt suicide. *Psychological Medicine, 1–8.*
71 Franklin, J. C., Ribeiro, J. D., Fox, K. R., Bentley, K. H., Kleiman, E. M., Huang, X., Musacchio, K. M., Jaroszewski, A. C., Chang, B. P., & Nock, M. K. (2017). Risk factors for suicidal thoughts and behaviors: A meta-analysis of 50 years of research. *Psychological Bulletin, 143*, 187–232.
72 Cooper, J., Kapur, N., Webb, R., Lawlor, M., Guthrie, E., Mackway-Jones, K., & Appleby, L. (2005). Suicide after deliberate self-harm: A 4-year cohort study. *American Journal of Psychiatry, 162*, 297–303.
73 O'Connor, R. C., Ferguson, E., Scott, F., Smyth, R., McDaid, D., Park, A., Beautrais, A., & Armitage, C. J. (2017). A randomised controlled trial of a brief psychological intervention to reduce repetition of self-harm in patients admitted to hospital following a suicide attempt. *Lancet Psychiatry, 4*, 451–60; O'Connor, R. C., Smyth, R., Ferguson, E., Ryan, C., & Williams, J. M. G. (2013). Psychological processes and repeat suicidal behavior: A four year prospective study. *Journal of Consulting & Clinical Psychology, 81*, 1137–43.
74 Carroll, R., Metcalfe, C., & Gunnell, D. (2014). Hospital management of self-harm patients and risk of repetition: Systematic review and meta-analysis. *Journal of Affective Disorders, 168*, 476–83.
75 O'Connor, R. C., & Kirtley, O. J. (2018). The integrated motivational–volitional model of suicidal behaviour. *Philosophical Transactions of the Royal Society B., 373*, 20170268.
76 Jordan, J. T., & McNiel, D. E. (2020). Characteristics of persons who die on their first suicide attempt: Results from the National Violent Death Reporting System. *Psychological Medicine, 50*, 1390–7; O'Connor, R. C., & Sheehy, N. P (1997). Suicide and gender. *Mortality, 2*, 239–54.
77 Townsend, E., Wadman, R., Sayal, K., Armstrong, M., Harroe, C., Majumder, P., Vostanis, P., & Clarke, D. (2016). Uncovering key patterns in self-harm in adolescents: Sequence analysis using the Card Sort Task for Self-harm (CaTS). *Journal of Affective Disorders, 206*, 161–8.
78 Samaritans (n.d.). Middle-aged men and suicide. Retrieved from https://www.samaritans.org/scotland/about-samaritans/research-policy/middle-aged-men-suicide (accessed 2 Feb. 2021).
79 O'Connor, R. C., & Noyce, R. (2008). Personality and cognitive processes: Self-criticism and different types of rumination as predictors of suicidal ideation. *Behaviour Research and Therapy, 46*, 392–401.
80 Morrison, R., & O'Connor, R. C. (2008). A systematic review of the relationship between rumination and suicidality. *Suicide and Life-Threatening Behavior, 38*, 523–38.
81 Thompson, M. P., Kingree, J. B., & Lamis, D. (2019). Associations of adverse childhood experiences and suicidal behaviors in adulthood in a U.S. nationally representative sample. *Child: Care, Health and Development, 45*, 121–8.
82 Wyllie, C., Platt, S., Brownlie, J., Chandler, A., Connolly, S., Evans, R., Kennelly, B., Kirtley, O., Moore, G., O'Connor, R., & Scourfield, J. (2012). Men, suicide and society. Why disadvantaged men in mid-life die by suicide. Samaritans. Retrieved from https://media.samaritans.org/documents/Samaritans_MenSuicideSociety_ResearchReport2012.pdf (accessed 27 Jan. 2021).

CHAPTER 9——簡短接觸介入

1 O'Connor, R. C., Ferguson, E., Scott, F., Smyth, R., McDaid, D., Park, A., Beautrais, A., & Armitage, C. J. (2017). A randomised controlled trial of a brief psychological intervention to reduce repetition of

Journal of Affective Disorders, 203, 347–63.
58 Kirtley, O. J., Rodham, K., & Crane, C. (2020). Understanding suicidal ideation and behaviour in individuals with chronic pain: A review of the role of novel transdiagnostic psychological factors. *Lancet Psychiatry, 7*, 282–90.
59 Freud, S. (1922). *Beyond the Pleasure Principle*. Bartleby.com, Hubback, C. J. M. (trans.).
60 Menninger, K. (1938). *Man Against Himself*. Mariner Books.
61 Chu, C., Buchman-Schmitt, J. M., Stanley, I. H., Hom, M. A., Tucker, R. P., Hagan, C. R., Rogers, M. L., Podlogar, M. C., Chiurliza, B., Ringer, F. B., Michaels, M. S., Patros, C., & Joiner, T. E. (2017). The interpersonal theory of suicide: A systematic review and meta-analysis of a decade of cross-national research. *Psychological Bulletin, 143*, 1313–45.
62 Ribeiro, J. D., Witte, T. K., van Orden, K. A., Selby, E. A., Gordon, K. H., Bender, T. W., & Joiner, T. E. (2014). Fearlessness about death: The psychometric properties and construct validity of the revision to the acquired capability for suicide scale. *Psychological Assessment, 26*, 115–26.
63 Wetherall, K., Cleare, S., Eschle, S., Ferguson, E., O'Connor, D. B., O'Carroll, R. E., & O'Connor, R. C. (2018). From ideation to action: differentiating between those who think about suicide and those who attempt suicide in a national study of young adults. *Journal of Affective Disorders, 241*, 475–83.
64 McCormick, A., Meijen, C., & Marcora, S. (2015). Psychological determinants of whole-body endurance performance. *Sports Medicine, 45*, 997–1015.
65 Wetherall, K., Cleare, S., Eschle, S., Ferguson, E., O'Connor, D. B., O'Carroll, R. E., & O'Connor, R. C. (2018). From ideation to action: Differentiating between those who think about suicide and those who attempt suicide in a national study of young adults. *Journal of Affective Disorders, 241*, 475–83.
66 Holmes, E. A., Crane, C., Fennell, M. J., & Williams, J. M. (2007). Imagery about suicide in depression – 'Flash-forwards'? *Journal of Behavior Therapy and Experimental Psychiatry, 38*, 423–34; Crane, C., Shah, D., Barnhofer, T., & Holmes, E. A. (2012). Suicidal imagery in a previously depressed community sample. *Clinical Psychology & Psychotherapy, 19*, 57–69.
67 Naherniak, B., Bhaskaran, J., Sareen, J., Wang, Y., & Bolton, J. M. (2019). Ambivalence about living and the risk for future suicide attempts: A longitudinal analysis. *The Primary Care Companion for CNS Disorders, 21*, 18m02361.
68 Ng, R., Di Simplicio, M., McManus, F., Kennerley, H., & Holmes, E.A. (2016). 'Flash-forwards' and suicidal ideation: A prospective investigation of mental imagery, entrapment and defeat in a cohort from the Hong Kong Mental Morbidity Survey. *Psychiatry Research, 246*, 453–60.
69 Di Simplicio, M., Appiah-Kusi, E., Wilkinson, P., Watson, P., Meiser-Stedman, C., Kavanagh, D. J., & Holmes, E. A. (2020). Imaginator: A proof-of-concept feasibility trial of a brief imagery-based psychological intervention for young people who self-harm. *Suicide & Life-Threatening Behavior, 50*, 724–40.
70 Chan, M. K., Bhatti, H., Meader, N., Stockton, S., Evans, J., O'Connor, R. C., Kapur, N., & Kendall, T. (2016). Predicting suicide following self-harm: Systematic review of risk factors and risk scales. *British Journal of Psychiatry, 209*, 277–83; Mars, B., Heron, J., Klonsky, E. D., Moran, P., O'Connor, R. C., Tilling, K., Wilkinson, P., & Gunnell, D. (2019). Predictors of future suicide attempt among adolescents with suicidal thoughts or non-suicidal self-harm: A birth cohort study. *Lancet Psychiatry, 6*, 327–37; Favril, L., & O'Connor, R. C. (2019). Distinguishing prisoners who think about suicide

nandez, T. D., & Joiner, T. E. (2014). Reconsidering the link between impulsivity and suicidal behavior. *Personality and Social Psychology Review, 18*, 366–86; McHugh, C. M., Lee, R. S. C., Hermens, D. F., Corderoy, A., Large, M., & Hickie, I. B. (2019). Impulsivity in the self-harm and suicidal behavior of young people: A systematic review and meta-analysis. *Journal of Psychiatric Research, 116*, 51–60.

48 Wetherall, K., Cleare, S., Eschle, S., Ferguson, E., O'Connor, D. B., O'Carroll, R., & O'Connor, R. C. (2018). From ideation to action: Differentiating between those who think about suicide and those who attempt suicide in a national study of young adults. *Journal of Affective Disorders, 241*, 475–83; Branley-Bell, D., O'Connor, D. B., Green, J. A., Ferguson, E., O'Carroll, R. E., & O'Connor, R. C. (2019). Distinguishing suicide ideation from suicide attempts: Further test of the integrated motivational–volitional model of suicidal behaviour. *Journal of Psychiatric Research, 117*, 100–7; Dhingra, K., Boduszek, D., & O'Connor, R. C. (2015). Differentiating suicide attempters from suicide ideators using the integrated motivational–volitional model of suicidal behaviour. *Journal of Affective Disorders, 186*, 211–8.

49 Millner, A. J., Lee, M. D., Hoyt, K., Buckholtz, J. W., Auerbach, R. P., & Nock, M. K. (2020). Are suicide attempters more impulsive than suicide ideators? *General Hospital Psychiatry, 63*, 103–10; Anestis, M. D., & Joiner, T. E. (2011). Examining the role of emotion in suicidality: Negative urgency as an amplifier of the relationship between components of the interpersonal-psychological theory of suicidal behavior and lifetime number of suicide attempts. *Journal of Affective Disorders, 129*, 261–9.

50 Melson, A. J., & O'Connor, R. C. (2019). Differentiating adults who think about self-harm from those who engage in self-harm: The role of volitional alcohol factors. *BMC Psychiatry, 19*, 319.

51 Smith, P. N., Stanley, I. H., Joiner, T. E., Jr, Sachs-Ericsson, N. J., & Van Orden, K. A. (2016). An aspect of the capability for suicide-fearlessness of the pain involved in dying-amplifies the association between suicide ideation and attempts. *Archives of Suicide Research, 20*, 650–62.

52 Klonsky, E.D., & May, A.M. (2015).Thethree-steptheory(3ST): A new theory of suicide rooted in the 'ideation-to-action' framework. *International Journal of Cognitive Therapy, 8*, 114–29.

53 Klonsky, E. D., Saffer, B. Y., & Bryan, C. J. (2018). Ideation-to-action theories of suicide: A conceptual and empirical update. *Current Opinion in Psychology, 22*, 38–43.

54 Chu, C., Buchman-Schmitt, J. M., Stanley, I. H., Hom, M. A., Tucker, R. P., Hagan, C. R., Rogers, M. L., Podlogar, M. C., Chiurliza, B., Ringer, F. B., Michaels, M. S., Patros, C., & Joiner, T. E. (2017). The interpersonal theory of suicide: A systematic review and meta-analysis of a decade of cross-national research. *Psychological Bulletin, 143*, 1313–45.

55 Kirtley, O. J., O'Carroll, R. E., & O'Connor, R. C. (2015). Hurting inside and out? Emotional and physical pain in self-harm ideation and enactment. *International Journal of Cognitive Therapy, 8*, 156–71; Osman, A., Barrios, F. X., Gutierrez, P. M., Schwarting, B., Kopper, B. A., & Mei-Chuan-Wang (2005). Reliability and construct validity of the pain distress inventory. *Journal of Behavioral Medicine, 28*, 169–80; Kirtley, O. J., O'Carroll, R. E., & O'Connor, R. C. (2015). The role of endogenous opioids in non-suicidal self-injurious behavior: Methodological Challenges. *Neuroscience & Biobehavioral Review, 48*, 186–9.

56 Law, K. C., Khazem, L. R., Jin, H. M., & Anestis, M. D. (2017). Non-suicidal self-injury and frequency of suicide attempts: The role of pain persistence. *Journal of Affective Disorders, 209*, 254–61.

57 Kirtley, O. J., O'Carroll, R. E., & O'Connor, R. C. (2016). Pain and self-harm: A systematic review.

33 Hawton, K., Simkin, S., Deeks, J. J., O'Connor, S., Keen, A., Altman, D. G., Philo, G., & Bulstrode, C. (1999). Effects of a drug overdose in a television drama on presentations to hospital for self poisoning: Time series and questionnaire study. *BMJ*, *318*(7189), 972–7.

34 Netflix (2017). *13 Reasons Why*. Retrieved from https://www. netflix.com/title/80117470 (accessed 3 Feb. 2021).

35 World Health Organization/International Association for Suicide Prevention (2017). Media guidelines. Retrieved from https://www.iasp.info/media_guidelines.php (accessed 9 Jan. 2021).

36 O'Connor, R. (2 May 2017). Comment on the Netflix series 13 Reasons Why [blog]. Suicidal Behaviour Research Lab. Retrieved from http://www.suicideresearch.info/news-1/commentonthenetflixseries13reasonswhy (accessed 11 Jan. 2021).

37 Niederkrotenthaler, T., Stack, S., Till, B., Sinyor, M., Pirkis, J., Garcia, D., Rockett, I., & Tran, U. S. (2019). Association of increased youth suicides in the United States with the release of *13 Reasons Why*. *JAMA Psychiatry*, *76*, 933–40.

38 Bridge, J. A., Greenhouse, J. B., Ruch, D., Stevens, J., Ackerman, J., Sheftall, A. H., Horowitz, L. M., Kelleher, K. J., & Campo, J. V. (2020). Association between the release of Netflix's *13 Reasons Why* and suicide rates in the United States: An interrupted time series analysis. *Journal of the American Academy of Child and Adolescent Psychiatry*, *59*, 236–43.

39 Romer, D. (2020). Reanalysis of the Bridge et al. study of suicide following release of *13 Reasons Why*. *PLOS ONE*, *15*, e0227545; Bridge, J. A., Greenhouse, J. B., Kelleher, K. J., & Campo, J. V. (2020). Formal comment: Romer study fails at following core principles of reanalysis. *PLOS ONE*, *15*, e0237184.

40 Karter, E. (22Mar.2018). Multinational study: How teens, parents respond to Netflix show '13 Reasons Why'. Northwestern University. Retrieved from https://news.northwestern.edu/stories/2018/march/13-reasons-why/ (accessed 5 Jan. 2021).

41 Niederkrotenthaler, T., Fu, K. W., Yip, P. S., Fong, D. Y., Stack, S., Cheng, Q., & Pirkis, J. (2012). Changes in suicide rates following media reports on celebrity suicide: A meta-analysis. *Journal of Epidemiology and Community Health*, *66*, 1037–42.

42 Phillips D. P. (1974). The influence of suggestion on suicide: Substantive and theoretical implications of the Werther effect. *American Sociological Review*, *39*, 340–54.

43 Niederkrotenthaler, T., Braun, M., Pirkis, J., Till, B., Stack, S., Sinyor, M., Tran, U. S., Voracek, M., Cheng, Q., Arendt, F., Scherr, S., Yip, P., & Spittal, M. J. (2020). Association between suicide reporting in the media and suicide: Systematic review and meta-analysis. *BMJ*, *368*, m575.

44 Niederkrotenthaler, T., Voracek, M., Herberth, A., Till, B., Strauss, M., Etzersdorfer, E., Eisenwort, B., & Sonneck, G. (2010). Role of media reports in completed and prevented suicide: Werther v. Papageno effects. *British Journal of Psychiatry*, *197*, 234–43.

45 Robinson, J., Pirkis, J., & O'Connor, R. C. (2016). Suicide clusters. In: O'Connor, R. C., & Pirkis, J. (eds.) (2016). *The International Handbook of Suicide Prevention*. Wiley-Blackwell, 758–74.

46 Joiner, T. E. (2003). Contagion of suicidal symptoms as a function of assortative relating and shared relationship stress in college roommates. *Journal of Adolescence*, *26*, 495–504.

47 Gvion, Y., & Apter, A. (2011). Aggression, impulsivity, and suicide behavior: A review of the literature. *Archives of Suicide Research*, *15*, 93–112; Anestis, M. D., Soberay, K. A., Gutierrez, P. M., Her-

health and suicide risk. *Lancet Psychiatry, 1*, 86–94.

21 Garssen, J., Deerenberg, I., Mackenbach, J. P., Kerkhof, A., & Kunst, A. E. (2011). Familial risk of early suicide: Variations by age and sex of children and parents. *Suicide & Life-Threatening Behavior, 41*, 585–93.

22 Hua, P., Bugeja, L., & Maple, M. (2020). A systematic review on the relationship between childhood exposure to external cause parental death, including suicide, on subsequent suicidal behaviour. *Journal of Affective Disorders, 257*, 723–34.

23 Biddle, L., Gunnell, D., Owen-Smith, A., Potokar, J., Longson, D., Hawton, K., Kapur, N., & Donovan, J. (2012). Information sources used by the suicidal to inform choice of method. *Journal of Affective Disorders, 136*, 702–9; O'Connor, R. C., & Portzky, G. (2018). Looking to the future: A synthesis of new developments and challenges in suicide research and prevention. *Frontiers in Psychology, 9*, 2139.

24 Turecki, G., & Brent, D. A. (2016). Suicide and suicidal behaviour. *Lancet, 387*(10024), 1227–39.

25 Netflix (2020). *The Social Dilemma* [documentary]. Retrieved from https://www.netflix.com/title/81254224 (accessed 3 Feb. 2021).

26 Ibid.

27 John, A., Glendenning, A. C., Marchant, A., Montgomery, P., Stewart, A., Wood, S., Lloyd, K., & Hawton, K. (2018). Self-harm, suicidal behaviours, and cyberbullying in children and young people: Systematic review. *Journal of Medical Internet Research, 20*, e129; Padmanathan, P., Bould, H., Winstone, L., Moran, P., & Gunnell, D. (2020). Social media use, economic recession and income inequality in relation to trends in youth suicide in high-income countries: A time trends analysis. *Journal of Affective Disorders, 275*, 58–65; O'Connor, R. C., & Robb, K. A. (2020). Identifying suicide risk factors in children is essential for developing effective prevention interventions. *Lancet Psychiatry*, 7, 292–3.

28 Reeves, A., McKee, M., & Stuckler, D. (2014). Economic suicides in the Great Recession in Europe and North America. *British Journal of Psychiatry, 205*, 246–7; Oyesanya, M., Lopez-Morinigo, J., & Dutta, R. (2015). Systematic review of suicide in economic recession. *World Journal of Psychiatry, 5*, 243–54.

29 Mojtabai, R., Olfson, M., & Han, B. (2016). National trends in the prevalence and treatment of depression in adolescents and young adults. *Pediatrics, 138*, e20161878.

30 Robinson, J., Cox, G., Bailey, E., Hetrick, S., Rodrigues, M., Fisher, S., & Herrman, H. (2016). Social media and suicide prevention: A systematic review. *Early Intervention in Psychiatry, 10*, 103–21; Marchant, A., Hawton, K., Stewart, A., Montgomery, P., Singaravelu, V., Lloyd, K., Purdy, N., Daine, K., & John, A. (2017). A systematic review of the relationship between internet use, self-harm and suicidal behaviour in young people: The good, the bad and the unknown. *PLOS ONE, 12*, e0181722.

31 Biernesser, C., Sewall, C., Brent, D., Bear, T., Mair, C., & Trauth, J. (2020). Social media use and deliberate self-harm among youth: A systematized narrative review. *Children and Youth Services Review, 116*, 105054.

32 John, A., Glendenning, A. C., Marchant, A., Montgomery, P., Stewart, A., Wood, S., Lloyd, K., & Hawton, K. (2018). Self-harm, suicidal behaviours, and cyberbullying in children and young people: Systematic review. *Journal of Medical Internet Research, 20*, e129.

10 Hawton, K. (2002). United Kingdom legislation on pack sizes of analgesics: Background, rationale, and effects on suicide and deliberate self-harm. *Suicide & Life-Threatening Behavior, 32*, 223–9; Hawton, K., Bergen, H., Simkin, S., Dodd, S., Pocock, P., Bernal, W., Gunnell, D., & Kapur, N. (2013). Long term effect of reduced pack sizes of paracetamol on poisoning deaths and liver transplant activity in England and Wales: Interrupted time series analyses. *BMJ, 346*, f403.

11 Pirkis, J., Too. L. S., Spittal, M. J., Krysinska, K., Robinson, J., Cheung, Y. T. (2015). Interventions to reduce suicides at suicide hotspots: a systematic review and meta-analysis. *Lancet Psychiatry, 2*, 994–1001.

12 Gollwitzer, P. M., & Sheeran, P. (2006). Implementation intentions and goal achievement: A meta-analysis of effects and processes. In: Zanna, M. P. (ed.) (2006). *Advances in Experimental Social Psychology*. Elsevier Academic Press, vol. 38, 69–119.

13 Armitage, C. J., & Arden, M. A. (2012). A volitional help sheet to reduce alcohol consumption in the general population: a field experiment. *Prevention Science, 13*, 635–43; O'Connor, R. C., Ferguson, E., Scott, F., Smyth, R., McDaid, D., Park, A., Beautrais, A., & Armitage, C. J. (2017). A randomised controlled trial of a brief psychological intervention to reduce repetition of self-harm in patients admitted to hospital following a suicide attempt. *Lancet Psychiatry, 4*, 451–60.

14 Armitage, C. J., Abdul Rahim, W., Rowe, R. & O'Connor, R. C. (2016). An exploratory randomized trial of a simple, brief psychological intervention to reduce subsequent suicidal ideation and behaviour in patients hospitalised for self-harm. *British Journal of Psychiatry, 208*, 1–7.

15 O'Connor, R. C., Ferguson, E., Scott, F., Smyth, R., McDaid, D., Park, A., Beautrais, A., & Armitage, C. J. (2017). A randomised controlled trial of a brief psychological intervention to reduce repetition of self-harm in patients admitted to hospital following a suicide attempt. *Lancet Psychiatry, 4*, 451–60.

16 BBC Studios (2015). *Life After Suicide* [documentary]. Retrieved from https://www.bbc.co.uk/programmes/b05n2922 (accessed 21 Oct. 2020).

17 I wrote a blog about taking part in *Life After Suicide* for *The Psychologist*: O'Connor, R. (May 2015). Starting a national conversation about suicide. *The Psychologist*. Retrieved from https://thepsychologist.bps.org.uk/volume-28/may-2015/starting-national-conversation-about-suicide (accessed 20 Oct. 2020).

18 King, K., Schlichthorst, M., Keogh, L., Reifels, L., Spittal, M. J., Phelps, A., & Pirkis, J. (2019). Can watching a television documentary change the way men view masculinity? *Journal of Men's Studies, 27*, 287–306; King, K. E., Schlichthorst, M., Spittal, M. J., Phelps, A., & Pirkis, J. (2018). Can a documentary increase help-seeking intentions in men? A randomised controlled trial. *Journal of Epidemiology and Community Health, 72*, 92–8.

19 Erlangsen, A., & Pitman, A. (2017). Effects of suicide bereavement on mental and physical health. In: Andriessen, K., Krysinska, K., & Grad, O. T. (eds.) (2017). *Postvention in Action: The International Handbook of Suicide Bereavement Support*. Hogrefe Publishing, 17–26; Favril, L., O'Connor, R. C., Hawton, K., & Vander Laenen, F. (2020). Factors associated with the transition from suicidal ideation to suicide attempt in prison. *European Psychiatry, 63*, e101; Rostila, M., Saarela, J., & Kawachi, I. (2013). Suicide following the death of a sibling: A nationwide follow-up study from Sweden. *BMJ Open, 3*, e002618.

20 Pitman, A., Osborn, D., King, M., & Erlangsen, A. (2014). Effects of suicide bereavement on mental

prospective study of repeat self-harmers. *Journal of Affective Disorders, 110*, 207–14.
43 O'Connor, R. C., Smyth, R., & Williams, J. M. G. (2015). Intrapersonal positive future thinking predicts repeat suicide attempts in hospital treated suicide attempters. *Journal of Consulting and Clinical Psychology, 83*, 169–76.
44 Cleare, S., Gumley, A., O'Connor, R. C. (2019). Self-compassion, forgiveness, suicidal ideation and self-harm: A systematic review. *Clinical Psychology & Psychotherapy, 26*, 511–30.
45 Cassidy, S., Bradley, P., Robinson, J., Allison, C., McHugh, M., & Baron-Cohen, S. (2014). Suicidal ideation and suicide plans or attempts in adults with Asperger's syndrome attending a specialist diagnostic clinic: A clinical cohort study. *Lancet Psychiatry, 1*, 142–7; Richards, G., Kenny, R., Griffiths, S., Allison, C., Mosse, D., Holt, R., O'Connor, R. C., Cassidy, S., & Baron-Cohen, S. (2019). Autistic traits in adults who have attempted suicide. *Molecular Autism, 10*, 26.
46 Cassidy, S., & Rodgers, J. (2017). Understanding and prevention of suicide in autism. *Lancet Psychiatry, 4*, e11.
47 Mak, J., Shires, D. A., Zhang, Q., . . . & Goodman, M. (2020). Suicide attempts among a cohort of transgender and gender diverse people. *American Journal of Preventive Medicine, 59*, 570–7.

CHAPTER 8——跨越懸崖：從自殺念頭到自殺行為

1 Nock, M. K., Borges, G., Bromet, E. J., . . . & Williams, D. (2008). Cross-national prevalence and risk factors for suicidal ideation, plans and attempts. *British Journal of Psychiatry, 192*, 98–105.
2 O'Connor, R. C., & Kirtley, O. J. (2018). The integrated motivational–volitional model of suicidal behaviour. *Philosophical Transactions of the Royal Society B., 373*, 20170268.
3 Ibid.
4 Norton, K. (20Apr.2018). Twitter. Retrieved from https://twitter.com/kennnaminh/status/987404512829861889 (accessed 3 Feb. 2021).
5 Zalsman, G., Hawton, K., Wasserman, D., van Heeringen, K., Arensman, E., Sarchiapone, M., Carli, V., Höschl, C., Barzilay, R., Balazs, J., Purebl, G., Kahn, J. P., Sáiz, P. A., Lipsicas, C. B., Bobes, J., Cozman, D., Hegerl, U., & Zohar, J. (2016). Suicide prevention strategies revisited: 10-year systematic review. *Lancet Psychiatry, 3*, 646–59; Chen, Y-Y., Chien-Chang Wu, Wang, Y., & Yip, P. S. (2016). Suicide prevention through restricting access to suicide means and hotspots. In: O'Connor, R. C., & Pirkis, J. (eds.) (2016). *The International Handbook of Suicide Prevention*. Wiley-Blackwell, 609–36; Gunnell, D., Fernando, R., Hewagama, M., Priyangika, W. D., Konradsen, F., & Eddleston, M. (2007). The impact of pesticide regulations on suicide in Sri Lanka. *International Journal of Epidemiolology, 36*, 1235–42.
6 Hawton, K. (2002). United Kingdom legislation on pack sizes of analgesics: Background, rationale, and effects on suicide and deliberate self-harm. *Suicide & Life-Threatening Behavior, 32*, 223–9.
7 Kreitman N. (1976). The coal gas story. United Kingdom suicide rates, 1960–71. *British Journal of Preventive & Social Medicine, 30*, 86–93.
8 Arya, V., Page, A., Gunnell, D., & Armstrong, G. (2021). Changes in method specific suicide following a national pesticide ban in India (2011–2014). *Journal of Affective Disorders, 278*, 592–600.
9 Mann, J. J., Apter, A., Bertolote, J., . . . & Hendin, H. (2005). Suicide prevention strategies: A systematic review. *JAMA*, 294, 2064–74.

28 O'Connor, D. B., Gartland, N., & O'Connor, R. C. (2020). Stress, cortisol and suicide risk. *International Review of Neurobiology, 152*, 101–30.

29 O'Connor, D. B., Ferguson, E., Green, J., O'Carroll, R. E., & O'Connor, R. C. (2016). Cortisol levels and suicidal behavior: A meta-analysis. *Psychoneuroendocrinology, 63*, 370–9; Berardelli, I., Serafini, G., Cortese, N., Fiasché, F., O'Connor, R. C., & Pompili, M. (2020). The involvement of hypothalamus-pituitary-adrenal (HPA) axis in suicide risk. *Brain Sciences, 10*, 653; O'Connor, D. B., Branley-Bell, D., Green, J., Ferguson, E., Carroll, R. E., & O'Connor, R. C. (2020). Effects of childhood trauma, daily stress and emotions on daily cortisol levels in individuals vulnerable to suicide. *Journal of Abnormal Psychology, 129*, 92–107.

30 O'Connor, D. B., & O'Connor, R. C. (9Apr.2020). Siblings.*The Psychologist*. Retrieved from https://thepsychologist.bps.org.uk/ siblings (accessed 1 Sep. 2020).

31 Smeets, T., Cornelisse, S., Quaedflieg, C. W. E. M., Meyer, T., Jelicic, M., & Merckelbach, H. (2012). Introducing the Maastricht Acute Stress Test (MAST): A quick and non-invasive approach to elicit robust autonomic and glucocorticoid stress responses. *Psychoneuroendocrinology, 37*, 1998–2008.

32 O'Connor, D. B., Green, J. A., Ferguson, E., O'Carroll. R. E., & O'Connor, R. C. (2017). Cortisol reactivity and suicidal behavior: Investigating the role of the hypothalamic-pituitary-adrenal axis responses to stress in suicide attempters and ideators. *Psychoneuroendocrinology, 75*, 183–91.

33 O'Connor, D. B., Green, J. A., Ferguson, E., O'Carroll, R. E., & O'Connor, R. C. (2018). Effects of childhood trauma on cortisol levels in suicide attempters and ideators. *Psychoneuroendocrinology, 88*, 9–12.

34 O'Connor, D. B., Branley-Bell, D., Green, J. A., Ferguson, E., O'Carroll, R. E., & O'Connor, R. C. (2020). Effects of childhood trauma, daily stress, and emotions on daily cortisol levels in individuals vulnerable to suicide. *Journal of Abnormal Psychology, 129*, 92–107.

35 Zortea, T. C., Gray, C. M., & O'Connor, R.C. (2019).The relationship between adult attachment and suicidal thoughts and behaviors: A systematic review. *Archives of Suicide Research, 23*, 1–36.

36 Zortea, T. C., Dickson, A., Gray, C. M., O'Connor, R. C. (2019). Associations between experiences of disrupted attachments and suicidal thoughts and behaviours: An interpretative phenomenological analysis. *Social Science & Medicine, 235*, 112408.

37 van Orden, K., Witte, T. K., Cukrowicz, K. C., Braithwaite, S., Selby, E. A., Joiner, T. E. (2010). The interpersonal theory of suicide. *Psychological Review*, 117, 575–600.

38 Pollock, L. R., & Williams, J. M. (2001). Effective problem solving in suicide attempters depends on specific autobiographical recall. *Suicide & Life-Threatening Behavior, 31*, 386–96.

39 Pollock, L. R., & Williams, J. M. (2004). Problem-solving in suicide attempters. *Psychological Medicine, 34*, 163–7.

40 MacLeod, A. K., Pankhania, B., Lee, M., & Mitchell, D. (1997). Parasuicide, depression and the anticipation of positive and negative future experiences. *Psychological Medicine, 27*, 973–7.

41 MacLeod, A. K., & O'Connor, R. C. (2018). Positive futurethinking, wellbeing and mental health. In: Oettingen, G., Sevincer, A. T., & Gollwitzer, P. (eds.) (2018). *The Psychology of Thinking about the Future*. Guilford Publications Inc, 199–213.

42 O'Connor, R. C., Fraser, L., Whyte, M. C., Machale, S., & Masterton, G. (2008). A comparison of specific positive future expectancies and global hopelessness as predictors of suicidal ideation in a

15 Storr, W. (2017). *Selfie: How the West Became Self-Obsessed.* Picador; Storr, W. (11 May 2015). The male suicides: How social perfectionism kills. Mosaic Science. Retrieved from https://mosaicscience.com/story/male-suicide (accessed 9 Jan. 2021).

16 Hewitt, P. L., & Flett, G. L. (1991). Perfectionism in the self and social contexts: Conceptualization, assessment and association with psychopathology. *Journal of Personality and Social Psychology, 60,* 456–70; Flett, G. L., & Hewitt, P. L. (2002). *Perfectionism: Theory, Research and Treatment.* American Psychological Association.

17 O'Connor, R. C., Rasmussen, S., & Hawton, K. (2010).Predicting depression, anxiety and self-harm in adolescents: The role of perfectionism and stress. *Behaviour Research and Therapy, 48,* 52–9.

18 Kahneman, D. (2011). *Thinking, Fast and Slow.* Penguin.

19 Greenwald, A. G., McGhee, D. E., & Schwartz, J. L. (1998). Measuring individual differences in implicit cognition: The implicit association test. *Journal of Personality and Social Psychology, 74,* 1464–80.

20 Nock, M. K., Park, J. M., Finn, C. T., Deliberto, T. L., Dour, H. J., & Banaji, M. R. (2010). Measuring the suicidal mind: Implicit cognition predicts suicidal behavior. *Psychological Science, 21,* 511–17.

21 Cha, C. B., O'Connor, R. C., Kirtley, O., Cleare, S., Wetherall, K., Eschle, S., Tezanos, K. M., & Nock, M. K. (2018). Testing mood-activated psychological markers for suicidal ideation. *Journal of Abnormal Psychology, 127,* 448–57.

22 Platt, S. (2016). Inequalities and suicidal behavior. In: O'Connor, R. C., & Pirkis, J. (eds.) (2016). *The International Handbook of Suicide Prevention.* Wiley-Blackwell, 258–83; Armstrong, G., Pirkis, J., Arabena, K., Currier, D., Spittal, M. J., & Jorm, A. F. (2017). Suicidal behaviour in Indigenous compared to non-Indigenous males in urban and regional Australia: Prevalence data suggest disparities increase across age groups. *Australian and New Zealand Journal of Psychiatry, 51,* 1240–8; Machado, D. B., Rasella, D., & Dos Santos, D. N. (2015). Impact of income inequality and other social determinants on suicide rate in Brazil. *PLOS ONE, 10,* e0124934.

23 O'Connor, R. C., & Nock, M. K. (2014). The psychology of suicidal behaviour. *Lancet Psychiatry, 1,* 73–85; Chen, T., & Roberts, K. (2020). Negative life events and suicide in the national violent death reporting system. *Archives of Suicide Research.*

24 Turecki G. (2018) Early-life adversity and suicide risk: The role of epigenetics. In: Pompili M. (ed.) (2018). *Phenomenology of Suicide.* Springer.

25 Felitti, V. J., Anda, R. F., Nordenberg, D., Williamson, D. F., Spitz, A. M., Edwards, V., Koss, M. P., & Marks, J. S. (1998). Relationship of childhood abuse and household dysfunction to many of the leading causes of death in adults. The Adverse Childhood Experiences (ACE) Study. *American Journal of Preventive Medicine, 14,* 245–58; Bellis, M. A., Lowey, H., Leckenby, N., Hughes, K., & Harrison, D. (2014). Adverse childhood experiences: Retrospective study to determine their impact on adult health behaviours and health outcomes in a UK population. *Journal of Public Health, 36,* 81–91.

26 Dube, S. R., Anda, R. F., Felitti, V. J., Chapman, D. P., Williamson, D. F., & Giles, W. H. (2001). Childhood abuse, household dysfunction, and the risk of attempted suicide throughout the life span: findings from the Adverse Childhood Experiences Study. *JAMA, 286,* 3089–96.

27 Turecki G. (2018) Early-life adversity and suicide risk: The role of epigenetics. In: Pompili M. (ed.) (2018). *Phenomenology of Suicide.* Springer.

tion: Research, Policy and Practice. Wiley Blackwell, 181–98.

4 Williams, M. (1997).*Cry of Pain:Understanding Suicideand Self-harm*. Penguin; Gilbert, P., & Allan, S. (1998). The role of defeat and entrapment (arrested flight) in depression: An exploration of an evolutionary view. *Psychological Medicine, 28*, 585–98.

5 Joiner, T. (2007). *Why People Die By Suicide*. Harvard University Press; van Orden, K. A., Witte, T. K., Cukrowicz, K. C., Braithwaite, S. R., Selby, E. A., & Joiner, T. E., Jr (2010). The interpersonal theory of suicide. *Psychological Review, 117*, 575– 600; Chu, C., Buchman-Schmitt, J. M., Stanley, I. H., Hom, M. A., Tucker, R. P., Hagan, C. R., Rogers, M. L., Podlogar, M. C., Chiurliza, B., Ringer, F. B., Michaels, M. S., Patros, C., & Joiner, T. E. (2017). The interpersonal theory of suicide: A systematic review and meta-analysis of a decade of cross-national research. *Psychological Bulletin, 143*, 1313–45.

6 Armitage, C. J., & Conner, M. (2001). Efficacy of the theory of planned behaviour: A meta-analytic review. *British Journal of Social Psychology, 40*, 471–99.

7 O'Connor, R. C., Armitage, C. J., & Gray, L. (2006). The role of clinical and social cognitive variables in parasuicide. *British Journal of Clinical Psychology, 45*, 465–81.

8 Ibid.

9 O'Connor, R. C. (2007). The relations between perfectionism and suicide risk: A systematic review. *Suicide and LifeThreatening Behavior, 37*, 698–714; Smith, M. M., Sherry, S. B., Checn, S., Saklofske, D. H., Mushquash, C., Flett, G. L., & Hewitt, P. L. (2018). The perniciousness of perfectionism: A meta-analytic review of the perfectionism–suicide relationship. *Journal of Personality, 86*, 522–42.

10 Turecki, G., Brent, D. A., Gunnell, D., O'Connor, R. C., Oquendo, M. A, Pirkis, J., & Stanley, B. H. (2019). Suicide and suicide risk. *Nature Reviews Disease Primers, 5*(74).

11 Ibid.

12 Stone, M., Laughren, T., Jones, M. L., Levenson, M., Holland, P. C., Hughes, A., Hammad, T. A., Temple, R., & Rochester, G. (2009). Risk of suicidality in clinical trials of antidepressants in adults: Analysis of proprietary data submitted to US Food and Drug Administration. *BMJ, 339*, b2880.

13 O'Connor, R. C., Whyte, M. C., Fraser, L., Masterton, G., & MacHale, S. (2007). Predicting short-term improvement in wellbeing following presentation to hospital with self-harm: The conjoint effects of social perfectionism and future thinking. *Behaviour Research and Therapy, 45*, 1543–55; O'Connor, R. C. (2007). The relations between perfectionism and suicide risk: A systematic review. *Suicide and Life-Threatening Behavior, 37*, 698–714; O'Connor, R. C., Rasmussen, S., & Hawton, K. (2010). Predicting depression, anxiety and self-harm in adolescents: The role of perfectionism and stress. *Behaviour Research and Therapy, 48*, 52–9.

14 O'Connor, R. C. (2007). The relations between perfectionism and suicide risk: A systematic review. *Suicide and Life-Threatening Behavior, 37*, 698–714; Smith, M. M., Sherry, S. B., Checn, S., Saklofske, D. H., Mushquash, C., Flett, G. L., & Hewitt, P. L. (2018). The perniciousness of perfectionism: A meta-analytic review of the perfectionism–suicide relationship. *Journal of Personality, 86*, 522–42; Roxborough, H. M., Hewitt, P. L., Kaldas, J., Flett, G. L., Caelian, C. M., Sherry, S., & Sherry, D. L. (2012). Perfectionistic self-presentation, socially prescribed perfectionism, and suicide in youth: A test of the perfectionism social disconnection model. *Suicide & Life-threatening Behavior, 42*, 217–33.

8 MacLean, P. D. (1990). *The Triune Brain in Evolution*. Plenum Press.
9 Gilbert, P., & Allan, S. (1998). The role of defeat and entrapment (arrested flight) in depression: An exploration of an evolutionary view. *Psychological Medicine*, *28*, 585–98.
10 O'Connor, R. C., Smyth, R., Ferguson, E., Ryan, C., & Williams, J. M. G. (2013). Psychological processes and repeat suicidal behavior: A four year prospective study. *Journal of Consulting & Clinical Psychology*, *81*, 1137–43.
11 O'Connor, R. C., & Portzky, G. (2018). The relationship between entrapment and suicidal behavior through the lens of the integrated motivational–volitional model of suicidal behavior. *Current Opinion in Psychology*, *22*, 12–17; Taylor, P. J., Gooding, P., Wood, A. M., & Tarrier, N. (2011). The role of defeat and entrapment in depression, anxiety, and suicide. *Psychological Bulletin*, *137*, 391–420; Siddaway, A. P., Taylor, P. J., Wood, A. M., & Schulz, J. (2015). A meta-analysis of perceptions of defeat and entrapment in depression, anxiety problems, posttraumatic stress disorder, and suicidality. *Journal of Affective Disorders*, *184*, 149–59.
12 De Beurs, D., Cleare, S., Wetherall, K., Eschle-Byrne, S., Ferguson, E., O'Connor, D. B., & O'Connor, R. C. (2020). Entrapment and suicide risk: The development of the 4-item Entrapment Scale Short-Form (E-SF). *Psychiatry Research*, *284*, 112765.
13 Wetherall, K., Cleare, S., Eschle, S., Ferguson, E., O'Connor, D. B., O'Carroll, R. E., & O'Connor, R. C. (2020). Predicting suicidal ideation in a nationally representative sample of young adults: A 12 month prospective study. *Psychological Medicine*.
14 Morrison, R., & O'Connor, R. C. (2008). A systematic review of the relationship between rumination and suicidality. *Suicide and Life-Threatening Behavior*, *38*, 523–38; Law, K. C., & Tucker, R. P. (2018). Repetitive negative thinking and suicide: A burgeoning literature with need for further exploration. *Current Opinion in Psychology*, *22*, 68–72.
15 Camus, A. (1985). *The Myth of Sisyphus*. Penguin.
16 Haig, M. (2015). *Reasons to Stay Alive*. Canongate.
17 Steele, C. M., & Josephs, R. A. (1990). Alcohol myopia: Its prized and dangerous effects. *American Psychologist*, *45*, 921–33.
18 Richardson, C., Robb, K. A., & O'Connor, R. C. (2020). A systematic review of suicidal behaviour in men: A narrative synthesis of risk factors. *Social Science & Medicine*.
19 Honeyman, G. (2018). *Eleanor Oliphant is Completely Fine*. HarperCollins.

CHAPTER 7——自殺行為的整合動機—意志模型

1 O'Connor, R. C. (2011). Towards an integrated motivational- volitional of suicidal behaviour. In: O'Connor, R. C., Platt, S., & Gordon, J. (eds.) (2011). *The International Handbook of Suicide Prevention: Research, Policy and Practice*. Wiley Blackwell, 181–98; de Beurs, D. P., van Borkulo, C. D., & O'Connor, R. C. (2017). Association between suicidal symptoms and repeat suicidal behaviour within a sample of hospital-treated suicide attempters. *BJPsych Open*, *3*, 120–6.
2 O'Connor, R. C., & Kirtley, O. J. (2018). The integrated motivational–volitional model of suicidal behaviour. *Philosophical Transactions of the Royal Society B.*, *373*, 20170268.
3 O'Connor, R. C. (2011). Towards an integrated motivational- volitional of suicidal behaviour. In: O'Connor, R. C., Platt, S., & Gordon, J. (eds.) (2011). *The International Handbook of Suicide Preven-*

CHAPTER 5 ——自殺「不是」什麼

1 O'Connor, R. C., & Nock, M. K. (2014). The psychology of suicidal behaviour. *Lancet Psychiatry, 1*, 73–85.

2 World Health Organization/International Association for Suicide Prevention (2017). Media guidelines. Retrieved from https://www.iasp.info/media_guidelines.php (accessed 9 Jan. 2021).

3 Turecki, G., Brent, D. A., Gunnell, D., O'Connor, R. C., Oquendo, M. A, Pirkis, J., & Stanley, B. H. (2019). Suicide and suicide risk. *Nature Reviews Disease Primers, 5*(74).

4 O'Connor, R. C. (1999).Theboundaries:Healthpsychologyand suicidal behaviour. *Health Psychology Update, 36*, 4–7.

5 Bostwick, J. M., & Pankratz, V. S. (2000). Affective disorders and suicide risk: A reexamination. *American Journal of Psychiatry, 157*, 1925–32.

6 Quinn, F., Chater, A., & Morrison, V. (2020). An oral history of health psychology in the UK. *British Journal of Health Psychology, 25*, 502–18.

7 Conner, M., & Norman, P. (2005). *Predicting Health Behaviour*. Open University Press.

8 The International Association for Suicide Prevention has a task force on the decriminalisation of suicide: https://www.iasp.info/ decriminalisation.php (accessed 18 Jan. 2021); Mishara, B. L., Weisstub, D.N. (2016). The legal status of suicide: a global review. International Journal of Law and Psychiatry 44, 54–74.

9 O'Connor, R. C. & Sheehy, N. P (1997). Suicide and gender. *Mortality, 2*, 239–54.

CHAPTER 6 ——邁向對自殺的整合性理解

1 O'Connor, R. C., Platt, S., & Gordon, J. (eds.) (2011). *The International Handbook of Suicide Prevention: Research, Evidence and Practice*. Wiley-Blackwell.

2 Platt, S. (1984). Unemployment and suicidal behaviour: A review of the literature. *Social Science & Medicine, 19*, 93–115.

3 O'Connor, R. C. (2011). Towards an integrated motivational– volitional of suicidal behaviour. In: O'Connor, R. C., Platt, S., & Gordon, J. (eds.) (2011). *The International Handbook of Suicide Prevention: Research, Policy and Practice*. Wiley Blackwell, 181– 98; O'Connor, R. C. (2011). The integrated motivational–volitional model of suicidal behaviour. *Crisis, 32*, 295–8.

4 Shneidman, E., & Farberow, N. (1957) *Clues to Suicide*. McGraw-Hill Book Company; Shneidman, E. (1967). *Essays in Self-destruction*. Science House; Baumeister, R. F. (1990). Suicide as escape from self. *Psychological Review, 97*, 90–113.

5 Baechler, J. (1979). *Suicides*. Basic Books; Baechler, J. (1980). A strategic theory. *Suicide and Life-Threatening Behavior, 10*, 70– 99; Shneidman, E. (1996). *The Suicidal Mind*. Oxford University Press.

6 Williams, M. (1997). *Cry of Pain: Understanding Suicide and Self-Harm*. Penguin; Williams, J. M. G., Crane, C., Barnhofer, T., & Duggan, D. S. (2005). Psychology and suicidal behaviour: Elaborating the entrapment model. In: Hawton, K. (ed.) (2005). *Prevention and Treatment of Suicidal Behaviour*. Oxford University Press, 71–90.

7 Gilbert, P., & Allan, S. (1998). The role of defeat and entrapment (arrested flight) in depression: An exploration of an evolutionary view. *Psychological Medicine, 28*, 585–98.

Lester, D. (eds.), & Hjelmeland, H., & Park, B. C. B. (cols.) (2012). *Suicide and Culture: Understanding the Context*. Hogrefe Publishing, 25–46.

18 Zalsman, G., Hawton, K., Wasserman, D., van Heeringen, K., Arensman, E., Sarchiapone, M., Carli, V., Höschl, C., Barzilay, R., Balazs, J., Purebl, G., Kahn, J. P., Sáiz, P. A., Lipsicas, C. B., Bobes, J., Cozman, D., Hegerl, U., & Zohar, J. (2016). Suicide prevention strategies revisited: 10-year systematic review. *Lancet Psychiatry, 3*, 646–59; the World Health Organization has also published a really helpful document on 'national suicide prevention strategies', which includes details of progress, examples and indicators: https://apps.who.int/iris/bitstream/handle/10665/279765/ 9789241515016-eng.pdf (accessed 10 Jan. 2021).

19 Naghavi, M. (2019). Global, regional, and national burden of suicide mortality 1990 to 2016: Systematic analysis for the Global Burden of Disease Study 2016. *BMJ, 364*.

20 Scotland's recent suicide rates and suicide prevention action plans are available online: https://www.gov.scot/policies/mental-health/suicide (accessed 12 Jan. 2021).

21 Franklin, J. C., Ribeiro, J. D., Fox, K. R., Bentley, K. H., Kleiman, E. M., Huang, X., Musacchio, K. M., Jaroszewski, A. C., Chang, B. P., & Nock, M. K. (2017). Risk factors for suicidal thoughts and behaviors: A meta-analysis of 50 years of research. *Psychological Bulletin, 143*, 187–232.

22 Platt, S. (2016). Inequalities and suicidal behavior. In: O'Connor, R. C., & Pirkis, J. (eds.) (2016). *The International Handbook of Suicide Prevention*. Wiley-Blackwell, 258–83.

23 Nock, M. K., Borges, G., Bromet, E. J., ...& Williams, D.(2008). Cross-national prevalence and risk factors for suicidal ideation, plans and attempts. *British Journal of Psychiatry, 192*, 98–105.

24 O'Connor, R. C., Wetherall, K., Cleare, S., Eschle, S., Drummond, J., Ferguson, E., O'Connor, D. B., & O'Carroll, R. E. (2018). Suicide attempts and non-suicidal self-harm: A national prevalence study of young adults. *British Journal of Psychiatry Open, 4*, 142–8.

25 Hawton, K., Bergen, H., Kapur, N., Cooper, J., Steeg, S., Ness, J., & Waters, K. (2012). Repetition of self-harm and suicide following self-harm in children and adolescents: Findings from the Multicentre Study of Self-harm in England. *Journal of Child Psychology and Psychiatry and Allied Disciplines, 53*, 1212–19.

CHAPTER 4——理解自殺的含義

1 Borges, G., Bagge, C. L., Cherpitel, C. J., Conner, K. R., Orozco, R., & Rossow, I. (2017). A meta-analysis of acute use of alcohol and the risk of suicide attempt. *Psychological Medicine, 47*, 949–57.

2 Shneidman, E. (1996). *The Suicidal Mind*. Oxford University Press.

3 McDermott, L. (2016). An interpretative phenomenological analysis of the lived experience of suicidal behaviour [D Clin Psy thesis]. University of Glasgow. Retrieved from http://theses.gla.ac.uk/7569 (accessed 20 Oct. 2020).

4 Hawton, K., Saunders, K. E. A., & O'Connor, R. C. (2012). Self-harm and suicide in adolescents. *Lancet, 379*, 2373–82.

5 Joiner, T. (2007). *Why People Die By Suicide*. Harvard University Press.

6 O'Connor, R. C., & Nock, M. K. (2014). The psychology of suicidal behaviour. *Lancet Psychiatry, 1*, 73–85.

Disorders, 259, 302–313.
6 O'Connor, R. C., & Nock, M. K. (2014). The psychology of suicidal behaviour. *Lancet Psychiatry, 1,* 73–85; van Heeringen, K. (2001). Towards a psychobiological model of the suicidal process. In: van Heeringen, K. (ed.) (2001). *Understanding Suicidal Behaviour.* John Wiley & Sons.
7 Vijaykumar, L., & Phillips, M. (2016). Suicide prevention in low-and middle-income countries. In: O'Connor, R. C., & Pirkis, J. (eds.) (2016). *The International Handbook of Suicide Prevention.* Wiley-Blackwell, 507–23.
8 Naghavi, M. (2019). Global, regional, and national burden of suicide mortality 1990 to 2016: Systematic analysis for the Global Burden of Disease Study 2016. *BMJ, 364;* World Health Organization (2018). Global Health Estimates 2016: Deaths by cause, age, sex, by country and by region, 2000–2016.
9 Shneidman, E. (1996). *The Suicidal Mind.* Oxford University Press.
10 Franklin, J. C., Ribeiro, J. D., Fox, K. R., Bentley, K. H., Kleiman, E. M., Huang, X., Musacchio, K. M., Jaroszewski, A. C., Chang, B. P., & Nock, M. K. (2017). Risk factors for suicidal thoughts and behaviors: A meta-analysis of 50 years of research. *Psychological Bulletin, 143,* 187–232.
11 Dazzi, T., Gribble, R., Wessely, S., & Fear, N.T. (2014). Doesasking about suicide and related behaviours induce suicidal ideation? What is the evidence? *Psychological Medicine, 44,* 3361–3.
12 Shneidman, E. S. (1985). *Definition of Suicide.* John Wiley & Sons.
13 Kevin Hines's website describes his journey to recovery as well as other useful suicide prevention resources: http://www.kevinhinesstory.com (accessed 15 Aug. 2020).
14 Tidemalm, D., Runeson, B., Waern, M., Frisell, T., Carlström, E., Lichtenstein, P., & Långström, N. (2011). Familial clustering of suicide risk: A total population study of 11.4 million individuals. *Psychological Medicine, 41,* 2527–34; Fu, Q., Heath, A. C., Bucholz, K. K., Nelson, E. C., Glowinski, A. L., Goldberg, J., Lyons, M. J., Tsuang, M. T., Jacob, T., True, M. R., & Eisen, S. A. (2002). A twin study of genetic and environmental influences on suicidality in men. *Psychological Medicine, 32,* 11–24.
15 O'Connor, R. C., Rasmussen, S., Miles, J., & Hawton, K. (2009). Deliberate self-harm in adolescents: Self-report survey in schools in Scotland. *British Journal of Psychiatry, 194,* 68–72; O'Connor, R. C., Rasmussen, S., & Hawton, K. (2014). Adolescent self-harm: A school-based study in Northern Ireland. *Journal of Affective Disorders,* 159, 46–52.
16 Hawton, K., Saunders, K. E., & O'Connor, R. C. (2012). Self-harm and suicide in adolescents. *Lancet, 379,* 2373–82; Madge, N., Hawton, K., McMahon, E. M., Corcoran, P., De Leo, D., de Wilde, E. J., Fekete, S., van Heeringen, K., Ystgaard, M., & Arensman, E. (2011). Psychological characteristics, stressful life events and deliberate self-harm: Findings from the Child & Adolescent Self-harm in Europe (CASE) Study. *European Child & Adolescent Psychiatry, 20,* 499–508.
17 O'Connor, R. C., & Nock, M. K. (2014). The psychology of suicidal behaviour. *Lancet Psychiatry, 1,* 73–85; Turecki, G., Brent, D. A., Gunnell, D., O'Connor, R. C., Oquendo, M. A, Pirkis, J., & Stanley, B. H. (2019). Suicide and suicide risk. *Nature Reviews Disease Primers,* 5(74); Stack S. (2000). Suicide: A 15-year review of the sociological literature. Part I: Cultural and economic factors. *Suicide & Life-Threatening Behavior, 30,* 145–62; Scourfield, J., Fincham, B., Langer, S., & Shiner, M. (2012). Sociological autopsy: An integrated approach to the study of suicide in men. *Social Science & Medicine, 74,* 466–73; Colucci, E. (2013). Culture, cultural meaning(s), and suicide. In: Colucci, E., &

July. 2020).
5 Walker, M. (2018). *Why We Sleep*. Penguin.
6 Hysing, M., Sivertsen, B., Morten Stormark, K., & O'Connor, R. C. (2015). Sleep problems and self-harm in adolescence. *British Journal of Psychiatry, 207*, 306–12.
7 Liu, R. T., Steele, S. J., Hamilton, J. L., Quyen, B. P., Furbish, K., Burke, T. A., Martinez, A. P., & Gerlush, N. (2020). Sleep and suicide: A systematic review and meta-analysis of longitudinal studies. *Clinical Psychology Review, 81*, 101895; Russell, K., Allan, S., Beattie, L., Bohan, J., MacMahon, K., & Rasmussen, S. (2019). Sleep problem, suicide and self-harm in university students: A systematic review. *Sleep Medicine Reviews, 44*, 58–69; Pigeon, W. R., Bishop, T. M., & Titus, C.E. (2016). The relationship between sleep disturbance, suicidal ideation, suicide attempts, and suicide among adults: A systematic review. *Psychiatric Annals, 46*, 177–86.
8 Shneidman, E. (1996).*TheSuicidalMind*.OxfordUniversityPress.
9 Williams, M. (1997).*CryofPain:UnderstandingSuicideandSelf-harm*. Penguin; O'Connor, R. C., & Portzky, G. (2018). The relationship between entrapment and suicidal behavior through the lens of the integrated motivational–volitional model of suicidal behavior. *Current Opinion in Psychology, 22*, 12–17; Taylor, P. J., Gooding, P., Wood, A. M., & Tarrier, N. (2011). The role of defeat and entrapment in depression, anxiety, and suicide. *Psychological Bulletin, 137*, 391–420.
10 Kavalidou, K., Smith, D., & O'Connor, R. C. (2017). The role of physical and mental health multimorbidity in suicidal ideation. *Journal of Affective Disorders, 209*, 82–5.
11 Naroll, R. (1969). Cultural determinants and the concept of the sick society. In: Plog, S. C., & Edgerton, R. B. (eds.) (1969). *Changing Perspectives in Mental Illness*. Rinehart and Winston, 128–55.
12 International Association for Suicide Prevention (n.d.). World Suicide Prevention Day: Impact report. Retrieved from https://www.iasp.info/pdf/WSPD_2020_impact_report.pdf (accessed 14 Dec. 2020).

CHAPTER 3——迷思與誤解

1 Turecki, G., & Brent, D. A. (2016). Suicide and suicidal behaviour. *Lancet, 387*(10024), 1227–39; O'Connor, R. C., & Nock, M. K. (2014). The psychology of suicidal behaviour. *Lancet Psychiatry, 1*, 73–85.
2 O'Connor, R. C., & Sheehy, N. P (1997). Suicide and gender. *Mortality, 2*, 239–54.
3 Cavanagh, J., Carson, A., Sharpe, M., & Lawrie, S. (2003). Psychological autopsy studies of suicide: A systematic review. *Psychological Medicine, 33*, 395–405; Vijayakumar, L. (2005). Suicide and mental disorders in Asia. *International Review of Psychiatry, 17*, 109–14; Phillips, M. R., Yang, G., Zhang, Y., Wang, L., Ji, H., & Zhou, M. (2002). Risk factors for suicide in China: A national case-control psychological autopsy study. *Lancet, 360* (9347), 1728–36.
4 Hjelmeland, H., & Knizek, B. L. (2017). Suicide and mental disorders: A discourse of politics, power, and vested interests. *Death Studies, 41*, 481–92.
5 Turecki, G., Brent, D. A., Gunnell, D., O'Connor, R. C., Oquendo, M. A, Pirkis, J., & Stanley, B. H. (2019). Suicide and suicide risk. *Nature Reviews Disease Primers, 5*(74); Too, L. S., Spittal, M. J., Bugeja, L., Reifels, L., Butterworth, P., & Pirkis, J. (2019). The association between mental disorders and suicide: A systematic review and meta-analysis of record linkage studies. *Journal of Affective*

prevention in the COVID-19 era: Transforming threat into opportunity. *JAMA Psychiatry*.
29 Yip, P. S., Cheung, Y. T., Chau, P. H., & Law, Y. W. (2010). The impact of epidemic outbreak: The case of severe acute respiratory syndrome (SARS) and suicide among older adults in Hong Kong. *Crisis, 31*, 86–92.
30 Reeves, A., McKee, M., & Stuckler, D. (2014). Economic suicides in the Great Recession in Europe and North America. *British Journal of Psychiatry, 205*, 246–7.
31 Czeisler, M. É., Lane, R. I., Petrosky, E., Wiley, J. F., Christensen, A., Njai, R., Weaver, M. D., Robbins, R., Facer-Childs, E. R., Barger, L. K., Czeisler, C. A., Howard, M. E., & Rajaratnam, S. (2020). Mental health, substance use, and suicidal ideation during the COVID-19 Pandemic – United States, June 24–30, 2020. *MMWR. Morbidity and Mortality Weekly Report, 69*, 1049–57.
32 O'Connor, R. C., Wetherall, K., Cleare, S., McClelland, H., Melson, A. J., Niedzwiedz, C. L., O'Carroll, R. E., O'Connor, D. B., Platt, S., Scowcroft, E., Watson, B., Zortea, T., Ferguson, E., & Robb, K. A. (2020). Mental health and wellbeing during the COVID-19 pandemic: Longitudinal analyses of adults in the UK COVID-19 Mental Health & Wellbeing study. *British Journal of Psychiatry*.
33 Niederkrotenthaler, T., Gunnell, D., Arensman, E., Pirkis, J., Appleby, L., Hawton, K., John, A., Kapur, N., Khan, M., O'Connor, R. C., Platt, S., & the International COVID-19 Suicide Prevention Research Collaboration (2021). Suicide research, prevention, and COVID-19. Towards a global response and the establishment of an international research collaboration. *Crisis, 41*, 321–30; John, A., Pirkis, J., Gunnell, D., Appleby, L., & Morrissey, J. (2020). Trends in suicide during the COVID-19 pandemic. *BMJ, 371*, m4352; Tanaka, T., & Okamoto, S. (2021). Increase in suicide following an initial decline during the COVID-19 pandemic in Japan. *Nature Human Behavior.*
34 Galasinski, D. (21 Jun. 2019). Re-visiting language and suicide [blog]. Retrieved from https://dariuszgalasinski.com/2019/06/21/ language-and-suicide-2/#more-2280 (accessed 25 Sep. 2020).
35 Rasmussen, S., Hawton, K., Philpott-Morgan, S., & O'Connor, R. C. (2016). Why do adolescents self-harm? An investigation of motives in a community sample. *Crisis, 37*, 176–83; de Beurs, D., Vancayseele, N., van Borkulo, C., Portzky, G., & van Heeringen, K. (2018). The association between motives, perceived problems and current thoughts of self-harm following an episode of self-harm. A network analysis. *Journal of Affective Disorders, 240*, 262–70.
36 Padmanathan, P., Biddle, L., Hall, K., Scowcroft, E., Nielsen, E., & Knipe, D. (2019). Language use and suicide: An online cross-sectional survey. *PLOS ONE, 14*, e0217473.

CHAPTER 2——想自殺的痛苦是何感覺

1 Leenaars, A. A., Dieserud, G., Wenckstern, S., Dyregrov, K., Lester, D., & Lyke, J. (2018). A multidimensional theory of suicide. *Crisis, 39*, 416–27.
2 Turecki, G., Brent, D. A., Gunnell, D., O'Connor, R. C., Oquendo, M. A, Pirkis, J., & Stanley, B. H. (2019). Suicide and suicide risk. *Nature Reviews Disease Primers, 5*(74).
3 O'Connor, R. C., Sheehy, N. P., & O'Connor, D. B. (1999). A thematic suicide note analysis: Some observations on depression and previous suicide attempt. *Crisis, 20*, 106–14.
4 National Confidential Inquiry into Suicide and Safety in Mental Health (Dec. 2019). Annual report 2019: England, Northern Ireland, Scotland and Wales. Retrieved from https://sites.manchester.ac.uk/ncish/reports/annual-report-2019-england-northern-ireland-scotland-and-wales/ (accessed 9

(2019). Suicide and suicide risk. *Nature Reviews Disease Primers, 5*(74); Office for National Statistics (3 Sep. 2019). Suicides in the UK: 2018 registrations. Retrieved from https://www.ons.gov.uk/peoplepopulationandcommunity/birthsdeathsandmarriages/deaths/bulletins/suicidesint heunitedkingdom/2018registrations (accessed 3 Nov. 2020).

18 Naghavi, M. (2019). Global, regional, and national burden of suicide mortality 1990 to 2016: Systematic analysis for the Global Burden of Disease Study 2016. *BMJ, 364.*

19 World Health Organization (2014). Preventing suicide: A global imperative.

20 Arensman, E., Griffin, E., & Corcoran, P. (2016). Self-harm: Extent of the problem and prediction of repetition. In: O'Connor, R. C., & Pirkis, J. (eds.) (2016). *The International Handbook of Suicide Prevention.* Wiley-Blackwell, 61–73.

21 Hawton, K., Saunders, K. E. A, & O'Connor, R. C. (2012). Self-harm and suicide in adolescents. *Lancet, 379,* 2373–82; Gillies, D., Christou, M. A., Dixon, A. C., Featherston, O. J., Rapti, I., Garcia-Anguita, A., Villasis-Keever, M., Reebye, P., Christou, E., & Al Kabir, N. (2018). Prevalence and characteristics of self-harm in adolescents: Meta-analyses of community-based studies 1990–2015. *Journal of the American Academy of Child & Adolescent Psychiatry, 57,* 733–41.

22 Uddin, R., Burton, N. W., Maple, M., Khan, S. R., & Khan, A. (2019). Suicidal ideation, suicide planning, and suicide attempts among adolescents in 59 low-income and middle-income countries: A population-based study. *Lancet Child & Adolescent Health, 3,* 223–33.

23 Cabello, M., Miret, M., Ayuso-Mateos, J. L., Caballero, F. F., Chatterji, S., Tobiasz-Adamczyk, B., Haro, J. M., Koskinen, S., Leonardi, M., & Borges, G. (2020). Cross-national prevalence and factors associated with suicide ideation and attempts in older and young-and-middle age people. *Aging & Mental Health, 24,* 1533–42.

24 Nock, M. K., Borges, G., Bromet, E. J., . . . & Williams, D. (2008). Cross-national prevalence and risk factors for suicidal ideation, plans and attempts. *British Journal of Psychiatry, 192,* 98–105.

25 di Giacomo, E., Krausz, M., Colmegna, F., Aspesi, F., & Clerici, M. (2019). Estimating the risk of attempted suicide among sexual minority youths: A systematic review and meta-analysis. *JAMA Pediatrics, 172,* 1145–52; Glenn, C. R., Kleiman, E. M., Kellerman, J., Pollak, O., Cha, C. B., Esposito, E. C., Porter, A. C., Wyman, P. A., & Boatman, A. E. (2020). Annual research review: A meta- analytic review of worldwide suicide rates in adolescents. *Journal of Child Psychology and Psychiatry, 61,* 294–308; McNeil, J., Ellis, S. J., & Eccles, F. J. R. (2017). Suicide in trans populations: A systematic review of prevalence and correlates. *Psychology of Sexual Orientation and Gender Diversity, 4,* 341–53.

26 Platt, S. (2016). Inequalities and suicidal behavior. In: O'Connor, R. C., & Pirkis, J. (eds.) (2016). *The International Handbook of Suicide Prevention.* Wiley-Blackwell, 258–83.

27 Holmes, E.A., O'Connor, R. C., Perry, V. H., Wesseley, S., Arseneault, L., Ballard, C., Christensen, H., Cohen Silver, R., Everall, I., Ford, T., John, A., Kabir, T., King, K., Madan, I., Michie, S., Przybylski, A. K., Shafran, R., Sweeney, A., Worthman, C. M., Yardley, L., Cowan, K., Cope, C., Hotopf, M., & Bullmore, E. (2020). Multidisciplinary research priorities for the COVID-19 pandemic: A call for action for mental health science. *Lancet Psychiatry, 7,* 547–60.

28 Gunnell, D., Appleby, L., Arensman, E., Hawton, K., John, A., Kapur, N., Khan, M., O'Connor, R. C., Pirkis, J., & the COVID-19 Suicide Prevention Research Collaboration. (2020). Suicide risk and prevention during the COVID-19 pandemic. *Lancet Psychiatry, 7,* 468–71; Moutier, C. (2020). Suicide

Retrieved from https://www.who.int/news-room/fact-sheets/detail/suicide (accessed 25 Nov. 2020).
8 Naghavi, M. (2019). Global, regional, and national burden of suicide mortality 1990 to 2016: Systematic analysis for the Global Burden of Disease Study 2016. *BMJ, 364.*
9 World Health Organization (2018). Global health estimates 2016: Deaths by cause, age, sex, by country and by region, 2000–2016; Vijaykumar, L., & Phillips, M. (2016). Suicide prevention in low- and middle-income countries. In: O'Connor, R. C., & Pirkis, J. (eds.) (2016). *The International Handbook of Suicide Prevention*. Wiley-Blackwell, 507–23; World Health Organization (2 Sep. 2019). Suicide: Key facts. Retrieved from https://www.who.int/ news-room/fact-sheets/detail/suicide (accessed 25 Nov. 2020).
10 Turecki, G., Brent, D. A., Gunnell, D., O'Connor, R. C., Oquendo, M. A, Pirkis, J., & Stanley, B. H. (2019). Suicide and suicide risk. *Nature Reviews Disease Primers*, *5*(74); Turecki, G., & Brent, D. A. (2016). Suicide and suicidal behaviour. *Lancet*, *387*(10024), 1227–39; Hawton, K., Saunders, K. E. A., & O'Connor, R. C. (2012). Self-harm and suicide in adolescents. *Lancet*, *379*, 2373–82.
11 National Center for Health Statistics (Apr. 2020). Increase in suicide mortality in the United States, 1999–2018. Retrieved from https://www.cdc.gov/nchs/products/databriefs/db362.htm (accessed 2 Jan. 2021); Office for National Statistics (3 Sep. 2019). Suicides in the UK: 2018 registrations. Retrieved from https://www.ons.gov.uk/peoplepopulationandcommunity/ birthsdeathsandmarriages/deaths/bulletins/suicidesintheunitedki ngdom/2018registrations (accessed 10 Oct. 2020).
12 Richardson, C., Robb, K. A., & O'Connor, R. C. (2020). A systematic review of suicidal behaviour in men: A narrative synthesis of risk factors. *Social Science & Medicine*; Scourfield, J., & Evans, R. (2015). Why might men be more at risk of suicide after a relationship breakdown? Sociological insights. *American Journal of Men's Health*, *9*, 380–4; Scourfield, J., Fincham, B., Langer, S., & Shiner, M. (2012). Sociological autopsy: An integrated approach to the study of suicide in men. *Social Science & Medicine*, *74*, 466–73; Canetto, S. S., & Cleary, A. (2012). Men, masculinities and suicidal behaviour. *Social Science & Medicine*, *74*, 461–5; Hunt, T., Wilson, C. J., Caputi, P., Woodward, A., & Wilson, I. (2017). Signs of current suicidality in men: A systematic review. *PLOS ONE*, *12*, e0174675.
13 The World Health Organization publishes the latest available international suicide rates: https://www.who.int/teams/mental-health-and-substance-use/suicide-data (accessed 27 Jan. 2021).
14 Naghavi, M. (2019). Global, regional, and national burden of suicide mortality 1990 to 2016: Systematic analysis for the Global Burden of Disease Study 2016. *BMJ*, *364*; World Health Organization (2018). Global health estimates 2016: Deaths by cause, age, sex, by country and by region, 2000–2016.
15 National Center for Health Statistics (Apr. 2020). Increase in suicide mortality in the United States, 1999–2018. Retrieved from https://www.cdc.gov/nchs/products/databriefs/db362.htm (accessed 2 Jan. 2021).
16 Office for National Statistics (3 Sep. 2019). Suicides in the UK: 2018 registrations. Retrieved from https://www.ons.gov.uk/peoplepopulationandcommunity/birthsdeathsandmarriages/deaths/ bulletins/suicidesintheunitedkingdom/2018registrations (accessed 3 Nov. 2020); Samaritans (n.d.). Suicide facts and figures.Retrievedfromhttps://www.samaritans.org/scotland/about-samaritans/research-policy/suicide-facts-and-figures/ (accessed 26 May 2020).
17 Turecki, G., Brent, D.A., Gunnell, D., O'Connor, R.C., Oquendo, M. A, Pirkis, J., & Stanley, B. H.

注釋
Notes

PART 1——總論自殺

1 World Health Organization (2018). World suicide prevention report.
2 Cerel, J., Brown, M. M., Maple, M., Singleton, M., Van de Venne, J., Moore, M., & Flaherty, C. (2019). How many people are exposed to suicide? Not six. *Suicide and Life-Threatening Behavior, 49*, 529–34.
3 McCrea, P. H. (1996).TrendsinsuicideinNorthernIreland1922– 1992. *Irish Journal of Psychological Medicine, 13*, 9–12; O'Neill, S., & O'Connor, R. C. (2020). Suicide in Northern Ireland: epidemiology, risk factors, and prevention. *Lancet Psychiatry, 7*, 538–546.
4 World Health Organization (2018). World suicide prevention report; World Health Organization (2019). Suicide in the world: Global health estimates.

CHAPTER 1——誰會自殺、何時、如何

1 O'Connor, R. C., Sheehy, N. P., & O'Connor, D. B. (1999). A thematic suicide note analysis: Some observations on depression and previous suicide attempt. *Crisis, 20*, 106–14.
2 O'Connor, R. C., & Leenaars, A.A. (2004). Athematic comparison of suicide notes drawn from Northern Ireland and the United States. *Current Psychology, 22*, 339–47.
3 O'Connor, R. C., & Nock, M. K. (2014). The psychology of suicidal behaviour. *Lancet Psychiatry, 1*, 73–85.
4 Silverman, M. M. (2016). Challenges in defining and classifying suicide and suicidal behaviors. In: O'Connor, R. C., & Pirkis, J. (eds.) (2016). *The International Handbook of Suicide Prevention*. Wiley-Blackwell, 11–35; Siddaway, A. P., Wood, A. M., O'Carroll, R. E., & O'Connor, R. C. (2019). Characterizing self-injurious cognitions: Development and validation of the Suicide Attempt Beliefs Scale (SABS) and the Nonsuicidal Self-Injury Beliefs Scale (NSIBS). *Psychological Assessment, 31*, 592–608.
5 National Institute for Health and Care Excellence (2011). Self-harm in over 8s: Long-term management [clinical guideline CG133]. Retrieved from https://www.nice.org.uk/guidance/ cg133 (accessed 10 Sept. 2020). (The self-harm management guidelines are currently being updated: National Institute for Health and Care Excellence (not yet published). Self-harm: Assessment, management and preventing recurrence [in development GID-NG10148]. Retrieved from https://www.nice.org.uk/guidance/indevelopment/gid-ng10148 (accessed 1 Feb. 2021).
6 Kapur, N., Cooper, J., O'Connor, R. C., & Hawton, K. (2013). Attempted suicide versus non-suicidal self injury: New diagnosis, or false dichotomy? *British Journal of Psychiatry, 202*, 326–8.
7 World Health Organization (2018). Global health estimates 2016: Deaths by cause, age, sex, by country and by region, 2000–2016; World Health Organization (2 Sep. 2019). Suicide: Key facts.

我不是想死，我是想結束痛苦

人為什麼會自殺？從動機到行為的研究探索，溫柔而理性地全面了解自殺

WHEN IT IS DARKEST:
WHY PEOPLE DIE BY SUICIDE AND
WHAT WE CAN DO TO PREVENT IT
by Professor Rory O'Connor

First published as WHEN IT IS DARKEST:
WHY PEOPLE DIE BY SUICIDE AND
WHAT WE CAN DO TO PREVENT IT
in 2021 by Vermilion,
an imprint of Ebury Publishing.
Ebury Publishing is part of the
Penguin Random House group of companies.
This edition arranged with Ebury Publishing
through BIG APPLE AGENCY, INC.,
LABUAN, MALAYSIA.

我不是想死，我是想結束痛苦：
人為什麼會自殺？從動機到行為的
研究探索，溫柔而理性地全面了解自殺／
羅里．奧康納（Rory O'Connor）著；林巧棠譯
.－初版.－臺北市：麥田出版：
英屬蓋曼群島商家庭傳媒股份有限公司
城邦分公司發行，2024.06
320面；14.8×21公分
譯自：When it is darkest : why people die
by suicide and what we can do to help
ISBN 978-626-310-633-8（平裝）
1.CST: 自殺 2.CST: 自傷防制
548.85 113000430

封面設計 井十二
內文排版 黃暐鵬
印 刷 前進彩藝有限公司
初版一刷 2023年6月

定 價 新台幣480元
ISBN 978-626-310-633-8
e-ISBN 9786263106307（EPUB）

作 者 羅里．奧康納（Rory O'Connor）
譯 者 林巧棠
責任編輯 翁仲琪
國際版權 吳玲緯 楊 靜
行 銷 闕志勳 吳宇軒 余一霞
業 務 李再星 陳美燕 李振東
副總編輯 何維民
編輯總監 劉麗真
事業群總經理 謝至平
發 行 人 何飛鵬

出 版
麥田出版
地址：115020台北市南港區昆陽街16號4樓
電話：(02)2500-0888 傳真：(02)2500-1951
網站：http://www.ryefield.com.tw

發 行
英屬蓋曼群島商家庭傳媒股份有限公司城邦分公司
地址：台北市南港區昆陽街16號8樓
網址：http://www.cite.com.tw
客服專線：(02)2500-7718；2500-7719
24小時傳真專線：(02)2500-1990；2500-1991
服務時間：週一至週五09:30-12:00; 13:30-17:00
劃撥帳號：19863813 戶名：書虫股份有限公司
讀者服務信箱：service@readingclub.com.tw

香港發行所
城邦（香港）出版集團有限公司
地址：香港九龍土瓜灣土瓜灣道86號
順聯工業大廈6樓A室
電話：+852-2508-6231 傳真：+852-2578-9337
電郵：hkcite@biznetvigator.com

馬新發行所
城邦（馬新）出版集團【Cite(M) Sdn. Bhd.】
地址：41-3, Jalan Radin Anum, Bandar Baru
Sri Petaling, 57000 Kuala Lumpur, Malaysia.
電話：+603-9056-3833 傳真：+603-9057-6622
電郵：services@cite.my